文化与旅游

张胜男 刘鹏 著

中国人民大学出版社
·北京·

图书在版编目（CIP）数据

文化与旅游 / 张胜男，刘鹏著. --北京：中国人民大学出版社，2025.4 --ISBN 978-7-300-33028-0

Ⅰ．F592

中国国家版本馆 CIP 数据核字第 2024F3815G 号

文化与旅游
张胜男　刘　鹏　著
Wenhua yu Lüyou

出版发行	中国人民大学出版社		
社　　址	北京中关村大街 31 号	邮政编码	100080
电　　话	010-62511242（总编室）	010-62511770（质管部）	
	010-82501766（自营网店）	010-62514148（明德书店）	
	010-62511173（销售部）	010-62515275（盗版举报）	
网　　址	http://www.crup.com.cn		
经　　销	新华书店		
印　　刷	天津中印联印务有限公司		
开　　本	720 mm×1000 mm　1/16	版　次	2025 年 4 月第 1 版
印　　张	14.25 插页 1	印　次	2025 年 10 月第 2 次印刷
字　　数	278 000	定　价	68.00 元

版权所有　侵权必究　印装差错　负责调换

前　言

"旅游"是一门以文化为核心联系诸多学科的综合性学科，2018年，文化和旅游部成立，文旅融合发展开启了旅游业发展的新方向。本书开展跨学科探索，基于文化与旅游的功能要素，研究文化与社会、文化与生态、文化与可持续旅游等内容，深入游客及目的地居民社会生活的诸多层面，与人的全面发展乃至社会的进步密切关联，具有重要的学术价值和实践意义。

本书探讨文化与旅游融合的可持续发展战略及其影响因素，"在某种意义上，旅游就是一种文化活动，是文明的产物。从文化的角度切入旅游学的学术研究与实践，将有一定的理论意义和实践作用"[①]。比如针对历史文化名村名镇的区域特征、自然要素、历史渊源等社会经济文化要素，在时空层面构建特别的"创意空间"，实现文化与旅游的时空对接，基于此而形成较强的辐射力和影响力，探索不同地域的功能类型及经济型旅游业向文化型旅游业转型模式之路。融合目的地物质景观元素与精神景观元素，进行全方位的研究；针对文化资源特色分析提升文化内涵和品质。通过发展创意旅游，推进教育公平，实现产业兴旺、生态宜居、生活富裕。

一、文化与旅游：时空对接

文化是一个纷繁复杂的概念，有多种定义。同时，文化也是一个动态的概念，文化不仅与景观、建筑等有形遗产联系，也与非物质遗产密切联系，包括"高雅文化""流行文化""日常文化"等三种主要类型。联合国教科文组织将文化定义为一个社会或一个社会群体独特的精神、物质、智力和情感特征的集合，包括艺术和文学、生活方式、价值体系、传统和信仰等诸多内容。文化包括文化

---

① 张胜男. 旅游文化管理［M］. 北京：人民出版社，2012.

遗产和自然遗产，表演及庆祝活动（表演艺术、音乐、节日、市集及宴会等），视觉艺术和工艺，书籍、报纸和杂志，视听和互动媒体，以及设计和创意服务；还包括非物质文化遗产（即口头传统和表达方式、仪式、语言和社会实践）和其他相关领域。文化模式已从"大工厂"向"大剧院"转变。创意经济的出现，通过"全球—本地"之间的动态互联，推动区域文化向富有创造力的维度发展。文化遗产越来越得到民众的普遍关注和重视。创意旅游这一新兴的旅游方式，以参与、学习、互动为主要特征，超越了静态的文化服务，使目的地因开发创意产品而具有竞争优势。

在不断变化的旅游学发展进程中，旅游学科处于从边缘学科、交叉学科向独立学科发展的阶段。而文化的定义及其内涵与传承却持之以恒，"文化"包括广义和狭义的概念，即使是狭义的"文化"概念，也远非在"旅游学科"之内可以概括。文化与历史背景、社会制度、经济条件密切相关。在某种意义上，旅游就是一种文化活动，是文明的产物。从文化的角度切入旅游学术研究与产业实践，具有重要的理论意义、实践作用和学术价值。

二、研究特色与创新

（一）学术理论与实践调研结合

为完成专著写作，作者在较大范围内查阅了与课题相关的中英文专著及中外文献资料，并进行了泛读和精读。比如：以文化旅游（cultural tourism）、创意旅游（creative tourism）、幸福感（well-being）、可持续发展（sustainable development）、非物质文化遗产等为主题进行文献检索，基本上下载并阅读了核心内容、外围内容及关联领域的文献资料，保证了对于学术研究前沿的把握。

在写作本书的过程中，作者历时十余年时间，考察国内重要城市及创意旅游案例地；同时到各大图书馆、档案馆（国家图书馆、南京图书馆、上海图书馆、重庆图书馆、浙江省图书馆孤山分馆、北碚图书馆、上海市档案馆、南京市档案馆、重庆市档案馆、浙江省档案馆、成都市档案馆、四川省档案馆、无锡市档案馆、青岛市档案馆、宁波市档案馆、北京市档案馆、陕西省档案馆、西安市档案馆、湖北省档案馆、武汉市档案馆、福建省档案馆）查阅相关资料。

作者自2011年以来，还调研了北京、天津、河北、河南、山西、陕西、安徽、江西、上海、浙江、江苏、福建、湖南、云南、贵州、四川、广东、广西、甘肃、内蒙古等20个省（市、自治区）的80多个历史文化村镇。其中到西塘调研8次，宏村调研6次。

（二）理论研究与实践探索融合

本书的写作历经理论与实践的交互探索。一方面，依据交叉学科的优势，能够提升学术研究水平，深化教学内容，产生良好的科研和教学效果；另一方面，从文化的层面拓展旅游内涵，对促进旅游学科发展、旅游产业实践都具有重要价值。

本书定位于高等学校本科生、研究生、博士生等不同层面的学生，企事业从业者和管理者。主要特色为：

其一，学科的交叉与交融。每一章节都是一个专题，层层展开，彼此呼应和衔接。把各个知识点串起来，从小专题到大专题，彼此互相衔接。注重知识的难点、重点和学科前沿知识，兼顾学科知识的深度和广度，注重培养学生分析问题、解决问题的能力和科研能力。

其二，理论与实践相结合。本书理论阐述透彻，案例分析深入浅出，有针对性地引发文化与旅游的相关性及可持续发展路径的探索。

其三，基础理论与学术前沿相结合。从多角度、多层面阐述文化与旅游的基本知识、基本理论、表现形式等内容；将中国问题与国际学术前沿相结合，进行学术探索；各章节内容依次深入，融会贯通，既有深度，又有广度；条理清晰，逻辑性强，从宏观到微观，从具体到抽象，具有较强的理论性和实际应用价值。

三、关于本书的写作

张胜男教授自2009年开始思考和探索文化与旅游融合发展的相关内容。2010年主持北京市教委科研计划面上项目"北京休闲创意产业对旅游业发展模式影响研究"，2015年获得国家旅游局重点课题"创意旅游与旅游业功能转型研究"和国家社科基金项目"创意旅游驱动下原住民文化古镇转型升级及其发展战略研究"，2016年获得首都师范大学文化研究院重大研究项目"京津冀公共文化服务的问题现状与协同对策研究"等科研课题。感谢国家社科基金委、中国旅游研究院、北京市教委和首都师范大学文化研究院给予的科研支持和鼓励，使作者能够基于较多层面的积累而进行本书的写作。

（一）专著写作篇章安排

江南古镇各位守望者以浓浓的家乡情怀，不约而同将守望古镇作为终生事业，守护着古镇深厚的历史文化，为古镇科学可持续发展贡献智慧和力量。守望者各具特色和优势，为古镇保护和发展做出重要贡献。

第六章，江浙沪历史文化村镇联合申遗与平衡发展，特邀黎里古镇守望庐主李海珉先生组织撰写，邀请古镇权威专家完成定稿。每一节都是出自于古镇保护专家的大手笔，独具特色和权威。

  第一节 江苏省苏州市吴江区黎里镇，李海珉先生

  第二节 江苏省苏州市吴江区同里镇，凌刚强先生、徐宏慧先生

  第三节 江苏省苏州市吴中区甪直镇，严焕文先生、李建荣先生

  第四节 江苏省昆山市周庄镇，费幸林先生

  第五节 浙江省嘉善县西塘镇，韩金梅先生

  第六节 上海市青浦区朱家角镇，吴玉泉先生

  第七节 江苏省昆山市锦溪镇，陆宜泰先生、金明林先生

  第八节 江苏省苏州市吴中区东山镇，潘新新先生

  第九节 江苏省张家港市凤凰镇，龚晓东先生

  在"文化与旅游"课程中，同学们表现出高度的学习热情和能力。专著第三章第三节"二、传统民俗与节日文化"和"三、文化创意与非遗传承"选用了同学们发表在公众号"故乡之今昔"上的文章，这些文章都经过了多次修改。同学们自发的选题（比如传统民俗节日、文化与创意、建筑文化、非遗传承等）竟然与"文化与旅游"的科研与实践如此协调。年轻人的热爱和积极参与，是文化传承与传播的重要保障。"故乡之今昔"于2022年1月1日早晨6时发表第一篇"卷首语"，之后每周六早晨6时发出。资环学院姬思炀、信息工程学院宋之雨、学前教育学院高上等同学相继担任总负责人。数学科学学院付昊永，初等教育学院田明阳、齐玉，文学院顾雨薇、张若熙，教育学院李姣姿等同学热情参与公众号的工作。难能可贵的是，同学们持之以恒，齐心协力，自己管理自己排版，表现出高度的社会责任感、责任心和管理能力。因为热爱，而坚定不移地前行，在更加广阔的领域和空间，传播和传承中国文化。

（二）感谢政府和文化专家的鼎力帮助和支持

  衷心感谢政府和文化坚守者多年来的支持与帮助。感谢湖南省永顺县彭忠华副县长，上海朱家角古镇旅游发展有限公司曹瑜副总经理，中共邯郸市委党校教务处长郭焕良教授，张家口市蔚县下宫村乡原宣传委员李文才先生，石家庄市井陉县人大常委会许世宏副主任，邯郸市涉县文联主席兼文化广电和新闻出版局负责人李淑英老师，松赞精品酒店集团安泓副总（兼投资者关系中心总经理和集团综合行政中心总经理），以及国家图书馆各位老师给予我们的多方支持与帮助。

  2011年到沙溪古镇调研，在沙溪宾馆巧遇沙溪镇杨泽雄副镇长，从此开始了历史文化名村名镇的科研与实践。2014年调研浙江西塘、乌镇和南浔，得到嘉善县文化馆馆长韩金梅老师的重要指导和帮助。

  特别感谢黎里镇李海珉先生的重要帮助，及在李海珉先生帮助下，得到江浙沪联合申遗守望者专家团队的支持与帮助。2023年的春天和初夏重点调研了江

浙沪的12个古镇。2023年3月6日先到江苏省黎里镇拜访李海珉先生，李海珉先生特邀甪直镇严焕文先生、朱家角镇吴玉泉先生和锦溪镇陆宜泰先生来黎里古镇，和吴江双精轴承有限公司董事长、高级经济师俞立群先生一起，共同研讨古镇保护、创新与可持续发展等重要问题。经李海珉先生帮助介绍，拜访了江苏省周庄镇镇长、旅游公司董事长庄春地先生；无锡市文旅集团文化总监金石声先生、《祠堂博览》副主编姚起亚先生；上海市朱家角镇吴玉泉先生；江苏省锦溪镇陈三才烈士纪念馆馆长陆宜泰先生、锦溪镇党委研究室副主任金明林先生；江苏省芦墟镇高级工程师郑一冰先生；江苏省震泽镇文化体育站站长沈臻先生；浙江省南浔区旅游投资集团文化研究顾问沈嘉允先生、全国重点文物保护单位南浔张氏旧宅建筑群负责人单瑾先生；江苏省同里镇管委会主任、黎里镇人大副主席凌刚强先生；江苏省苏州市吴中区东山镇旅游开发公司总经理、东山镇历史文化研究会会长金惠华先生；凤凰镇文化守望者姚明公先生，江苏省张家港博物馆馆长何才荣先生，凤凰镇国家级非物质文化遗产——河阳山歌项目代表性传承人龚晓东先生。承蒙诸位先生的指导和帮助，深度调研周庄镇、荡口镇、朱家角镇、锦溪镇、千灯镇、芦墟镇、西塘镇、震泽镇、南浔镇、同里镇、东山镇、凤凰镇等江浙沪历史文化古镇。

  中国江南诸多古镇地理位置毗邻，自然禀赋得天独厚，文化发展有许多相同之处。生态环境极佳，文化底蕴深厚，文物古迹较多，至今仍然保留着独特的地域文化现象和传统生活特征。"水"与"街"相依，"动"与"静"交融，构成了梁思成先生形容的"凝动的音乐"，至今仍有持久的影响力。

  2022年的金秋十月，张胜男教授首次访问康奈尔大学，向刘鹏教授（学院创院百年以来首位华人终身教授）请教酒店管理学院100年来引领行业发展的轨迹。这一年，正值美国康奈尔大学酒店管理学院建院百年庆典。建于1922年的康奈尔大学酒店管理学院，是国际上第一家以服务业为中心的研究机构，也是国际上第一家专注于酒店与旅游业的专业化高等教育机构。学院为国际酒店业、旅游业及相关产业的发展做出了卓越贡献。作为行业的先驱和领导者，学院不仅培养了众多酒店与旅游界的高端管理人才，包括万豪酒店集团的首席执行官（CEO）、希尔顿酒店集团的首席财务官（CFO）等行业领军人物；更以其跨领域的教育理念，为银行、地产、医院、百老汇等众多领域的管理者提供了宝贵经验和专业启发。康奈尔大学酒店管理学院的百年发展历史，引领和见证了全球服务业从传统到现代的发展与辉煌。

  两位学者各抒己见，热烈讨论"文化与旅游"的完美融合，及其对个人、团体乃至社会文化层面的精神追求和深刻影响；"文化与旅游"在全球化时代对中国及世界经济、社会与文化领域协同发展的驱动力及其多方面作用；特别是基于中国厚重的文化底蕴和国际前沿的管理理念,"文化与旅游"蕴含广阔的发展潜力,助力于经济繁荣、文化传承和社会进步,同时引发关于"文化与旅游"未来发展的新思考。

  本书的写作建立在学习、阅读相关国内外文献资料的基础之上,谨向所引用和参考的文献资料的专家学者致以诚挚的谢意!

目 录

第一章
新兴旅游方式发展与趋势 …………………………………… 001
第一节 关于"旅游"与"旅行"的界定 ………………… 002
第二节 新兴旅游方式与社会责任 ………………………… 007
第三节 旅游学交叉学科研究态势 ………………………… 012

第二章
从文化旅游走向创意旅游 ……………………………………… 021
第一节 文化旅游——从精英阶层到大众阶层 …………… 022
第二节 创意旅游核心要素与表现形式 …………………… 031
第三节 文化旅游与创意旅游比较研究 …………………… 040

第三章
旅行与文化系统 ………………………………………………… 045
第一节 旅行中的住宿文化 ………………………………… 046
第二节 非标住宿社会责任及发展模式 …………………… 049
第三节 "故乡之今昔"——文化传承与民众生活
　　　　 ……………………………………………………… 066

第四章
文化与旅游：旅游业功能转型 …………………… 087

第一节　创意旅游驱动下景德镇旅游功能转型 ………… 088
第二节　基于民众参与的城市可持续发展研究 ………… 095
第三节　葡萄酒旅游创意体验研究 ……………………… 113
第四节　基于创意旅游的研学旅行 ……………………… 117

第五章
京津冀区域历史文化村镇保护与传承 …………… 127

第一节　物质文化资源类型与保护利用 ………………… 128
第二节　文化技艺传承与创新发展 ……………………… 139
第三节　区域发展与原住民生活方式传承 ……………… 151

第六章
江浙沪历史文化村镇联合申遗与平衡发展 ……… 157

第一节　江苏省苏州市吴江区黎里镇 …………………… 158
第二节　江苏省苏州市吴江区同里镇 …………………… 166
第三节　江苏省苏州市吴中区甪直镇 …………………… 169
第四节　江苏省昆山市周庄镇 …………………………… 173
第五节　浙江省嘉善县西塘镇 …………………………… 177
第六节　上海市青浦区朱家角镇 ………………………… 181
第七节　江苏省昆山市锦溪镇 …………………………… 189
第八节　江苏省苏州市吴中区东山镇 …………………… 193
第九节　江苏省张家港市凤凰镇 ………………………… 196
第十节　历史文化村镇平衡发展与提升 ………………… 201

后　记 ……………………………………………………… 210
参考文献 …………………………………………………… 212

第一章
新兴旅游方式发展与趋势

自19世纪40年代现代意义上的旅游业产生，至今已有将近两个世纪的发展历程。跟随世界潮流，特别是改革开放后，现代意义上的中国旅游业迅猛发展。旅游业的发展与完善促进了旅游学术研究的深入；同时，科学的学术研究方法与成果支持、引领旅游业的发展进程。

第一节　关于"旅游"与"旅行"的界定

至今，美国统计中仍将"旅行"与"旅游业"列为一大类产业，包括诸如旅游服务的各种运输、住宿、饮食、旅行社、会展、国家公园、海滩、博物馆、历史遗址等 30 余个部门。区分与鉴别"旅游"与"旅行"，是旅游研究的基础，也是研究旅游文化管理的前提。

一、旅游相关术语的意义转换

旅行现象体现着文化差异，中国传统文化对旅行的诠释为旅游（tourism）、神游（journey）、行游（trudge），通过对"旅""行""游"的语源学分析，中文的"旅""行""游"远比英文的"tour"或"travel"内涵更复杂。旅游文化体现在生命的时间过程中，是一个描述生命的主题，以开始、结束，以及旅途中的一系列事件为标志。

"旅行是典范的'经验'，是直接而真正的经验的模式，它改变了旅行过的个人"[1]。在印欧语言的词根中，旅行（travel）和经验（experience）紧密关联。经验（experience）的词根是 per，有"尝试、试验、冒险"之意。在拉丁语中，"experior"和"experimentum"源自"per"，最先表述"经验"这一含义，即英语"经验"（experience）一词的来源，而 per 的第二层含义却指移动，即"穿过空间""达到目的""出发"等意。Per 的哥特式同词源词是 fern（far，远方）、fare（费用）、fear（畏惧）、ferry（渡船）。德国表达"经验"（experience）的词是"erfahrung"，意为"旅行""出发""漫游"。15 世纪时，德语的形容词"bewandert"之意是"富于旅行经验的"。随着语言的转变和意义的交汇，英语中出现了一个表现旅行的新词"travail"，有磨难、试验和考验之意，为旅行的转换概念。

中文的语言结构有很大空间组合单个汉字，而成为意义悬殊的新词语。《汉语大词典》中，"旅"有 24 种不同解释。

"travel"的另一中文翻译是"行"，根据《汉语大词典》，"行"字可以派生出 31 种意思。和"旅"一样，"行"也可以和其他汉字组成新词。根据《汉语大词典》，"游"有 9 组含义。"旅"和"行"组合成"旅行"，与英文"travel"对应；"游"含有更多哲学内容。

"观"即观光，指游览行为，"游观"与"游览"意义相近，但有细微差别，

---

[1] 郭少棠. 旅行：跨文化想像 [M]. 北京：北京大学出版社，2005.

前者表示深入观赏，而后者只表达表面的观光行为。尽管"旅"字经常和"游"字构成"旅游"，但其所代表的并不是为单纯寻求观光娱乐而进行的非商业性旅行，而是被赋予了文化和教育的目的。

二、"旅游"与"旅行"词源比较

人类早在童年时期，就已经开始了为生存需要而进行的迁徙活动；社会历史上三次社会大分工使人类从流动性生活走向定居化；之后，随着社会交换需求的扩大，"行"的范围也在扩大。直到"享乐旅行"以消遣娱乐和享受人生价值的需要而进行的非功利性的旅行活动的出现，即"旅游"与"旅行"的分离，标志着"旅游"活动的诞生。现代意义的旅游活动是民众文化追求、审美意识、生活方式等方面追求层次的提升，是社会进步、文明发展的产物。

从"travel"到"tourism"，从个人行为的"旅行"发展为大众活动的"旅游"。中文"旅游"与"旅行"分别对应英语"tourism"和"travel"。"tourism"一词19世纪以后才出现，而之前一直使用"travel"。英语中的"travel"（旅行）和"travail"（辛苦劳作）都可追溯到拉丁语 tripalium（"折磨、痛苦"之意）。在这一演化过程中，它们先经由古法语的"travailler"（动词，"辛苦劳作"）和"travail"（名词，"劳动"），再在中世纪英语中发展为"travaillen"（动词形态，最终演化为现代英语的"travel"）与"travail"（名词形态，保留了"辛苦劳作、痛苦折磨"的含义）。"travel"原意经常指繁重而艰苦的工作，含有阵痛、艰苦、困难和危险之意，因古代社会外出旅行充满困难和危险。18世纪中叶以后，英国"贵族旅游热"引发了新的生活时尚，改变着古典旅行观以及传统的生存意识和生活方式，对即将到来的"平民旅游热"发挥着示范和诱导效应（"平民"指在欧洲社会中传统上具有一定社会地位的"市民阶级"，之后演变为新兴资产阶级）。这一时期，尽管仍沿用"travel"表示游览休闲活动，但"travel"的原始含义及传统价值观已不再只是"阵痛"或"畏途"，而成为含有积极意义的愉悦活动，进入上层贵族社会并被逐渐推广使用。

"tourism"词源的演变，标志着大众旅游时代的到来。1811年英国《体育杂志》首先使用"tourism"一词，"tourism"从"tour"引申而来。"tour"来源于拉丁语"toroare"和希腊语"tornos"，原意是"车床或圆圈，围绕一个中心点或轴的运动"，后来在英语中演变为"顺序"。外国文系统下的名词"游览"，可析为英法语及德语两系，"tour"英法语同，语源出于法文之"tourner"（巡回之意）。游览之地点不一，游毕而复归于出发点者，谓之 tour[①]。17世纪中英国

[①] 佘贵棠. 游览名词诠释 [J]. 旅行杂志，1941，15 (6).

之少年士绅，卒业本国学院后例须周游大陆，至法意等国游历，以完成其高等之教育。《罗马帝国衰亡史》作者爱德华·吉本（Edward Gibbon）侨居瑞士极久，曾谓 18 世纪末在欧陆游历之英人数达四万名，《原富》作者亚当·斯密（原文译法"亚丹·斯密"）以多数青年英人游学外邦为本国教育失败之征象皆指从事 tour 者言。"tour"加上后缀"ism"，被解释为"一个行动或过程"。"tourism"意指"按照圆形轨迹的移动"，即表示一种周而复始的往复空间活动过程。

在欧美国家，长期以来"tourism"和"tourist"分别表示"平民旅游"和"平民旅游者"，具有约定俗成的"平民阶层"社会地位象征。"tourism"是 19 世纪中叶产生之新名词（法文 tourisme），原意为游览之嗜好，可意译为"游癖"，引申之则为吸引及接待游客各种原理之总和，可译为游览学，与 journalism 之为新闻学正同。游客之莅临，有裨于地方经济者至大，故各国于诱致接待之方策，讲求不遗余力，例如加拿大之蒙特利尔，就有大学校特设游览学专门学院。"tourist"，指从事 tour 之人，19 世纪初才有 tourist 之名称。"tourist"（法文 touriste）有纯以观览游娱为目的的外来旅客之意。于是旅客分为两类：一类为职业旅行者（business traveler），出游前有一定的目的地，旅行消费或者为其经营利润所供应，或者为国家政费所支拨；另一类为游客（tourist），出游前没有一定的目的地，所消费是本人之积蓄，或本人故乡的游资[①]。

20 世纪初期，继"平民旅游"之后，以普通劳动者为主体的"大众旅游"兴起，随之，"tourism""tourist"成为中性词，不再带有特殊社会地位的含义。至此，"tourism"和"tourist"表示世界范围内广泛使用的"旅游"和"旅游者"。

三、中国文化中的"游览"与"旅行"

中国的国文系统与外国文的系统不同，"tourism"和"tourist"在现代汉语中的含义分别为"旅游"和"旅游者"。而在我国古代典籍中则没有"旅游"一词，与"旅游"词义相近是"观光"和"旅行"等。

（一）中国文化中的"游览"

据佘贵棠研究考证："游览"一事，起源甚古，《礼记·月令》中曰："仲夏之月……可以远眺望，可以升山陵"，诗曰："驾言出游，以写我忧"，实导后世寻幽选胜者之先路。但其演进为高度组织之企业，以构成国际收支及文化传播之一大因素，则仅为 20 世纪以来之新现象。洪荒之世，游畋为业，自无游览之事实；厥后政治渐臻进化，而民智犹未开通，自然为崇拜之对象，封禅为君国之大

[①] 佘贵棠. 游览名词诠释 [J]. 旅行杂志，1941，15 (6).

典,"自古名山大泽,秩祀所先,但以表望封圻,未闻品题名胜";秦汉之际,帝王巡狩四方,期在欢悦吏民,固非徒快心意,魏晋以降,游迹渐繁,要皆文人学士,托兴寄怀,撰述浸多,文学称盛;惟如现代游览事业 tourist industry 及游览旅行 tourist travel 之对于国家经济发生密切联系者,盖各国往昔所未有(参考四库全书总目提要徐霞客游记条)。[1]

如东汉末年陈琳《诗》中已包含"浏览"含义:"节运时气舒。秋风凉且清。闲居心不娱。驾言从友生。翱翔戏长流。逍遥登高城。东望看畴野。回顾览园庭。嘉木凋绿叶。芳草纤红荣。骋哉日月逝。年命将西倾。建功不及时。钟鼎何所铭。收念还寝房。慷慨咏坟经。庶几及君在。立德垂功名。"

南朝梁萧统编撰《文选》,将赋分类,其中第十、十一卷专门以"纪行""游览"为篇名[2]。唐王维以"冬日游览"为名题诗。韩愈诗《酬司门卢四兄云夫院长望秋作》,表达了"归来得便即游览,暂似壮马脱重衔"的意境。欧阳修在《有美堂记》中赞颂"喜占形胜,治亭榭。相与极游览之娱"的佳景。除娱乐性质的"游览"之外,《佩文韵府》引《释氏通鉴》:"玄奘法师。归自西域。师往还十七周。游览百有余国",则指考察性质之游览[3]。

(二)中国文化中的"游历"与"观光"

游历一词,清末颇为流行。京师大学堂倡议人李端棻请推广学校疏,其五曰选派游历"学徒既受学数年,考试及格者,当选高才,以充游历"。

严复上皇帝万言书,"航海以游西国,历聘诸有约者,与分庭抗礼"。每年春秋,朝廷更迭选派一二人,随带有文学知时务之卿贰出洋游历考察各事[4]。1916年,交通部令一九八四号规定成立"游历经理处",以后全国铁路联运会议记录有游历经理处专章,译为 Tourist Agencies(游历经理处),即为后来所译"旅行社"一直沿用至今。

"观光"一词在两千多年前的古典文献中就已出现。《易经》中有"观国之光,利用宾于王"之语,《左传》有"观光上国"之句。元代耶律楚材诗中表达了"黎民欢仰德,万国喜观光"的意境。这里的"观光",有观看、考察一国的礼乐、文物、风俗人情之意,但与近现代语境中的旅行游览有本质的区别。

日本受中国文化传统的影响,也有"观光"之称。1855 年(日本安政二年),荷兰国王威廉三世致赠德川幕府的"观光丸"军舰,为日本海军之第三艘船舰,1868 年(明治元年)由幕府转献给天皇。1870 年(明治三年)福地源一郎译英人所著《外国交际公法》,有"观光问鼎"之题词。19 世纪末侨美日人有

---

[1] 余贵棠. 游览名词诠释 [J]. 旅行杂志,1941,15(6).
[2] 萧统. 文选:第二十八卷(杂歌,荆轲歌一首)[M]. 李善,注. 北京:中华书局,2008.
[3] 同[1].
[4] 同[1].

母国观光团的组织,成为最早使用"观光团"的实例。1884年(明治十七年)日本学者冈千仞到中国长三角地区的苏、沪、杭,华北地区的京、津、保定,及华南的广州、香港等地游历,同时拜访李鸿章、盛宣怀等中国政界商界学界著名人物,"所经殆八九千里"著《观光纪游》[①]。虽以"观光"为书名,但其内容涉及当时政治外交、军事海防、社会风习、经济贸易等诸多领域。"观光"一词在实践中的应用,则表现为"游览事业之中央宣传机关称国际观光协会,国内外执行机关称国际观光局,无明显之区别,异域之漫游及近郊观览皆以观光称,寖失原意矣"[②]。可见,当时无论是著书立说还是实际应用,与旅行相关的活动,都以"观光"为名。

属于本国文系统者,国人习用之名词有"游览"及"游历"两则。日本习用"观光"两字,源出国文,应以本国文论。"游览"在文献诗词中使用较广,包含娱乐、考察等方面。

(三)中国文化中的"旅行"

"旅行"一词在《礼记·曾子问》中有"孔子曰:三年之丧,练,不群立,不旅行",其含义是"不跟众人一起站立,不跟众人一起走路",不同于近代以来离开常住地到外地办事或游览的"旅行"。随着社会经济文化的发展,旅行种类增多,出现诸如帝王巡游、官吏宦游、僧道云游、文人墨客漫游及广大民众踏青、游春等活动。南北朝时期沈约《悲哉行》"旅游媚年春,年春媚游人"词句明确使用"旅游"一词[③],尽管其含义还并非今日意义上之"旅游"。《现代汉语词典》(第七版,商务印书馆)简明扼要解释了"旅行"与"旅游"的区别:"旅行:为了办事或游览从一个地方去到另一个地方。""旅游:旅行游览。"可见,"旅行"和"旅游"相比,"旅行"的内涵与外延范围大于"旅游"。"旅行"是有广泛目的性的空间位移,包括迁居移民、商贸活动、游览参观、求学等为某种目的而进行的必要移动;而旅游则是排除其他目的性只进行旅行游览的空间位移,以获取消遣娱乐性及求知性的社会活动。

旅行与旅游不同,谢彦君教授提出旅游者研究的新视角,旅游者的定义经历"统计定义—技术定义—概念性定义"的过程,旅行者是出于迁徙之外的任何目的而前往异地并在该地做短暂停留的人。二者概念上存在差别,这种差别集中体现在出行目的上,旅游者的出行目的在于获得旅游愉悦,而旅行者的出行目的可以是迁徙之外的任何原因,包括获得旅游愉悦[④]。从这个角度理解,旅游者只是旅行者的一种,旅行者与旅游者具有统属关系。基于上述探讨,现代旅游出现以

[①] 冈千仞. 观光纪游 观光续纪 观光游草 [M]. 北京:中华书局,2009.
[②] 佘贵棠. 游览名词诠释 [J]. 旅行杂志,1941,15 (6).
[③] 王晓云. 关于中国旅游起源问题的研究 [J]. 旅游科学,2001 (2).
[④] 谢彦君. 基础旅游学 [M]. 4版. 北京:商务印书馆,2015.

前的活动使用"旅行"概念更为合适。

第二节　新兴旅游方式与社会责任

一、新兴旅游方式研究领域拓展

近些年来旅游研究内涵逐渐提升。20世纪80年代的旅游研究趋向于经济和产业导向，90年代又趋向于社会文化性的研究。学术界关于旅游方式的研究经历了观光、体验、创意的发展过程。

旅游业发展初期，业界与学界关注的热点是"观赏式"旅游而带来的经济效益与社会影响，国际学术界关于旅游者的研究侧重于游客购物、支付行为对旅游经济、旅游企业及旅游景区产生的影响。进入21世纪，旅游者"观光"行为研究拓展到旅游"体验"研究，从旅游者"走马观花"式的表征行为深入到旅游者的内心体验。研究内容循序渐进，转向归属感、创新经历、高质量旅游体验及旅游幸福感等深层内容。

体验旅游内涵不断拓展。体验旅游是一种经验方式与存在方式，包括社交、友谊、福利、利益、认可、自尊、成就感、创造力、持久参与等内容；体验旅游是一种实验或实践方式，包括来自生理心理等方面的冒险、刺激、学习等内容。体验旅游在不同类型的旅游活动中表现方式不同，比如表现为轻松愉快、文化休闲、自我认知、历史记忆以及逃避现实等；突出结识朋友、建立人际关系、与人沟通、自我实现的追求与个人成就感的满足等社会内容。同时，建立在信仰、准则、价值观之上的社会联盟机制也得到增强。旅游体验是通过不同的体验活动实现健康休闲、精神满足、自我发展的过程，个体与群体间的联系和沟通构成旅游者体验的主题。

二、新兴旅游方式融入社会责任元素

（一）旅游产业功能拓展

促进旅游者身心全面发展的新兴旅游方式日益得到关注。关于新兴旅游方式的学术研究更加关注指导企业经营实践，从最初关注旅游产业的经营效益到追求社会效益和经济效益的双重目的。

比如体育旅游研究领域较广泛，尤以高尔夫旅游、赛事旅游、滑雪旅游为热点。21世纪前，学术研究局限于经济效益领域，如根据高尔夫旅游者国籍、人口特征、旅行习惯、体验动机、目的地形象及网站信息建设、旅游设施属性等因

素，探索延长旅游者停留时间的营销策略，以增加目的地旅游经济收入。又如，探讨举办专业水平较高的全球性大型体育赛事能够为东道国带来更多旅游者的营销方式，以获得直接有效的利润；研究不同类型旅游赛事对旅游人数差异变动的影响因素；等等。

滑雪运动已从古人克服恶劣自然环境的生存项目，转变为一种充满活力和激情，并在强身健体的过程中陶冶性情和挑战自我的休闲竞技活动。科努（Konu）根据芬兰滑雪游客对目的地偏好程度，将旅游者划分为被动型滑雪者、越野滑雪者、尝试型滑雪者、速降滑雪者、运动型滑雪者和休闲滑雪者等多种类型的目标客户群体，为滑雪目的地的管理者和旅游者提供服务[1]。而瓦西利亚迪斯（Vassiliadis）则根据"时间节点、消费模式、参与活动"等需求标准，将旅游者划分为"有益期""激励期""承诺期""冷漠期"等不同阶段的消费群体，针对不同阶段的旅游者采取不同的营销组合策略[2]。滑雪初期（9—11点）主要消费项目是咖啡等食品；滑雪中期（11—12点）主要消费项目是停车费用；滑雪后期（12—14点）主要消费项目是食品和设备租用。研究表明，10—11点为消费"冷漠期"，12—14点为消费"有益期"，根据游客不同阶段的消费特点，目的地管理者采取不同的营销策略，在"有益期"采取积极营销手段以有效刺激旅游者消费，在"冷漠期"则相反。关于体育旅游研究从需求出发重视实践指导，通过研究旅游者个人偏好、性格特征对旅游消费产生的影响，为体育旅游企业提供指导。特别是近年来的研究表明，体育赛事以能够吸引游客参与作为成功的标志，从而达到经济效益与社会效益的双重目的。

（二）旅游社会责任：社会文化与生态环境

在西方文化背景下，旅游是人的一项基本权利，政府及社会组织资助需要帮助的群体进行旅游活动，成为政府的职责之一。志愿者旅游融入社会责任元素。志愿者旅游起源于英国等欧洲国家，之后扩展到澳大利亚及美洲地区。"志愿者旅游"最早由维尔伦（Wearing，2001）提出，是出于各种原因自愿组织的社会团体，在度假过程中援助物质贫困者，并参与目的地的社会文化及改善环境的活动。志愿者旅游基于自我发展、服务他人、保护自然生态和传统文化等目的，有组织地前往异地并无偿为目的地社会、经济、环境提供能产生价值的劳动[3]。基于国内外学者关于志愿者旅游的观点，志愿者旅游集可持续旅游、生态旅游等旅

---

[1] KONU H, LAUKKANEN T, KOMPPULA R. Using ski destination choice criteria to segment finnish ski resort customers [J]. Tourism management, 2011, 32 (5).

[2] VASSILIADIS C A, PRIPORAS C V, ANDRONIKIDIS A. An analysis of visitor behaviour using time blocks: a study of ski destinations in Greece. Tourism management, 2013, 34 (1).

[3] WEARING S. Volunteer tourism: experiences that make a difference [M]. Walling ford: CABI Publishing, 2001.

游形式，负有更多的社会文化和生态环境责任，特点是付出"劳动"的"志愿者"而非"旅游者"。目前学术界关于志愿者旅游的研究包括了旅游动机、体验因素及志愿者旅游的社会影响等研究领域。

志愿者旅游动机多样，主要表现为拉力因素和推力因素。Tze-Jen Pan (2012) 研究台湾海外志愿者的旅游动机，认为拉力因素包括旅游目的地及居民特殊的旅游吸引物，比如目的地居民的文化生活等；推力因素包括旅游者自身要求进步、援助他人与服务社会的精神，比如重新认识自我、在交游中寻求自信等。参加志愿者旅游能够获得成熟的沟通技巧、积极的学习能力及应对压力的生存能力，提升综合素养，主要表现在：第一，志愿者更加宽容，从容接受并尊重不同的声音，相信合作伙伴；第二，志愿者更加客观，客观对待自身的不足，欣赏慢生活节奏，拥有开放的思维和控制物质欲望的能力；第三，培养学习能力，志愿者主动学习旅游目的地的历史、文化、语言、动植物环境保护等专业知识及技能，并以此融入目的地社会文化氛围与社区群体之中，实现自我价值增值。志愿者在目的地国家或社区获得独特的自然与人文环境体验，在承担社会责任、履行社会责任的同时实现人生目标；志愿者旅游为个人发展提供机会，在参与无私奉献的旅游活动中凝聚目标和激情，感受共赢与合作的成果，以与众不同的方式实现自身幸福感和人生价值。

目前，志愿者旅游形式不断拓展。"去旅游"（to travel）包括摆脱繁重的日常工作，体验新奇的异域风情，做有趣的令人兴奋的事，它们成为志愿者参与志愿服务的重要目的。志愿者已非最初"志愿服务"中的"志愿者"，而是"服务学习"（service-learning）中的学习者；志愿者在目的地做志愿服务的过程，就是欣赏和体验异域文化的过程，从"单向利他"转为"双向共赢"。志愿者旅游这一新兴的旅游形式，融入了地方经济、文化、环境元素，与社会发展的目标紧密连接，正是旅游研究需要拓展的重要领域之一。

旅游社会安全责任增强，个人安全包括生命、生存及个人发展等多方面内容；社会安全包括文化安全、环境安全等。新兴的社会旅游形式，注重需要帮助的社会群体。

社会旅游（social tourism）兴起于欧洲，为满足普通民众及弱势群体的度假、休闲等权利而产生，目的在于解决社会弱势群体的旅游和度假问题，为提高社会福利等社会问题方面发挥重要作用。1951 年，亨兹克（Hunzicker）最早定义社会旅游是"经济困难或存在其他负面因素的社会群体参与旅游活动时所产生的各种现象和关系的总和"[①]。1993 年，欧洲委员会界定社会旅游是"由一些国家的协会、合作社及工会组织的一种旅游形式，其目标是使大多数民众，尤其是

[①] MINNAERT L, MAITLAND R, MILLER G. What is social tourism? [J]. Current issues in tourism, 2011, 14 (5).

最贫困阶层有真正实现旅游的机会"。参与社会旅游的旅游者是"没有经验的旅游者","没有经验"表明参加旅游次数少、层次低;或者是童年时参加过旅游活动,但成年后由于经济、身体等原因没有条件旅游的人。对于社会旅游所服务的群体而言,生活在独立环境的旅游者期望有独立个性的旅游方式,而生活在比较稳定家庭环境中的旅游者更趋向于较稳定的旅游方式;但这并不是影响旅游者选择旅游产品的决定因素。研究表明,影响旅游者选择旅游产品的重要因素是旅游体验、幸福感等情绪因素。为此,社会旅游重点研究年轻家庭成员、经济困难的老人、有生理障碍的残疾人等社会弱势群体参与社会旅游的幸福价值,在探讨影响社会旅游行为的制约因素基础上,为需要帮助的社会弱势群体提供旅游的机会,通过维护社会旅游群体的自尊心、自信心,增强社会旅游者的身心健康和幸福感指数。

　　社会旅游多关心关注弱势群体。比如视觉听觉障碍旅游者更注重获取信息的便捷性及寻路体验、他人态度、旅行导盲犬等方面的感知。获取信息在旅行前至关重要,但事实上视觉障碍旅游者并不能充分参与其中。服务人员及一般旅游者给予残疾旅游者的尊重、高敏感度服务也是影响旅行体验的重要因素,同时对非视觉障碍的旅游者(如视力较弱的老人)也需要提供同等高敏感度的服务。为此,可采取多种方式提高旅游体验质量,如增强信息网站的可进入性,增加实用性的盲文信息,进而将信息转化为听觉或触觉格式,配置地面触觉指示器等自主导航设备,帮助视觉障碍旅游者辨别方向和提供警示,为需要帮助的群体提供科学、细致、合适的服务。

　　新兴旅游方式关注生态环境及其可持续发展。旅游环境质量在某种程度上决定了旅游者旅游体验的质量,实现旅游环境可持续发展至关重要。环境负责行为得到普遍重视,环境保护从社会行为发展到个人行为。比如西弗吉尼亚州的观光者中22.2%是生态旅游者,生态旅游者比观光旅游者更加关注环境、支持保护环境并对环境负责[1]。志愿者承担起更多的责任,自觉承担起环境保护的宣传任务,托雷斯-索韦罗(Torres-Sovero)等学者(2012)以秘鲁亚马孙山林小屋旅游者为调查对象,对有不同社会经济文化背景的旅游者进行聚类分析和非参数统计,将旅游者分为三大类[2]。其中A类旅游者是年龄在41岁以上,大学以上学历(36.4%),从事商业(18.8%)或教育(23.4%)工作,年收入大于5万美元的高收入人群,有自然保护区及热带雨林的旅行体验,旅游是为寻求一种野外旅行体验。B类旅游者是年龄在21~40岁,完成大学学历(44.3%),主要从事经商(27.8%)或教育(24.8)工作的高收入人群,大部分都有过热带旅行经

---

[1] DENG J, LI J. Self-identification of ecotourists [J]. Journal of sustainable tourism,2015,23(2).
[2] TORRES-SOVERO C, GONZÁLEZ J A, MARTÍN-LÓPEZ B, et al. Social ecological factors influencing tourist satisfaction in three ecotourism lodges in the southeastern Peruvian Amazon [J]. Tourism management,2012,33(3).

历，旅游是为了亲近社会和自然，在旅行中收获更多的精彩。C类旅游者是年龄在21岁以下，未完成大学学历的低收入人群，旅行的主要目的是探险，在旅行中挑战自我。调查结果表明，A类旅游者对服务要求较高，需要得到更多的关注和尊重；B类旅游者对生物多样性和文化表现出极大兴趣，可称为"真正的生态旅游者"；C类旅游者为低收入的探险青年，不同于其他两种类型旅游者，其旅游动机是在旅游中锻炼意志力、培养挑战未来的勇气。三类旅游者尽管旅游动机及需求不尽相同，但在旅游中保护目的地的人文与自然环境的意愿是一致的，普遍认为山林及林间小屋的原生态、自然保护区的总体质量对其满意度有着重要影响。旅游的社会责任日渐成为关注的重点，关注的内容和关注内容的程度都在增强。

（三）社会责任：从管理者到旅游者

健康、绿色、可持续发展是全球旅游业的发展目标。为此不仅需要政府的政策指导，旅游企业、旅游组织、旅游目的地居民的积极参与，还需要旅游者的积极响应和配合。21世纪以来学术界从旅游企业、组织、目的地管理者方面探索环境保护问题，如埃尔多安（Erdogan）和巴里斯（Baris）等学者（2007）研究土耳其安卡拉的酒店环境保护问题，认为酒店管理者应具有环境保护知识，为此需要设立社会与环境责任的基本目标，开发专门的政策系统指导实践，促进环境可持续发展。而且更加关注旅游者环境责任行为、环境保护意识及影响因素的研究。巴兰坦（Ballantyne）等学者（2009）从旅游者角度出发，对澳大利亚蒙利普斯国家公园旅游者的认知、偏好及环境保护意识进行调查。研究结论表明，参观野生动物园的旅游者与参观植物园的旅游者相比，前者对动植物保护更有兴趣。

如何实现从管理者的社会责任到旅游者的社会责任？首先，需要进行环境教育，在对旅游者是否愿意接受环境教育的调查中，17%的旅游者表示愿意接受保护教育；75%~80%的旅游者支持将野生植物教育列入旅游体验之中。因而旅游景区应注重对旅游者进行环境知识的宣传，促进旅游者对自然、文化、历史与环境的认知，提高旅游者的环境知识和环境敏感性，从而增强旅游者的地方依附感及环境负责任行为。巴兰坦（Ballantyne）等学者（2011）认为有关野生动植物的旅游体验对旅游者的认知、鉴赏行为产生积极影响。主要变量包括：与工作人员交流互动的机会、旅行同伴之间的沟通与探讨、与动植物接触的情感投入水平等。公园管理者为旅游者安排短期的培训学习，普及环境知识，鼓励旅游者与动物进行亲密接触，深度了解动植物现状及面临的威胁，引发旅游者的保护兴趣和保护意识，并将在今后的日子里采取积极行动保护动植物，而且通过自己的行动为子孙后代创造健康的生态系统。旅游者成为真正的动植物保护责任人，增强了旅游体验质量，实现多赢的效果。公园管理者、旅游者与动植物多向交融，将旅游者的环境保护责任行为落实在实践层面。

其次，进行旅游者环境行为评估。Lee 等学者（2013）开发了一种安全可靠、高效运行的测量系统来评估社区旅游者的环境负责行为[1]。该测量系统有助于旅游者环保教育、旅游社区的可持续管理。旅游者可支持和参加不同层面的环境保护工作及可持续发展工作，经常参加回收、节约用水等初级环保活动；时而参与购买环保产品等中级保护活动；少数旅游者参加公共土地/水的清理、担任环保志愿者等高水平的环保互动。

再次，建立前卫的环境保护意识。现今南极旅游初具规模，南极旅游者多为商业游客，尽管南极旅游对环境产生的影响还不确定，监测能力碍于多方限制，但游客已在博客上展开了关于旅游环境问题的评论，特别强调野生动物作为旅游吸引物的重要性，表现出游客对南极环境可持续性的高度关注。南极旅游必然直接导致文化痕迹、环境影响及游客与野生动物互动行为所可能产生的一系列变化。尽管目前表现得并不十分明显，但急需采取预防性行为防患于未然。

显然，旅游环境的维护和保护，不仅是企业组织及管理者的责任，同时也是旅游者的责任。旅游者在旅行中认识到保护环境的责任与义务，并努力履行该责任与义务，投入到旅游环境塑造和旅游可持续发展中，同时提升旅游者自身的素质。环境保护从社会行为发展到个人的环境负责行为。

第三节　旅游学交叉学科研究态势

一、关于旅游学本质的探索

（一）发展中的旅游学术研究

发展中的旅游的定义，表现出不确定性，随着旅游实践与旅游学术研究的进展而不断深入。旅游学术研究趋势与国内外旅游实践相吻合，近年来旅游研究领域在时空层面向纵深拓展，旅游研究内涵深入，经历了从以旅游者观光、体验为主要特征，向以旅游者参与和创新为主要特征的发展历程。随着旅游实践的进展而不断深入，从经济效应到文化内涵及休闲特征，又发展到创意旅游。

唐代学者孔颖达（574—648年）在《周易正义》中记载，"旅者，客寄之名，羁旅之称，失其本居，而寄他方""失其本居，而寄他方"已涉及旅游的本

---

[1] LEE T H, JAN F H, YANG C C. Conceptualizing and measuring environmentally responsible behaviors from the perspective of community-based tourists [J]. Tourism management, 2013, 36 (3).

质特征。英国学者伯卡特和梅特里克认为旅游是人们离开他经常居住和工作的地方，暂时前往一个旅游点的运动和逗留在该地的各种活动。德国学者蒙根·罗辑认为旅游是那些暂时离开自己的住地，为了满足生活和文化的需要，或个人各种各样的愿望，而作为经济和文化商品的消费者逗留在异地的交往活动。二者同样将旅游视作一种生活方式或文化活动加以描述。

工业革命之后，世界社会经济展现出空前未有的发展态势。与此相对应，进入从产业角度定义旅游的时代，加法利教授认为"旅游研究是对离开居住地的人的研究，是对因旅游者的需要而产生的这一产业的研究，是对旅游者和这一产业给东道地的社会文化、经济和自然环境所造成的影响的研究"。至此，对旅游者的研究、对旅游业的研究以及对旅游的影响研究共同构成一个完整的旅游研究系统。

瑞士学者汉泽克尔和克拉普夫（1942）[1]认为："旅游是非定居者的旅行和暂时居留所引起现象和关系的总和。这些人不会导致长期定居，并且不从事任何赚钱的活动。"该定义在1981年被旅游科学专家国际联合会（AIEST）采纳，也就简称为"艾斯特"定义。

李天元教授（2007）[2]认为"旅游业是人们出于移民和就业任职以外的其他原因离开自己的长住地前往异国他乡的旅行和逗留活动，以及由此所引起的现象和关系的总和"。从审美学角度的旅游定义中，冯乃康（1995）[3]认为，旅游"是以去异地寻找审美享受为主要内容的一种短期生活方式"。谢彦君（1999）[4]认为"旅游是个人以前往异地寻求愉悦为主要目的而度过的一种具有社会、休闲和消费属性的短暂经历"。

旅游的定义，包括旅游者的研究、对旅游业的研究以及对旅游的影响研究所构成的完整的研究系统。其一，表现为异地性和暂时性特征，旅游是离开常住定居地，前往目的地做短暂停留的空间移动；其二，旅游是不同于工作的另一种人生追求，是完善人格的另一种方式，构成了旅游的核心；其三，为游客开展旅游活动提供必要的基础设施及配套系统，这既是旅游产业对一般旅游活动的支撑，更是对高层次创新型旅游活动的有力保障。

（二）具有多学科特征的旅游学术研究

学术界关于旅游本质的探索不断深入，从经济学领域拓展到人类学、社会学、哲学、美学、地理学等多学科领域。

其一，基于经济学视角，经济发展程度直接影响了对旅游定义与概念的界

---

[1] 李天元. 旅游学概论 [M]. 6版. 天津：南开大学出版社，2009.
[2] 同[1].
[3] 冯乃康. 中国旅游文学论稿 [M]. 北京：旅游教育出版社，1995.
[4] 谢彦君. 基础旅游学 [M]. 4版. 北京：中国旅游出版社，2015.

定，经济学家最早观察、关注和思考旅游学术研究，奥地利经济学家舒勒恩（H. V. Schullern, 1910）[1]最早定义旅游是"外国或外地人口进入非定居地并在其中逗留和移动所引起的经济活动的总和"。英国经济学家奥格尔维（F. W. Ogilvie, 1933）[2]定义旅游是离家外出不超过一年，在外逗留期间进行的消费，且所用支出并非从旅游地赚取。可见，经济学将"旅游是外国或外地人口进入非定居地并在其中逗留和移动所引起的经济活动的总和"作为旅游的定义，将旅游视为从事经济活动的一个产业部门。

其二，基于文化与休闲体验视角，法国学者让·梅斯特（1966）[3]认为"旅游是一种休闲活动，它包括旅行或在离定居地点较远的地方逗留。其目的在于消遣、休息或为了丰富他的经历和文化教育"。格雷（Gray, 1970）提出休闲旅行（即旅游）的两种驱动力：漫游癖和恋物癖，并将漫游癖解释为内在的"推动"因素，把恋物癖解释为对存在于异地的"拉动"因素作出反应。"什么促使游客旅游？"戴恩（Dann, 1977）1976年1月和2月针对旅游旺季游客进行了422次采访，研究结果表明，游客大多是自我提升需求的"推动"因素。进一步明确"推力"和"拉力"是两个主要的旅游动机，"推力"构成旅游动机的本质，是旅游的内驱力，"拉力"代表旅游目的地的具体吸引物。

基于旅游者需求视角，麦克肯奈尔（MacCannell, 2013）将游客看作是一个"有闲阶级"（leisure class），"休闲"在英文表达中本身带有"recreation"之意，即"再创造"。"现代世界的区别有着吸引旅游者的相同结构：不同元素从原始自然的、历史的、文化的文本中抽取出来，重新安置到位移过的或现代化了的事物和人们身上"。游客试图"重新发现或重新构建一种文化传统或是社会身份认同"。麦克肯奈尔基于旅游者追求的角度，将旅游者提升为一个由现代性演变所决定的新的社会阶级，这一全新的学术观点在旅游学界引起较大反响，得到学术界的普遍认同和赞同。

同时，由于旅游作为理想社会的生活方式之一，体验在一定程度上可看作文化探寻与认同的过程。而在整个旅游体验过程中，旅游者通过各种体验方式，实现了在情感世界和精神世界的徜徉和回归的旅程。表面上看，旅游过程好像一个卸掉了责任感的自娱自乐的过程，但仔细分析我们就发现，不管是从社会群体意义上还是从旅游者个体意义上看，这个过程都体现了一种精神世界的追求：旅游是一个通过情感的无拘无束的体验来获得精神的满足和意志力的实现的过程。从这一点看，旅游本身带有人本主义的意味，是人类生活最高境界的体现方式之

---

[1] 谢彦君. 基础旅游学［M］. 4版. 北京：中国旅游出版社，2015.
[2] 张凌云. 国际上流行的旅游定义和概念综述：兼对旅游本质的再认识［J］. 旅游学刊，2008（1）.
[3] 同[1].

一。认识到这一点,我们才能深切地体会到,旅游可以作为富裕社会的典型生活方式[①]。

其三,基于社会学视角,旅游动机文献中关于"是什么促使游客旅行"的探索中,学者多认为"旅行的最大原因是'逃避'",这成为"旅行的最佳理由"之一。与社会需要互动一样,"自我提升"通常被描述为社会学中的"地位"。旅游成为提升地位的有效方式之一,而不仅仅是传统上通过提升社会经济地位的方法。

基于人类学和社会学视角,美国罗伯特·麦金托什和夏希肯特·格波特(1980)两位教授认为"旅游是由旅游者、旅游企业、东道国政府及东道地区居民相互作用而产生的一切现象和关系的总和"。之后,随着对旅游本质探索的不断深入,道格拉斯·皮尔斯(1987)[②] 也认为,"所有的休闲都带有某种逃逸的意思",但"旅游却因其包含有空间的逃逸而不同于一般的休闲行为。旅游者向一个或几个休闲目的地的旅行过程就是这种逃逸的表现"。

特别值得关注的是,在以往学者的学术探索基础之上,"创意旅游者"不是"逃避",他们不仅是为了获得社会地位,而且是真正提升自己。提升的内容也发生较大的变化,而且,如果说几十年前学术研究关于"自我提升"还具有某种理想成分,那么今天则是多数游客不约而同所追求的现实需求。互动影响——旅游者的到来,在某种程度上提升了目的地的地位和影响力。

其四,基于地理学视角的界定,澳大利亚地理学者利珀(Leiper,1981)定义旅游是一个与五种因素互相作用的开放系统,这五种因素为环境、人文、旅游者、地理(客源区、交通路线和目的地)以及产业。这五种因素同时与自然、技术、社会、文化、经济和政治等因素相互作用和影响。从某种程度上说,基于休闲和离家暂居至少一晚的旅游者是系统中的动力因素。英国地理学者斯蒂芬·威廉斯(1998)[③] 认为,旅游是一个综合的概念,不仅是离开惯常居住地,在目的地做短暂停留的行为本身,还包括这类活动的组织和实施过程,以及满足旅游需求的设施和服务。

旅游是非定居者的旅行和暂时居留所引起的现象和关系的总和。旅游的这种非经济性特征被定义为"审美活动""创造过程""文化消费与享受"等依次递进的层次,旅游是以去异地寻求审美享受为主要内容的一种短期生活方式,逐渐发展为必要的、正常的生活方式。可见旅游研究领域已经转向旅游者的本质、旅游体验、教育需求及旅游的社会经济文化环境等属性,进而关注"人"在旅游活动

---

① 谢彦君. 旅游体验研究:一种现象学的视角 [M]. 天津:南开大学出版社,2005.

② PEARCE D. Tourism today:a geographical analysis [M]. Harlow:Longman Scientific & Technical Press,1987.

③ 张凌云. 国际上流行的旅游定义和概念综述:兼对旅游本质的再认识 [J]. 旅游学刊,2008 (1).

中的全面发展。这样的定义，包含了亚里士多德"幸福存在于闲暇中"的思想，更与马克思认为理想的生活状态便是人自身得到"自由而全面发展"的思想相吻合。因而，旅游是一种以旅游者为基础，以文化为核心，以人（旅游者及目的地居民）的全面发展及社会进步为目的的综合性社会活动。

（三）中国旅游学术研究非常规发展态势

由于社会经济文化状况的特殊国情，特别是中国改革开放后社会经济发展的特殊背景，中国旅游业发展路径不同于国际旅游业，走上一条非常规的发展道路。

在发展路径方面，表现为中国旅游业并非按照先发展国内旅游而后再发展国际旅游的常规发展道路，而是"先国际、后国内"的中国特色非常规发展道路。在市场竞争层面，以旅行社和酒店为主要代表的旅游企业在改革开放之初就进入垄断竞争的市场环境，经济全球化、网络化和信息化的时代，市场结构范式从完全竞争进入垄断竞争、向寡头垄断的自然进化有利于市场的成熟与稳定，是效率选择的必然结果，而中国旅游业是在外部环境和政府行为作用下促成的，但当这种供不应求的千载难逢的时机过去，旅游企业之间的过度竞争引发了企业利润衰减，以致出现某种程度的恶性循环。必然造成从寡头垄断向垄断竞争甚至向完全竞争退却的局面，重新开始从完全竞争到寡头垄断或完全垄断的进化与过渡，由退却而来的重新进化，加剧了市场发展与良性竞争的难度。

旅游活动处于不断发展变化中，从少数旅游者的个别行动发展为广大民众的普遍旅游行为；从依托旅行团偶尔外出到标志性景点景区的旅游，发展为成熟的旅游者多次反复到某一目的地甚至成为旅游目的地的常客。旅游活动已经不再是往常简单意义上只关注被广泛认可的风景名胜等旅游区域，而是关注超越传统旅游范围的旅游目的地普通生活中的元素，更加关注能感觉或体验旅游活动和休闲活动相结合的真实生活内容。旅游活动已深入到广大民众的日常生活中，随之而来的是旅游行为及旅游观念的不断变革与升华，必然影响到对旅游学科本质与特征的重新界定。

旅游学术研究也表现为非常规发展状况。旅游活动源于经济的发展并与经济的发展同步，我国旅游研究在旅游产业还不太成熟的背景下大规模展开。显然，在这个根本意义上，源于产业发展、服务于产业实践的旅游学术研究内容及研究方法均受制于旅游产业的发展状况。旅游学术研究体系超越旅游学科设置的范围，旅游专业设立之初，学科目录中只有"旅游经济"二级学科；在 20 世纪末高校学科目录调整中，将"旅游经济"改为"旅游管理"二级学科。而旅游研究领域却远远超出了"旅游经济"或"旅游管理"的学科范围，而应具有独立的研究领域。

国外旅游研究杂志《旅游研究年刊》（*Annals of Tourism Research*）、《旅行研究杂志》（Journal of Travel Research）、《旅游管理》（Tourism Management）分别创刊于1973年、1962年和1980年，中国《旅游学刊》《旅游科学》《旅游论坛》创刊于1986年、1981年和1989年，中国旅游研究刊物创刊稍晚于国外。

显然，中国旅游业与国外旅游业发展程度相比差距甚大，但旅游研究已经紧随世界步伐大规模展开。其实，早在民国时期也出现同样的状态，中国旅游研究与旅游产业发展状况相比也呈现出非常规的优先发展态势。1923年中国第一家旅行社诞生于上海商业储蓄银行，能够获得持续发展的资金支持和风险担保；创立者为享誉中外的金融家和外交家陈光甫，这样的特殊地位和影响远非英国第一家旅行社创立者托马斯·库克所能比拟；旅行社发行的英文版和中文版"旅行支票"成为当时通行于各地的流通支票；1927年，陈光甫创办的中国旅游研究的第一本刊物《旅行杂志》，开始关于"观光业在现代经济之地位""学术的旅行"等学术专题的探讨，积极引领了中国旅游业的发展和近代中国民众旅游意识觉醒与旅游观念的转变。《旅行杂志》在当时具有相当高的学术价值和社会影响，刊载的绝大多数文章均出自于著名学者、社会活动家或军政要员，如冰心、郁达夫、张其昀、吴宗济、孙福熙、袁松年、李景汉、吴觉民、李权时、刘既漂、吴绍璘、蔡元培、马相伯、王云五、胡愈之、于右任、黄伯樵等。尤为重要的是，《旅行杂志》不仅体现了历史学、经济学、地理学、文学、林学、建筑学等众多学科交叉融合的特色，而且汇集了学术界、实业界、政界乃至社会各界的关注与支持，从而体现了学术与实践的结合，学术与民众生活息息相关。

二、旅游学跨学科研究

旅游活动作为一种复杂的综合性社会活动，与其他社会活动密切交叉、渗透和重叠。旅游研究内容涉及众多学科领域，在旅游研究中必然引用相关学科的理论与方法，关键在于如何与相关学科衔接、融合并进行创新。

旅游研究领域已拓展到众多相关学科，但不是众多学科的综合体，与相关各学科有联系更有本质的区别。目前旅游的多学科多处于相对独立的研究状态，有待于进入较高层面的跨学科研究。

旅游学科涉及众多研究领域，从不同学科切入旅游研究为学科发展所必需，旅游学科必然与各相关学科建立联系，目前旅游地理、旅游文化、旅游经济、旅游管理、旅游心理学、旅游环境等研究内容，基于地理学、经济学、管理学、心理学等学科背景，或者成为这些学科的一个内容，同时有待于将这些学科中与旅游相关的内容融合提升，表现旅游研究的复杂性和关联性特征，不仅限于多学科量的积累，更注重实现跨学科质的飞跃。

同样，旅游研究内容并非简单地从相关学科中移植、渗透或融入旅游学领域，而是针对旅游学的研究对象与特征，探讨旅游活动的基础、产生原因、运行机理、旅游形态结构特征及对社会的影响等诸多层面的问题。

学科的交叉与融合成为学科发展的普遍现象，旅游研究方法多元化已成为学术研究的趋势。早在20世纪30年代，柏林大学著名学者葛留克斯曼就提出旅游活动综合性结构需要进行多学科分析的开创性见解。20世纪80年代末90年代初，世界旅游研究开始了多学科、多层面综合研究方法的讨论，同时引入综合分析的系统研究方法，系统研究思想来源于亨泽克尔和克雷夫定义中所体现的旅游现象的综合结构理论。20世纪80年代后期，卡斯帕尔进一步强调旅游系统与经济、社会、技术、政治和生态环境等多学科的密切关系。《旅游研究年刊》1988年第1期刊载旅游研究方法专辑，"不带偏见地对待社会科学相邻学科是寻求一种解决现实问题的可能途径"已成为学术界的共识。1991年第1期刊载旅游社会科学专辑，研究主题涵盖经济学、人类学、生态学等10个学科领域，初步体现了旅游研究跨学科态势。英国科学家贝弗里奇同样认为，决定一项研究的基本思想是来自应用或移植其他领域里发现的新原理或新技术，这是科学研究中最有效、最简便和运用最多的方法。作为交叉学科的旅游研究更是凸显这些现象。

不仅旅游学科的多元结构特征决定了需要借助相关领域的知识、理论、技术和方法，而且历史学、地理学等思维定式明确的传统优势学科也需要学科融合的环境。尤为重要的是，旅游研究的范式及其理论体系处于不断发展和完善过程中。各学科发展路径与进程各不相同，哲学、地理学、历史学等传统学科自始有之；法学、管理学从原来学科中分离后发展成为独立学科；旅游则是随着时代需求而产生的综合学科。旅游活动在不断发展变化中，从少数个人的旅游活动发展为广大民众普遍的旅游行为；从游客偶尔到风景文化名城旅游，发展成为游客成为城市的经常住客，由此而来的旅游行为及旅游观念在不断进化和变革中。而与旅游相关的学科也在发展变化中，从而加剧了旅游研究的复杂性。

旅游现象联系着经济、文化、政治等社会生活的诸多方面，旅游与众多学科密切关联，研究内容来自地理学、社会学、法学、历史学、教育学、人类学、心理学、经济学、生态学、农学、政治学、哲学、管理学等不同学科背景。研究对象不同，研究内容、研究方法必然不同，需要应用不同学科的理论基础和研究方法对旅游现象进行多角度、多层面的系统研究。

旅游作为一门独立学科，旅游研究已从少数学科拓展到众多学科，但不是众多学科的综合体，而是在新一轮相关学科基础上实现质的升华，与相关各学科有联系更有本质区别。

旅游业发达国家的旅游研究领域较为宽泛和厚重，不仅有哲学的思考，文化的沉淀，而且上升到人文的关怀，深化了旅游的本质内涵。经过近半个世纪的发展，中国旅游研究内容从只关注经济与管理的旅游方式发展到探索旅游文化内涵、科学理念、环境生态可持续发展，进而发展到创意旅游；从单纯的微观个案研究发展到对旅游者、目的地、旅游业及其相互关系的文化逻辑及社会发展的深层研究；从功利主义的思维方式走向关注人的全面发展和社会的进步。

随着旅游研究领域的不断拓展，旅游研究方法呈现多元化特征，各学科研究领域研究方法各不相同。如地理学即研究地球表层自然要素与人文要素相互作用及其形成演化的特征、结构、格局、过程、地域分异与人地关系等。地理学研究具有综合性、区域性和动态性特征，以地理定位研究、遥感方法、系统方法等为主要研究方法。旅游地理学是研究人类旅游活动与地理环境关系的新兴学科，研究组成旅游环境的各类旅游资源及其时空分布、演化及其相互关系，以及如何进行合理的开发利用保护。管理学是系统地研究管理活动的普遍规律和一般方法的科学，以观察、分析、概括、假设、检验为主要研究方法。人类学从生物和文化的角度对人类进行全面研究，包括以形态、遗传、生理为研究对象的自然人类学，以风俗、文化史、语言等文化为研究对象的文化人类学，以及专门研究史前时期的人体和文化的史前人类学。人类学的研究方法主要有整体观、文化相对论和跨文化比较。经济学则是主要研究社会经济系统中的技术性资源配置及相应的绝对关系，以个体主体为对象，采用边际方法，以行为分析和技术选择为主的经济学科，具有宏观性、综合性、战略性、对策性、前瞻性特征。美学的研究对象为审美关系、美感经验、艺术美，而以艺术美作为主要研究对象和目的。

旅游研究的范式及其理论体系处于不断发展和完善过程中，而与旅游相关的学科也在发展变化中，从而加剧了旅游研究内容及研究方法的复杂性。所谓学科，其特征就在于不依赖于其他学科的独立性，这种独立性反映在它的研究对象、语言系统和研究规范上。而目前旅游研究恰恰依赖于众多相关学科。在隔行如隔山的学术界，来自不同学科背景的研究者各抒己见，即使学术气氛十分活跃，却因彼此不了解对方的研究领域，犹如盲人摸象，难以形成碰撞中的交流。为此，必须构建学术对话的平台。

其一，摆脱当前旅游学依附于各相关学科的状态，建立以旅游特色为核心的跨学科研究体系与研究方法，即以追求"人"的全面发展和社会进步为核心的旅游学认知为基础，建立学术对话平台，从多学科林立的状态进入跨学科融合的阶段。

其二，在与相关学科的深入结合中完善和发展。深入挖掘旅游学与所依托的某一传统学科的结合点，实现以旅游为核心的各相关学科的整合与提升。同样研究"人"，旅游学研究旅游者的需求及旅游活动现象，但却超越了经济学中"经济人"的假设，而将旅游者置于具有综合性特征的"社会人"的境界加以研究。

其三，整合旅游研究方法，科学借鉴相关学科的研究方法，根据各学科特定的适用范围、适应条件选用研究方法，并与旅游学科特点紧密结合，由此形成的各旅游分支学科，置于旅游学的内核之中，而共享旅游学的统一内核。

20世纪80年代，中国学术界旅游研究与国际早期研究状况基本相同，20世纪90年代中后期，系统介绍学习国外旅游学研究方法，进入21世纪，旅游研究方法深入研究方法论、研究方式及具体研究方法和技术等层面。

首先，表现为宏观层面的多元化特征，在相关学科中发掘、提炼和创造适合旅游学科研究特殊需要的有针对性的研究方法。其次，表现为微观层面具体化特征，针对某一具体课题使用的系统方法、比较方法、调查法、访谈法等具体学科领域所适用的方法。再次，表现为操作层面的技术性特征，针对具体研究工作实行特殊的技术性方法。

根据特定的适用范围、适应条件选用研究方法，并与旅游学科特点紧密结合。如旅游社会学关注"旅游者、旅游者与旅游地关系、旅游者系统的结构与功能、旅游业与社会环境"等研究领域；地理学关注空间与环境、自然与人文关系等问题；经济学关注稀有资源在竞争中的分配；旅游心理学研究生理和人类对环境的适应等问题。各学科关注的内容、重点不同而分别采用不同的研究方法，比如生态旅游采用定性描述方法、环境监测方法、数理统计方法等研究方法；乡村旅游采用定性分析和定量分析相结合的研究方法等。源于旅游学科内容的横向拓展和纵向深入，旅游研究需要从不同角度使用不同方法研究旅游现象和活动；从发展角度对旅游活动和旅游机构进行分析的历史学研究方法；从个人及群体的旅游行为及旅游对社会影响的角度所进行的社会学方法；研究位置、环境、气候、自然风光、社会经济及其成因与规律的地理学研究方法；研究旅游企业规划、定价、市场、控制等活动的管理学研究方法；综合考察宏观与微观、整体要素与部分要素而完成群体系列目标的系统论研究方法。

第二章
从文化旅游走向创意旅游

文化和旅游密不可分。旅行开始于人类的童年时期，旅行本身就产生文化。文化景观、景点和活动都为旅行提供重要动力；文化与旅游的关系表现出深度融合的多样化特征，特别体现为从文化旅游走向创意旅游的发展态势。

第一节　文化旅游——从精英阶层到大众阶层

20世纪末，文化不仅作为目的地的旅游资源，而且形成了满足旅游者需要的文化环境。基于文化环境的服务产业能够在竞争中取得优势地位，并衍生新的价值来源[1]。继而，文化作为基于一定的时空范围内传播旅游的营销工具，推动游客去一些"不著名"的旅游目的地。经过半个世纪的发展，文化旅游已处于许多都市复兴战略的中心地位（Richards & Bonink, 1995），国际文化旅游业竞争趋势明显，出现了文化旅游供给增长超过需求增长的趋势。世界各国家纷纷将文化旅游视为最崇尚的开发选择工具之一，世界旅游产业实践不同程度上出现了开发项目雷同、旅游线路单一、商业趋势明显、旅游商品"克隆"等非常规发展状况，文化旅游因过度开发陷入恶性循环，出现了降低乃至于破坏了目的地文化旅游价值的严重后果[2]。文化连续复制而失去活力。

一、文化的历史与内涵

文化具有"广义"和"狭义"两个层面的内容，学术界关于文化的概念纷繁复杂。根据《中国大百科全书》的定义，广义的"文化"包括人类的物质生产和精神生产的能力、物质的和精神的全部产品；狭义的"文化"指精神生产能力和精神产品，包括一切社会意识形式，有时专指教育、科学、文学、艺术、卫生、体育等方面的知识和设施，以与世界观、政治思想、道德等意识形态相区别。根据《辞海》的定义，广义的"文化"指人类社会实践过程中所创造的物质财富和精神财富的总和，狭义的"文化"指社会的意识形态，以及与之相适应的制度和组织机构。综上，广义的文化指人类创造的一切物质财富与精神财富的总和，表现为物质文化、精神文化、制度文化；狭义的文化则是指以社会意识形态——上层建筑和文化艺术活动为主要内容的精神文化体系，包括语言、文学、艺术及一切意识形态在内的精神财富。比如文化修养直接影响旅游行为及其旅游体验与创造，文化修养的层次决定旅游行为的层次，欣赏能力主要来源于文化修养。

（一）英文语境中的"文化"内涵

英语词汇中的"文化"（cultural）一词原意是"耕作"（husbandry），19世

---

[1] PINE B J, GILMORE J H. The experience economy [M]. Boston: Harvard Business School Press, 1999.

[2] RUSSO A P. The "vicious circle" of tourism development in heritage cities [J]. Annals of tourism research, 2002, 29 (1).

纪 70 年代以后被赋予学术上的特殊定义。1871 年，英国著名人类学家爱德华·布奈特·泰勒（Edaward Burnett Tylor，1832—1917）发表《原始文化》，在"关于文化的科学"中的经典定义为：文化或文明，就其广泛的民族学意义来讲，是一复合整体，包括知识、信仰、艺术、道德、法律、习俗以及作为一个社会成员的人所习得的其他一切能力和习惯①。

1901 年，美国人类学家霍尔姆斯（William Henry Holmes，1846—1933）首先提出将文化人类学（cultural anthropology）作为人类学的分支学科，以区别于体质人类学，从而标志着西方文化人类学研究开始从人类学中独立出来。从此，关于民族风俗、宗教礼仪、社会制度等文化现象的研究便成为文化人类学所关注的课题，基于文化观念的视野更加广阔。

1958 年，英国文化学家雷蒙·威廉斯（Raymond Williams，1921—1988）在考察了 1780—1950 年西方人的文化观念后，归纳出 4 种具有代表性的西方文化观念：心灵的普遍状态或习惯；整个社会智力发展的普遍状态；各种艺术的普遍状态；一种由物质知识与精神构成的整体生活方式。②可见，文化观念包括信仰（个人心灵的思考习惯）、知识（全社会智力发展的状况）、文学艺术和生活方式。雷蒙·威廉斯在 1976 年出版的《关键词：文化与社会的词汇》中进一步指出，19 世纪末 20 世纪初，作为艺术的"文化"在英文中发生了重大的演变，被用来指音乐、文学、绘画与雕刻、戏剧与电影。而"文化部"（Ministry of Culture）则负责推动这些特别的活动。③ 艺术作为文化的构成要素在文化学成为独立学科后依然延续这一传统。

德国学者恩斯特·卡西尔（Ernst Cassire）在 1944 年出版的《人论——人类文化哲学导引》一书中，针对笛卡儿的"人是理性的动物"的命题，认为人具有创造"理想世界"的能力，人的本质就是人的无限的创造活动，他独树一帜地把人定义为"符号的动物"，并认为，诸如神话、宗教、语言、艺术、历史、科学等各种文化现象就是符号形式④，进而将文化定义为人类创造并使用的符号形式。具有现代文化哲学取向的文化符号观念，积极影响了关于文化管理内涵的认识和阐释，文化管理的对象是以艺术为代表的文化活动，是一种有意义的符号形式，这种观点得到较为广泛的认同。20 世纪 90 年代，欧盟委员会的"内容产业"（content industries）和英国文化新闻体育部的"创意产业"（creative industries）等提法，正是从内容的符号性和独创性来界定文化管理对象的内涵特质。

---

① 尼格尔·霍尔顿. 跨文化管理 [M]. 康青，郑彤，韩建军，译. 北京：中国人民大学出版社，2006.
② 雷蒙·威廉斯. 文化与社会：1780—1950 [M]. 高晓玲，译. 长春：吉林出版集团，2011.
③ 雷蒙·威廉斯. 关键词：文化与社会的词汇 [M]. 刘建基，译. 北京：生活·读书·新知三联书店，2005.
④ 恩斯特·卡西尔. 人论：人类文化哲学导引 [M]. 甘阳，译. 上海：上海译文出版社，2013.

2005年6月，联合国教科文组织大会以《保护和促进文化表现形式多样性公约草案初稿》(*Preliminary draft of the convention on the protection and promotion of the diversity of cultural expressions*)之名通过该草案，从"文化内容""文化活动、产品和服务"的概念对文化一词作出了更为具体的定义，其中，"文化内容"指源于文化特性或表达文化特性的象征意义、艺术特点和文化价值，"文化活动、产品和服务"指从其具有特殊的特征、用途或特定目的的角度对其进行审视时，体现或传达文化表达形式的活动、产品和服务，尽管它们可能具有商业价值。文化活动可能是为了其自身的目的而开展的活动，也可能是为了有助于提供文化产品和服务而开展的活动。

可见，文化不仅具有艺术、文学、信仰、价值观念、传统习俗和生活方式的含义，而且涉及不同的社会和社群的特征。由于文化产品的生产、服务和消费是文化管理的基本对象，而文化内容的创造性又意味着文化产品服务中蕴含着某一社会群体与众不同的符号特征，因此文化活动、文化产品和文化服务所表达的符号意味往往拥有了国家、民族和社会群体在艺术、文学、信仰、价值观念、传统习俗和生活方式等方面的特征。

(二) 中国文化中的"礼"与"乐"

了解中国文化，必须了解"礼"。"礼"作为我国古代的道德规范和行为准则，内涵极为丰富。先哲孔子阐述了礼仪的本质与功能，"质胜文则野，文胜质则史。文质彬彬，然后君子。"(《论语·雍也》)用道德规范约束自己的行为，要做到"非礼勿视，非礼勿听，非礼勿言，非礼勿动"。(《论语·颜渊》)强调"仁者爱人"，互相关心，彼此尊重。孟子则把孔子的"仁学"发展到"仁政"学说，提出民贵君轻，主张"以德服人"，"舍生而取义"。(《孟子·告子上》)荀子提倡礼法并重，进一步指出"礼之于正国家也，如权衡之于轻重也，如绳墨之于曲直也。故人无礼不生，事无礼不成，国家无礼不宁"。(《荀子·大略》)西汉初年董仲舒提出"唯天子受命于天，天下受命于天子"的"天人感应"(《春秋繁露》)，把儒家礼仪进一步概括为"三纲"(君为臣纲，父为子纲，夫为妻纲)"五常"(仁、义、礼、智、信)。《礼记》内容十分广泛，包括讲述古代风俗的《曲礼上》(第1篇)、古代饮食居处进化概况的《礼运》(第9篇)、家庭礼仪的《内则》(第12篇)、服饰制度《玉藻》(第13篇)、师生关系《学记》(第18篇)，"修身、齐家、治国、平天下"的《大学》(第42篇)。

宋代发展为以儒家为基础，兼容道家、佛学思想的程朱理学，程颢、程颐认为"父子君臣、天下之定理，无所逃于天地间"(《二程遗书》卷五)。"仁莫大于父子，义莫大于君臣，是谓三纲之要，五常之本。人伦天理之至，无所逃于天地之间"(《晦庵先生朱文公文集·癸未垂拱奏札二》)。程朱理学是中国古代礼仪学说发展到一个新的阶段。明代，中国对外交流扩大，交往礼仪更加完善，同时，忠、孝、礼、节、义等礼仪日趋繁多。尤其是清朝建立后，不仅完全接受汉民族几千年发展而来的礼制，而且使其更加复杂化。

古代典籍中儒家对"礼"的概念与功用的论述，因具体的语境不同而有不同的层次。在伦理制度、伦理秩序层面，有"礼制""礼治""礼教"等；在待人接物的形式和惯例层面，有"礼节""礼俗"等；在个体修养层面，可称之为"礼貌"；在处理与他人的关系层面，可称之为"礼让"。中国文化的"族"，与中国文化的"礼"相关联，也是中国文化仅有的概念。"族"即更大范围内的家，正是在中国的家庭里，"礼"得到传播。通过家族，社会关系准则从家庭成员延伸到亲戚，只有"礼"被遵守时，双方家庭所有亲戚的"家族"才能存在。换言之，当"礼"被延伸的时候，家族就形成了，"礼"的适用范围再扩大就成了"民族"，"礼"为全中国人民树立了社会关系准则[①]。

中国传统文化中，"礼"字则有多层含义。首先，"礼"表示尊敬，最早与祭祀神灵、"敬神"活动有关，人类进入文明社会后，礼仪活动由"祈神"转向敬人，又发展到自尊与自敬。从开始适用于宫廷，随后发展到社会各阶层，并广泛运用于社会交往中。其次，各代典籍中的"礼"具有"政治制度"之意。再次，专指"礼物"，如"千里送鹅毛，礼轻情义重"。最后，古代礼仪中的"仪"包括"仪表、仪容、仪式礼节，准则法度"等。

中国文化中"礼"与"乐"相辅相成，《乐论》成为中国古代最早的专门美学文献，不仅是音乐理论，更是以音乐为关联的艺术领域的美学思想，体现天地万物的秩序，这一特点构成了中国文化的优势。唐朝海外遣唐使、留学生到达长安时，是先进的礼乐文明使外国使臣和学者所钦佩。在儒家文化体系中，礼与乐相辅相成，二者的关系形同天地。《礼记·乐记》说："乐由天作，礼以地制。"礼乐结合就是天地万物秩序的体现，"乐者，天地之和也；礼者，天地之序也。和，故百物皆化；序，故群物皆别。"乐，有其深刻内涵和哲理，不等同于现代的"音乐"。"乐者，非谓黄钟大吕弦歌干扬也，乐之末节也。"乐的大节是德，这是中国与世界古代文明关于音乐思想的根本区别。

在儒家的音乐理论中，声、音、乐是三个不同层次的概念。儒家所推崇的"乐"，是中国上古时代盛德之帝的作品，盛德之帝必然有盛乐。乐为心声，礼以治外，旨在规范人的行为举止，使之恰到好处；乐以治内，重在引导人的性情心志，是要解决礼的根源问题。如果人的行为举止能中规中矩，但不是内心德行支配的结果，而是单纯的模仿，则教育的目的仅仅完成一半，而且是非主要的一半。只有内心建立起"德"的根基，外在的规范言行才是真正意义上的礼。乐是内心德行的体现，礼的作用是防止行为出格。《周礼》《仪礼》《礼记》等经典体

---

① 邓尔麟. 钱穆与七房桥世界 [M]. 蓝桦，译. 2版. 北京：社会科学文献出版社，1998.

现了中国古代礼仪文化，是中国古代礼乐文化的理论形态。

中国的礼乐文化有不同于西方文化的独到之处。比如中国古代的体育精神不同于古希腊的奥林匹克精神，表现为中国古代"礼乐"之高妙。春秋时期被称为乡射礼的射箭比赛，其比赛礼仪完整地记录在《仪礼·乡射礼》中，成为一种非常正规的竞技运动，有长度固定的射道，严格的比赛规则。但是，评价一名射手，不仅看其能否命中靶心，还看其体态是否合乎音乐节奏，是否处处礼让竞争对手，是否正确对待失败，等等。要求其身心与体魄和谐健康地发展，这显然有别于早期奥林匹克运动强调体魄强健的理念，突显东方文明的特色。

孔子学说在塑造民族性格和文化心理结构上具有重要地位，用理性精神解释古代原始文化"礼乐"，把传统礼制归结和建立在亲子之爱这种普遍而又日常的心理基础和原则之上。把一种本来没有多少道理可讲的礼仪制度予以实践理性的心理学的解释，从而也就把原来是外在的强制性的规范，改变为主动性的内在欲求。孔子不是把人的情感、观念、仪式（宗教三要素，李泽厚注）引向外在的崇拜对象或神秘境界，相反，是把这三者引导和消融在以亲子血缘为基础的世间关系和现实生活之中[1]。这也正是中国艺术和审美的重要特征。

在中国千百年来的封建王朝发展史中，文化传承的力量高于政权的更迭。中国古代历史历经一次又一次的改朝换代，但对深深影响中国文化的孔子的尊崇却千百年来始终不变。

在创意旅游理论探索的早期，Richards 和 Raymond（2000）[2] 将创意旅游定义为文化旅游的延伸，度假旅游者"在积极参与目的地居民的生活、学习体验目的地传统技能的过程中，提升创意潜能"。也正是在具有创意的满足游客学习需求的活动中，游客得到自我发展和提升。但随着实践的发展，创意旅游作为一种积极的旅游活动，不仅为目的地居民带来经济收入，更重要的是有助于确立目的地与客人之间的长久联系。所以，这已经超越了文化旅游的内容，而与文化旅游有本质的区别。以往西方"文化旅游"多关注的是少数精英阶层特权，而且多偏重于追求"高雅文化"（high culture），而将"大众文化"（low culture）排斥在精英文化之外。20 世纪 80 年代以来，文化旅游从开始的精英阶层向广大民众阶层拓展。打破了高雅文化与大众文化之间的分歧，民众对文化有了更广泛的多元化理解，文化旅游的边界不断拓展，文化走向广大民众的生活领域。文化旅游内涵也发生深刻变化，从开始以游览为目标的历史建筑遗址，博物馆美术馆、绘画雕塑艺术，到以体验为目标的基于信息技术的与博物馆美术馆文化的互动，进而催生了场景文化的产生。

在文化旅游竞争日益激烈的时代，需要探索目的地新的可替代模式，即向生

---

[1] 李泽厚. 美的历程 [M]. 北京：生活·读书·新知三联书店，2009.
[2] RICHARDS G, RAYMOND C. Creative tourism [J]. ATLAS News, 2000, 23 (8).

产难以复制和模仿、更富于弹性和创新的旅游体验转移。正在兴起的创意旅游作为深层次旅游活动,超乎之前的观光旅游和文化旅游形式,表现出由文学、艺术、工艺、美术、摄影、表演、动漫、建筑、设计、古玩、民俗等多维文化所组成的综合性产业链,而且这些相互关联的产业与知识产权密切相关。创意旅游逐渐成为旅游产业发展的前沿趋势之一。

创意和创新已成为公司和目的地管理战略的关键组成部分。企业正在逐渐摆脱那种认为创造力和商业是相互矛盾的旧观念。创造力是产品和服务开发的先决条件,把创造力和商业活动相结合带来了今天的经济发展成就(Pine and Gilmore,1999[①];Florida,2002[②])。战略规划者看到发展创意部门的潜力,以提高该地区的竞争力。同时,正在采取措施来满足代表文化和旅游部门实践者的需求。因此,有必要了解区域旅游合作的现状。创意旅游是文化旅游的延伸,创意旅游经过二十多年的发展,形成了不同于文化旅游的显著特征。

二、文化旅游体系及其特征

中国古代已有因旅行而诞生的《兰亭集序》《徐霞客游记》等名著,但真正使用"旅游文化"的表述却较晚。1977年,在美国旅游学家罗伯特·麦金托什和夏希肯特·格波特合著的《旅游学》中最早使用"旅游文化"的标题。1982年,《中国大百科全书·地理学·人文地理学》也开始使用这一概念,但只限于阐述旅游和文化的关系,并未深入其内涵。

(一)文化旅游的表现形式

文化旅游的定义主要有三种观点:其一,文化旅游是指以文化旅游资源为支撑,旅游者以获取文化印象、增长知识为目的的旅游产品;其二,文化旅游在作为一种具体的旅游产品前提下,特指民俗文化层;其三,文化旅游是指旅游者为实现特殊的文化感受,对旅游资源内涵进行深入体验,得到全方位的精神和文化享受。从时间维度上,文化旅游可分为历史文化旅游和现代文化旅游;从形态表现上,则涵盖了古迹游览旅游、民俗体验旅游、宗教文化旅游、建筑文化旅游、饮食文化旅游、艺术欣赏旅游、休闲娱乐旅游等众多领域。旅游不仅是一种物质享受,更重要的是满足精神层面的需求。文化旅游以其多样的形式、深刻的内涵而表现出特殊的魅力,特别是促进科技传播而得到普遍关注。

[①] PINE B J, GILMORE J H. The experience economy [M]. Boston:Harvard University Press, 1999.

[②] FLORIDA R. The rise of the creative class:and how it is transforming work, leisure, community, and everydaylife [M]. New York:Basic Books, 2002.

国际上文化旅游研究迅速发展，特别是在文化消费、文化动机、遗产保护以及与创意经济的关系等领域已经向深层发展，研究趋势从有形遗产向非物质遗产转移，更多地关注原住民和其他少数民族群体；同时，其地理研究区域覆盖范围不断扩大，一定程度上反映了社会科学研究"转向"，包括流动性转向、表现转向和创意转向。

　　"文化旅游"作为一种社会现象和学术研究对象的出现，可以追溯到二战后休闲旅游的兴起。旅游有助于增进文化理解，并重建遭到战争破坏的经济。

　　在20世纪80年代和90年代，文化旅游兴趣持续增长。面对大众旅游的挑战，文化旅游迎来了转型的发展机遇：表现为文化旅游不再以精英客户为导向，而以大众市场为导向。文化旅游在许多旅游目的地已成为一种成熟的现象。出现了文化旅游研究的新兴细分市场，如遗产旅游、艺术旅游、美食旅游、影视旅游、创意旅游等。正如不断扩大的文化概念在20世纪90年代有助于刺激文化旅游的增长一样，文化旅游概念本身的碎片化也使专门研究该领域的出版物激增。文化旅游增长的同时也面临着挑战，2013年，"过度旅游"现象同样造成了世界遗产过度拥挤问题，保护文化遗产、有形遗产遇到的问题，和游客日益增长的渴望新体验的呼声，这二者有助于提升非物质文化遗产在旅游业中的作用。

（二）文化旅游主体与客体的关系

　　文化旅游是旅游主体在和旅游客体发生关系过程中的旅游经历，是以旅游主体、旅游客体和旅游介体三大要素为载体的文化现象，主要包括：其一，旅游目的地民众世代创造的文化旅游；其二，旅游客源地民众世代创造的文化旅游；其三，旅游主体与旅游客体发生关系时而产生或感受的文化差异。文化旅游依托于历史学、地理学、社会学、心理学、管理学、经济学等较多学科。

　　旅游主体和旅游客体之间的关系史就是文化旅游的演进史，这一演进过程经历不同的发展阶段：第一阶段，旅游主体和旅游客体直接发生关系；第二阶段，旅游主体通过旅游介体和旅游客体发生关系，目前科学技术水平较高国家的旅游主体已经开始通过信息技术和旅游客体发生关系[1]；第三阶段，旅游主体参与目的地居民的活动并进行创造，即创意旅游阶段[2]。

　　文化旅游具有不同于大众旅游的特征。首先，文化旅游表现为旅游主体的文化特征，旅游活动是一种文化性很强的经济活动，旅游使游客产生"求新、求知、求乐"的追求，正是在旅游的过程中，使"读万卷书，行万里路"成为现实；其次，旅游文化表现为旅游客体的文化特征，旅游资源的文化特征极为明显，文化遗址、古代工程、皇家宫殿园林、不同民族风情的旅游资源等人文旅游

---

[1] 喻学才. 旅游文化学 [M]. 北京：化学工业出版社，2010.
[2] 张胜男. 创意旅游与城市发展 [N]. 光明日报（理论版），2011-02-20.

资源本身就是文化的结晶，名山大川等自然旅游资源不仅与文化密切相关，而且造就了文人墨客的千古绝句，自然景观只有在人的参与和活动中才能体现其价值；再次，旅游文化表现为旅游媒介的文化特征，为旅游者提供的旅游设施与服务，在沟通游客与旅游资源的同时，本身就是可供游客欣赏或赏用的文化成果，如八大菜系本身就是文化的结晶，饭店业在诸多方面体现了民族文化特征，进而体现旅游文化的特征。

文化与旅游的深度融合，表现出新的功能。首先，文化内涵是旅游活动的本质，旅游成为当代世界性的社会现象，表达了一种新的生活方式，因而具有文化性质。旅游者进行旅游活动时，随着社会角色变化（从观赏者到体验者到创造者），逐渐构成一个既不同于旅游者居住地文化，也不同于旅游目的地文化的旅游者文化，旅游活动中渗透了丰富的文化内涵：旅游主体（旅游者）的需求，旅游客体（旅游资源）的文化价值，旅游中介（为旅游活动提供方便与服务的部门）的文化素养。其次，旅游带动文化扩散，从地理的跨越到文化的跨越，文化扩散是文化现象在空间移动过程和事件发展过程中的特征。作为跨文化交流的旅游，文化目的地就是文化的起源地域，而旅游本身就是文化扩散过程。旅游文化首先是跨文化交流，体现在客源地的旅游主体、目的地旅游客体及其沟通二者的旅游介体中，旅游文化是对旅游学内涵的深化。再次，旅游作为一种综合性文化活动，已经不仅限于获得感官愉悦的观光旅游层面上，更是一种满足较高层次的知识增长需求。自然景观、历史遗留、民族习俗及其优质服务精神，以及因此而获得的文化认同，都成为重要的旅游资源，文化因素在旅游业发展过程中起着越来越重要的作用。旅游与文化传播，旅游者的迁移，伴随着物质流、信息流、文化流和经济流，促使旅游目的地与客源地发生物质的、文化的、经济关系上的相互作用。旅游，在旅游者本身得到身心满足的同时，既影响着旅游目的地东道主的生活和环境，也反作用于客源地的社会经济文化发展。旅游目的地、旅游者和旅游客源地三者，在旅游活动与实践中，经历着文化变迁与相互包容。

三、文化旅游的发展方向

"创意经济"已被应用于创意过程和知识生成中日益增强的经济活动。文化旅游向非物质文化遗产和当代文化方向的拓展，使旅游与创意经济的日益融合成为广泛关注的焦点。通过开发具有吸引力的创意内容和体验支持创新，使地方更加具有特殊性和有独特的吸引力，创意经济为旅游业提供了增加价值的潜力。

创意经济源于内涵丰富的"创意"及"创新"理念。理查德·弗罗里达提出"每个人都是有创意的"。1961年，罗兹（Rhodes）根据40种创意定义，对创意进行跨学科分析，提出包括人、过程、环境和产品的 4P 创意概念。其中，"人"涵盖了身体、思维、认知、行为等四个方面；"过程"适用于动机、感知、学习、思维和沟通；"环境"则指人类与环境的关系，每个人都以独特的方式来对待他周围的环境；"产品"则是通过人工制品把思想传递给他人。熊彼特（Schumpeter）认为创新与企业家精神紧密相连，因为企业家是知识丰富并且具有激发他人能力的人。在开发城市社会文化资源及旅游空间方面，创意占有越来越重要的地位。

通常意义上，"创意"可以通过想法、过程、产品、模式等不同层面表现出来。比如，马丁代尔（Martindale）指出创意是一种具有原创、实用特征的想法。高（Kao，1997）描述"创意"是一种思想转化价值的整个过程。斯滕伯格（Sternberg）和卢巴特（Lubart）（1999）从心理学角度认为"创意"表现在行为模式上。兰德里（Landry，2008）认为创意是发现和激发潜能的一种过程。考夫曼（Kaufmann，2003）定义"创意"是具有原创性的有价值的新事物。肯特（Kent，2007）则认为创造力指现有文化元素重新组合，产生意义的一种模式。哈尔胡林（Kharkhurin，2014）认为创意具有新颖性、实用性、真实性和美学内涵。创意的本质与人类发展息息相关，不仅表现为个人或群体，更是一种社会系统的构建。罗兹（Rhodes，1961）关于创意本质的理念，得到泰勒（Taylor）、伦科（Runco）和耶格（Jaeger）等众多学者的赞同。

"创意产业"是在世界经济进入知识经济时代背景下发展起来的一种推崇创新和个人创造力、强调文化艺术对经济的支持与推动的新兴产业，特别是关于"创意"、"集群"和"产业区"的讨论得到更多的关注。"创意产业"基于早期对"文化产业"的思考，理查德·弗罗里达（Florida，2002）提出不同于文化和创意的传统概念的观点，认为创意和文化具有经济优势并相互交融，首次提出创意指数（creativity index）的概念，追踪国家与地区内所含创意能量如何影响该地区的经济发展，提出"3TS"模式，开创评估创意经济的新视角。同时，波特（Porter，2002）提出"钻石模型"，探讨国外发达国家文化创意产业的竞争优势理论。文化创意产业在知识经济时代，具有重新确定新老媒体与文化产业之间关系的潜力。斯科特（Scott，2004）认为大都市及周边文化产业区创意经济的兴起与发展是经济发展的驱动力，"创意产业"和"创意区"已经成为城市经济发展和城市政策调整的重要因素。

关于旅游和创意经济之间关系的研究越来越多，包括创意经济政策的发展、创意部门和活动、知识和网络在旅游中的作用及特定"创意旅游"体验的增长，通过创意产业、创意集群和创意阶层的增长，旅游和创意经济的融合在许多领域自然发生。西班牙毕尔巴鄂古根海姆和其他由"明星建筑师"设计的标志性建筑也成为全球城市竞争战略的重要组成部分，游客还可以住在"设计酒店"或参观世界设计之都。

目的地试图吸引移动的"创意阶层",作为一种新型的文化旅游者,对地方的创意氛围特别感兴趣,世界越来越多的具有创意氛围特征的地区朝向"创意集群"的方向发展,而且不同国家的主要旅游目的地也出现了各种类型的旅游集群,而这种旅游集群同样具有创意空间性质,为此而成为新的旅游目的地。

非正式创意区的兴起。越来越多的旅游者来到伦敦等城市的非正式创意区,媒体对文化旅游也有重要的影响,电影旅游也可以在重塑地缘政治想象中发挥作用,增强特定目的地的形象。目前,艺术创作、舞蹈、烹饪等领域的创意体验也被用来构建目的地文化。比如塞维利亚日益增长的弗拉门戈旅游业,将创意生产(弗拉门戈学校、当地文化团体)与消费(为游客提供的创意表演、弗拉门戈课程)结合起来。比如,在美食领域,通过发展诸如美食线路、橄榄油线路、奶酪线路和葡萄酒线路等文化旅游线路,实现美食文化的原真性保护与可持续传承。

第二节 创意旅游核心要素与表现形式

一、发展中的创意旅游内涵与外延

(一) 关于"创意旅游"定义探索

"创意旅游"基于创意产业的发展而展开,2000 年由新西兰学者格雷·理查德(Grey Richards)和克里斯宾·雷蒙德(Crispin Raymond)首次提出,两位学者对创意旅游的表现形式、实现路径及目标进行了具体的叙述,着重强调互动性措施对创意旅游的重要性。创意旅游是"通过旅游者的积极参与,为旅游者提供机会发展自己的创意才能"。创意旅游逐渐作为文化旅游的延伸而得到更为广泛的应用(Richards,2005)[1];"创意旅游"正是主动的而不是被动的,是学习的而不是观察的,在自我发展的同时也促进经济发展。"创意旅游"活动潜在地利用当地的技能、技术、传统和地方的独特性,如在美食节、红酒假日进行创意旅游体验,或参与艺术、工艺、设计、养生、语言、运动、学习等活动。

创意阶层在创意城市的特殊作用。弗罗里达主张城市可以通过吸引"创意阶层"获得竞争优势,从事创新和艺术活动的居民有助于创造充满活力的文化。创意城市日益成为创意阶层基于文化、艺术、知识、交流、合作而产生新认同的城市。创意阶层多集中在城市并成为社会的核心。在创意的环境中,才能开发具备

---

[1] RICHARDS G. Textile tourists in the European periphery: new markets for disadvantaged areas? [J]. Tourism review international, 2005, 8 (4).

增强文化城市结构的集群和区域。

（二）创意旅游可持续发展方向

如何保护创新思想和知识成果决定着创意旅游的可持续性发展方向。Richards 和 Marques（2012）[1] 认为，创意旅游不仅是旅游需求的演变，还可以适应一系列当代政策议程。它既满足了旅游者自我改造的需要，也满足了旅游目的地在饱和市场中有所作为的需要，同时还满足了旅游者对更充实、更有意义的体验的渴望。

1999 年，派恩（Pine）和吉尔摩（Gilmore）在专著《体验经济》中系统介绍了数十年来经济领域发生的变化。当今时代只提供商品和服务是不够的，相反，消费者在某种程度上更需要经历已被广泛应用了的"体验经济"。如果服务的关键属性是个性化，那么体验就需要个性化的经历。从体验经济向以个人愿望为关键属性的转型经济的转变，迫使服务提供者探索服务的新方式，满足顾客不断变化的新需求。

随后，21 世纪初，就在《体验经济》出版 3 年后，弗罗里达在《创意阶层的兴起》中进一步阐释了创意阶层在社会各领域越来越重要的作用。创意阶层因拥有良好的教育背景及创新精神而成为当今社会最具实力的人力资源。创意阶层追求创意环境、寻求合作氛围，钟情于在创造新事物中有所收获。这是一个不同于以往的新的创意群体。创意阶层是一个多样化的群体，包括传统的管理者、科学家、建筑师、艺术家和顾问等人力资本密集型职位；还包括对地区发展同样重要的当地音乐家、银行经理等。区域发展应该把重点从商业气氛转移到人的氛围。

在这种情况下，正如弗罗里达所明确指出的，文化旅游对于社区文化的说明较少，而关于创意阶层的描绘则较多。尽管历史进程中不会只有一个身份，而是有多个身份并且不断被打破、质疑和重新定义，但同时，社区确实持有一般身份的概念，特别是身份概念能够带来归属感时。

体验旅行背景下"创意景观"的新含义。创意景观作为从事创意和创新活动的个人或团体，进而成为更多被动旅游体验的基础（即生产创意体验，供游客被动消费）。将艺术节和巡回艺术展作为创意景观的例子。事实上，许多重大的艺术节已经成为吸引观众注意力的"创意景观"。因而，新的创新元素应该被引入节日的活动中。

创意景观也是文化旅游与创意旅游的区别之一，创意旅游更多地取决于旅游者的积极参与。创意旅游不只是观看，也不仅是"身临其境"，还是游客的参与性互动。创意旅游中，游客有责任积极了解周围的环境，并应用这些知识来发展

---

[1] RICHARDS G, MARQUES L. Exploring creative tourism: editors introduction [J]. Journal of tourism consumption and practice, 2012, 4 (2).

自己的技能。

从企业家到普通民众，每个人都是有创意的。早在20世纪30年代，熊彼特认为创新与企业家精神密切相关，因为企业家是一个充满创意的人，有能力鼓舞他人，并要突破业务经营的限制。通过企业家、居民、游客等多方利益群体的广泛参与和创意互动，促进目的地政治、经济、文化及民众生活等全方位的可持续发展。

二、创意旅游形式与核心要素探索

创意旅游是一种新兴的旅游形式，关于创意旅游的定义依然在讨论和发展中。学术界的研究与旅游实践的发展相结合，经历了不断发展、演变的过程。创意旅游基于社会经济要素，应旅游者多元需求而产生。在创意旅游探索的初期，基于创意产业的发展而展开，创意产业是在世界经济进入知识经济时代背景下发展起来的一种推崇创新和个人创造力、强调文化艺术对经济的支持与推动的新兴产业。创意旅游寓学习于旅游活动之中，以增长知识和促进个人自我发展为目的。创意旅游者都是拥有良好教育背景的消费人群，他们通常是那些乐于自由旅行的消费阶层和传统的精英阶层，更渴望学习和体验新知，拥有新的消费需求，希望挑战已知旅游区域之外的更加广泛的范围。创意旅游者更注重深入到民众生活空间而不是传统的著名旅游景点。

（一）创意旅游构成要素与特征

国内外专家学者关于创意旅游概念的表述形式不尽相同，但是各专家学者对创意旅游本质内容的认识基本上还是一致的，创意旅游具有当地文化的真实性、游客的参与性、游客和居民的互动性与可持续发展性等主要特征。

创意旅游作为一种新的旅游形式，主要包含多层面互动、个性化体验和促进个人发展三个核心要素。其一，多层面互动。互动是创意旅游的核心，实现了有价值的创意互动的旅游才是真正意义上的创意旅游。创意旅游强调参与的重要性，包括旅游者和旅游目的地居民、旅游从业者的参与及互动。旅游者积极主动地参与到动态的创造过程，与目的地的人与物都产生互动，才能形成具有独特个性的旅游体验。其二，个性化体验。创意旅游具有不同于传统旅游的个性化旅游体验，这种个性化体验不仅来自环境，更来自互动，与旅游者自身的创意思维、能力等因素相关，在个性化旅游体验的过程中，旅游者创造出更加个性化的旅游体验。其三，促进个人发展。旅游者在参与创意活动的过程中，提高能力和技能从而提升个人素质。旅游者通过创意体验获得满足感和成就感，或通过提高技能或文化资本从而永久性地改变自己。创意旅游促进旅游业向纵深延伸拓展，带动目的地旅游的可持续发展。

1. 创意旅游的参与和互动特征

创意旅游是主动参与和学习的过程。不同于被动的"体验",创意旅游是主动"参与"与"创造"的互动过程。创意旅游者在旅游过程中不断挖掘自身的创意潜力并获得自我提升。创意旅游是一个旅游者主动参与的过程,同时也是利用当地技能、专长和传统为旅游者提供学习、自我发展和自我改造的经历。

"创意旅游"是主动参与和互动的第三代旅游。第一代是放松和休闲的"海滩之旅";第二代是参观博物馆等文化活动的"文化之旅";而第三代"创意旅游"则是突出多方面的互动,游客感觉自己同居民一样,参与当地的文化生活,游客与目的地的居民进行情感、社交和教育等多方面的交流和互动。创意旅游时代要求管理者以发展的眼光看待和认识创造力这一宝贵的资源,并提供新机会满足游客不断发展的兴趣需求。

2. 创意旅游者学习目的地文化和技艺

以往研究多基于供给角度探索创意旅游的概念及发展途径[1],对于创意旅游者的参与度及影响关注不多。因而从需求角度分析旅游者对于目的地的认知和需求,对提升当地旅游形象、促进旅游发展具有重要意义。创意旅游是为旅游者提供主动参与实践和学习体验的机会,从而更好地开发创意潜质。同时,创意旅游是旅游者主动参与的过程,即利用当地技能、专长和传统为旅游者提供一个学习、自我发展和自我改造的体验。创意旅游这种新型的旅游方式,能够利用目的地的历史、文化、创意、原居民生活方式等无形资源,为旅行者参与创意互动、增强潜能创造条件,使游客能够积极参与目的地的休闲、文化和艺术活动。特别是民间艺术和文化遗产,使游客在目的地获得更真实的体验。

3. 创意旅游者与原居民共同创造

随着创意旅游在世界各地的普遍兴起,其逐渐超越了"学习体验"的狭窄定义,包括广泛的兴趣和活动,如音乐、戏剧、体育、烹饪、语言学习。"积极参与""共同创造""与当地人的联系""技能的发展"等特征成为创意旅游的代表性关键要素。游客积极参与创意活动、技能发展和创意挑战构成游客体验的基础。创意旅游的典型特征是游客参与当地人的创意活动,与当地人进行共同创造,"像当地人一样生活"[2],"成为一个居民"[3]。创意旅游是参与性学习地方的艺术、传统和特色文化,通过真实体验建立起与当地人的联系,创造出活文化。

4. 创意旅游具有区域性特征

创意旅游强调利用创意增值和创意元素来全面呈现目的地独特性,有效整合

---

[1] TAN S K, TAN S H, LUH D B, et al. Understanding tourist perspectives in creative tourism [J]. Current issues in tourism, 2016, 19 (10).

[2] BINKHORST E, DEN DEKKER T. Agenda for co-creation tourism experience research [J]. Journal of hospitality marketing & management, 2009, 18 (2).

[3] SMITH M K. Issues in cultural tourism studies [M]. 3rd ed. London: Routledge, 2016.

当地资源和文化，呈现精致的旅游产品，创造就业机会，提高当地的生活质量。开发当地创意产品和体验内容，振兴现有旅游产品，支持创意产业发展。同时提高游客满意度，创建可持续的旅游发展环境。

5. 创意旅游构成要素与协调机制

创意旅游由文化旅游发展而来，是一种由被动消费转向主动消费、从静态有形遗产向生活等无形文化的演变。创意旅游面向学习、体验传统文化等非物质文化资源，游客在旅行中不仅满足于游览这个地区，更想亲自体验和参与目的地的活动。因此与创意旅游相关的活动可以让游客更多地了解当地的技能、专业知识，进而深入了解旅游目的地的传统与地方特色。创意旅游包括三个层面的内容：其一，有创造性的游客超越观光层面，进行参与性体验与真实性体验的旅行，深入旅游目的地居民生活，置身于诸如摄影、烹饪、雕刻、音乐、舞蹈等创意活动并与目的地居民互动互助，共同开发分享创造潜能；学习并体验旅游目的地文化、艺术、传统、遗产及生活方式等社会氛围。其二，游客在度假时通过独自从事探索潜能的某一个特定活动开发技能从而提升幸福感。其三，直接参与以被动和互动形式表现的诸如建筑、电影、时尚、设计等"创意产业旅游"。Richards 和 Marques（2012）[①] 进一步将创意旅游定义为：(1) 游客参与目的地创意活动的一种生活方式；(2) 创造性地利用现有资源；(3) 加强身份和独特性的一种手段；(4) 自我表现的一种形式/发现；(5) 一种教育形式：教育和自我实现；(6) 旅游目的地氛围的来源；(7) 重建和复兴目的地的源泉。

创意在城市和目的地发展中具有越来越重要的作用，创意产业逐渐成为城市消费空间再生和转型的工具，创意在开发城市和旅游空间中起到越来越重要的作用。创意旅游是创意产业与旅游产业的融合；旅游者主动参与到旅游体验的创造之中；创意旅游者在旅游过程中不断挖掘自身的创意潜力并获得自我提升。旅游目的地的传统遗产已经不适应时代激烈的竞争，亟须将重点转移到基于创意旅游理念的旅游产品开发。

为此，Richards 和 Wilson（2005）强调乡村成熟社区创意企业家的特殊作用，因资本、人才的注入，奠定了乡村新型旅游业的成功。随之而来的新型创意空间的转移，一方面，产品的标准化是创意旅游的主要推动力；另一方面，个性化创新是现代人自我发展的需求，合作和交流能力是创造力的先决条件，为此基于良好的团队合作精神而建立的合作组织及各种形式的合作机制至关重要。在创意体验中，真实性不是依靠外部的参照物，或者体验的直接环境，而是取决于体验自身以及旅游者的想象力和技能变化的潜力。

个性化体验促进个人发展，并带动目的地旅游的可持续发展。全面参与创意

---

① RICHARDS G, MARQUES L. Exploring creative tourism: editors introduction [J]. Journal of tourism consumption and practice, 2012, 4 (2).

过程、消费与生产合一是"创意旅游"区别于一般意义的"创意展示"的主要特征，游客在主动参与的过程中提升创意潜力。因此，旅游目的地实现创意旅游，应该整合、创造和利用当地的多元化资源，为旅游者提供一个体验文化或地方特色和感受当地日常生活气息的机会，这是一个让旅游者提高自我、实现自我价值的平台。如以个人或者集体为单位进行创作的陶艺、雕塑、手工艺、烹饪等活动，不仅能够开发个人的创意潜能，而且与目的地居民形成互动。创意旅游潜在地依赖于地方技能、技术、传统以及独特性。

创意旅游构成要素与特征如表 2-1 所示：

表 2-1 创意旅游构成要素与特征

构成要素	内容	特点	表现形式
创意空间（创意场所，创意氛围）	依托资源	有形、无形	目的地物理空间：建筑、街区、公园、博物馆、艺术馆、工业区、创意园区，展览、节日活动、生活方式、民俗风情
	体验过程	主动、互动	欣赏、学习、交流、共同创造
创意阶层	自身素质	受过高等教育，素质较高	科学家、工程师、大学教授、诗人、小说家、艺术家、演员、设计师、建筑师、处于社会思想前沿的工作人士；知识密集型产业高科技部门的工作者、金融服务人员、法律及商业管理人员；具有创意需求的游客，作为创意阶层的新趋势
	旅游动机	真实性，主动性	学习、求知、求奇、发挥自己潜能，并得到自我提升
创意活动	目的地提供的活动	在有形、无形资源上加入创意	各种旅游活动添加设计创意，如，美国的米老鼠与迪士尼乐园
	游客自发参加活动	基于自身知识技能创造	游客参与某项创意活动，应对各项创意挑战，并将其运用到个人某项技能的获得和提高

（二）创意旅游形式与核心要素

1. 创意旅游主要形式

根据每个国家的特点，在世界各地的创意旅游以各种不同方式进行分类和推广。2000 年 Richards 和 Raymond 正式提出创意旅游概念时，明确定义这种新型"创意旅游"的主要特征是能够为游客提供发展创意潜能的机会，游客在旅游目的地，积极参与体验和学习、主题和活动。

创意旅游包括有形产品和无形产品两种大的类型：一种为能够创造出有形创意产品的创意旅游形式；另一种为没有创造出最终产品的创意旅游形式，如创意旅游者参加考古活动中，通过触觉深入探究历史和考古知识，知识和想象力得到更好的发展。每一种类型包括多种多样的形式。创意旅游活动形式相关研究见表2-2。

表2-2 创意旅游活动形式相关研究

年代	作者	国家/地区	活动形式	活动内容
2005	Richard	欧洲	学习纺织品制作	参观纺织品制作,并亲手制作自己的纺织品、纪念品
2005	Richard	欧洲	去原居民家做客	通过品尝当地食物和饮料,并围在篝火周围,听原居民讲述当地的传说
2009	Aoyama	西班牙	参加当地舞蹈表演活动	参与自下而上、最具地方性和互动性的弗拉门戈活动,游客和专业演员围成一圈即兴表演,演员和观众之间的界限模糊
2016	Hung	中国台湾	学习瓷器制作	为游客提供了体验陶器制作活动的机会,提升游客创造力,体验与众不同的活动
2007	Miettinen	纳米比亚	参加工艺品制作	向当地社区和原居民学习工艺品的制作,以当地居民为老师
2015	Lee	加拿大	参观食物烹饪	在加拿大安大略省的斯特拉特福德,参观者如有兴趣,可以亲自体验奶酪、巧克力和糖果的制作过程
2011	Pfanner	英国	考古挖掘	对"莎士比亚的生活考古挖掘"进行研究,旅游者获得了许多关于考古和历史的知识,并扩展了对于过去以及人工制品的想象力
2015	Ali	马来西亚	参与酒店的创意活动	在马来西亚选定的两家酒店中参与烹饪课、手工课、当地故事和"蜡染画"等活动

创意旅游研究初期,更多地表现为创造出有形旅游产品的创意旅游形式,而最近的学术研究则更多地呈现出没有创意旅游产品的研究趋势。比较上述两种创意旅游形式,旅游者的活动过程比创造出旅游产品更有意义。创意旅游包括两种形式:与特定目的地相关的创意旅游及与创意活动相关的创意旅游。创意旅游形式经历了从有形到无形、从高端文化到真实生活的转变。

创意和体验二者有本质的差别。文化与创意相结合,产生了新的旅游供给组织形式,对游客看待旅游目的地的方式产生了影响。创意体验是继以博物馆、文化线路为基础的文化旅游之后而兴起的新一代旅游。创意旅游体验大多与日常生活有关,包括传统工艺、手工艺品制作、美食、香水制作、瓷画和舞蹈等方面。

创意位于需求层次的更高一级，体验是游客实现创意的过程。许多企业已经从关注"功能和利益"的传统营销转向为客户创造创意体验的新型营销。比如创意体验已成为酒店和旅游业的竞争优势，有待于在行业内进一步推广应用。如巴黎的创意旅游形式包括视觉艺术、园艺工艺、表演艺术、音乐写作、烹饪艺术、时尚设计、多媒体、科技等方面；巴塞罗那创意旅游形式表现为为旅游者提供学习型的创意工作坊，如表演艺术，剧院艺术，美食、音乐与文学；新西兰创意旅游组织（CTNZ, Creative Tourism New Zealand）推广一系列的基于新西兰特色的互动工作室，游客自己制作纪念品，如骨雕、酿酒、制作珠宝饰品、编制篮筐等。游客在学习新西兰传统文化艺术的过程中，了解毛利人的饮食主题、自然主题及艺术主题，从而也了解了毛利人的世界观、价值观和传统信念。中国台湾创意旅游包括饮食文化、生命教育、自然生态、室内装修、历史艺术和工艺文化六大领域，与深度体验、高品质美学、核心知识等创意生活相关。创意旅游有助于充分调动旅游者在旅游过程中的主动性和能动性，使游客获得真实的收获，实现旅行的价值和社会作用。

创意旅游在很大程度上得益于旅游目的地的大量实践活动。参与性的节日活动是重要的创意旅游形式之一。近年来开始出现关于节日和活动的研究。创意旅游被广泛理解为游客参与更多体验、学习和创新的机会，但大多数文献还只是停留在探索创意旅游体验及挖掘创意旅游潜能的层面。创意旅游在适应旅游业变革与重塑的需求，通过不同方式的创新活动，满足游客更有意义的、充实的体验创意愿望。

2. 创意旅游核心要素

创意旅游不是"创意"与"旅游"的简单融合，"创造"是社会发展的重要源泉，是创意旅游的核心。创意旅游产品因双方深层体验和共同创造而具有高附加值。创意旅游不仅包含体验性的旅游形式，而且包含着主动参与和双向互动互助的动态创意过程。游客和目的地居民同时都具有创意消费者和创意生产者的地位，不仅深入到文化旅游、生态旅游、科学旅游等深层内涵，而且深入到游客及目的地居民社会生活的方方面面，与人的全面发展提升乃至社会的进步密切关联。创意旅游的主要特征是旅游者更加主动地参与其中，不只是出席观看或"在那儿"而已，而是要进行有回应的互动，是发展创意旅游的高级形式。全面参与创意过程、消费与生产合一是"创意旅游"区别于"创意展示"与"创意空间"的主要特征，游客在主动参与的过程中提升创意潜力。因此，旅游目的地若开展创意旅游，应该整合、创造和利用当地的多元化资源，为旅游者提供一个体验文化或地方特征和感受当地日常生活气息的机会，建设让旅游者提高自我、实现自我价值的体验创意环境。

基于目前国内外学术界对创意旅游定义与内涵的研究，创意旅游具有不同于其他旅游形式的显著特点与核心要素。创意旅游具备挖掘潜能、影响价值观的重要功能。价值观作为一个理想目标对人们的生活具有指导作用，戴维斯（Davis，1982）提出关于创意发展四个步骤的模型，包括意识、理解、科技、自我实现[1]。理论上每个人都有创造性思维，都有获得创意性体验的可能性。创意是一种在人类生活的过程中逐步发展的活动，良好的家庭环境与氛围似乎有利于培养创造性。创意旅游包括三个要素：开发游客潜能的真实体验；通过与目的地接触学习当地文化；在这个过程中获得技能。创意旅游的运行方式，为个体与社会环境的协调、为创意与潜质的提升创造了条件。

三、基于公众参与的创意旅游发展模式

目前创意旅游研究多依赖于地方传统及基于地方文化技能技术的独特性，以基于目的地要素研发创意产品、为旅游者提供自我发展的创意空间为主要特征，而不是为目的地增加创意元素。

旅游是国民经济与社会发展的重要组成部分，创意旅游作为国际上近20年发展起来的新兴旅游形式，经历了大众旅游、文化旅游的大发展，得到国际学术界重点关注。

（一）基于地区及民族特色的创意旅游发展模式

全球文化旅游发展曾呈现出大繁荣趋势。旅游目的地的旅游利益相关者努力开发吸引文化旅游者参观的品牌和形象。然而，参与这一过程的旅游利益相关者并没有把目的地社区的自我认知放在首位，因影响了文化的完整性而出现文化扭曲现象。

文化旅游者特别关注文化的意义，符号和标志、角色和仪式、建筑和景观都表现为具有意义的标志，因此对游客具有永恒的吸引力。这就是文化旅游的意义所在。"身临其境"的感官、情感和真实体验在任何时候都是不可替代的。

旅游利益相关者在形象和品牌城市（或任何目的地）方面，首先应该通过优先考虑东道国社区的自我认知，努力实现旅游品牌和游客体验之间的一致性。其次，通过强调接待社区的时空特征，实现社区发展和游客需求的一致性。再次，通过提升目的地的整体形象和个性化优势，实现旅游利益相关者的共赢与多赢。东道国社区需要拥有自己的身份和历史，文化身份才能成为有效的无形资产，并发挥越来越重要的作用。

国内学者关于创意旅游的研究文献数量不多，创意旅游实践处于上升发展阶段，偏重于宏观理论研究，政策指导性较强，且多从与创意产业结合的角度进行

---

[1] DAVIS G A. A model of teaching for creative development [J]. Roeper review, 1982 (5).

分析研究，缺乏深入国内具体情况的实地调研，尤其缺乏基于多种不同视角探索中国创意旅游具体发展方式的创新性探索。关于针对乡村创意旅游发展的探索较少。中国作为拥有优秀传统的历史文化大国，具有独特的资源优势，亟须基于创意旅游基本内涵开拓出具备中国特色的创意旅游发展方向和模式。

（二）基于创意产品研发的多元化创意管理模式

产品创新源自内生力量和外生力量。不同于一般旅游产品，创意旅游产品与知识产权相联。发展创意策略和战略需要产生创意产品，为此需要吸引创意阶层，需要保证稳固的基础设施和消费群体。增强创造力和地区之间的联系有助于目的地市场营销，积聚、固定创新资本，提升投资增长水平。兼具两种力量的创意阶层将影响内生创造力的形成与发展；但如果复制其他城市或地区的创意想法则是潜在的威胁。创意旅游发展过程中，为游客提供更多的创意机会是激发游客创意行为的有效方式之一。

多样化创意管理是解决方案之一。多样性有助于增强一个地区的特殊性和竞争优势，弗罗里达将多元化置于创意发展的核心地位。旅游者真正体验他们所参观的地方、所从事的创意活动的程度而被创意氛围所吸引。

创意策略面对一系列的问题和挑战，特别是在旅游系统的整体性设计和应用中。关于创意目的地规划有三种不同的观点：第一，创意不能被规划，规划不仅可能损害创意地区的真实性，也会产生法律问题；第二，规划师提供控制创意发展过程的方案；第三，积极引导创意规划的方向，目的地创意规划有助于激发民众的参与动机及潜能的发挥。

第三节 文化旅游与创意旅游比较研究

"文化旅游"与"创意旅游"既有相同特性，又有显著的区别。文化旅游与创意旅游相同点：文化不仅是文化旅游的诱因，也是创意旅游的前提和基础。文化旅游与创意旅游由旅游地内在的文化核心来驱动，而不是由外在的物化表现所驱动。

一、创意旅游与文化旅游之异同

（一）基于文化内涵的创意旅游与文化旅游

二者都以文化为依托，文化具有高附加值、无形性等特点，不仅为目的地提供旅游资源，而且为满足消费者需求提供旅游环境；二者寓学习于旅游活动之中,旅游是一个鼓励学习的过程;文化旅游者和创意旅游者都由接受良好教育、素质较高的消费阶层组成,具有高水平的文化资本。

文化旅游以增长知识、丰富文化积累为目的,创意旅游以开发个人创意潜能为目的。创意体验是创意旅游的主要特征之一,不仅包括由"感觉与意识""需求与动机""创意"组成的"内心反应"驱动因素,同时还包括由"人""环境""活动"相互作用的"外部反应"结构。

(二)创意旅游真实性特征不同于文化旅游规模化生产

文化旅游是一种规模化生产,旅游目的地提供的是标准化的产品。文化旅游是对过去发生事情的静态观察;创意旅游则通过当地社区和游客之间的关系联系过去、现在和未来。创意体验的获得方式与渠道,不同于一般的体验旅游,创意旅游体验的获得不仅依靠旅游目的地提供,更重要的是通过旅游者自己创造。创意旅游更加注重旅游者的体验、参与和创造,塑造旅游氛围的真实性。创意旅游目的地通过"自然"的自下而上的而不是外部创造的集群,为游客及其目的地居民提供感受的舞台。

文化旅游可以实现规模化生产;创意旅游市场自然形成而非人为规划。第一,创意旅游更加注重真实性。真实性作为一个不断发展的概念,引发了诸多关于其内涵和效用的争论,由此产生了诸多理论研究的视角,如客观主义、构建主义、后现代化、存在主义等,伴随着各种各样的分析焦点,从客观物体到主观体验。然而,旅游研究领域无论采用怎样的理论研究视角,真实性的内涵从未动摇,即基于旅游者角度的旅游产品的真实性。第二,创意旅游的规模范围不同于文化旅游。创意旅游针对的是带有特殊兴趣和追求的小众群体;创意旅游需要社区的广泛参与,进而在更大的空间内塑造旅游氛围的真实性(包括社会空间和生态空间等多重结构),同时由于当地从业者对原真文化有较好把握且与游客接触密切,创意旅游促成真正的跨文化解读[1],形成生态圈的闭环。这种新兴的旅游形式不仅为旅游产业发展注入新的活力,同时也加强了当地居民的经营旅游和综合能力,使得当地居民与创意旅游者具有相同的收获和提升。

二、创意旅游者与文化旅游者比较研究

创意旅游是一种较高层次的文化追求,参与其中的创意旅游者在消费方式、参与形式、旅游动机、旅游方式等方面都与文化旅游者有明显的区别(见表2-3)。

---

[1] 高静,刘春济. 论创意旅游:兼谈上海都市旅游的提升战略 [J]. 旅游科学,2010 (3).

表 2-3 文化旅游者和创意旅游者比较

维度	文化旅游者	创意旅游者
消费方式	消极、被动消费，难以引起重复消费（Smith, 2016[1]）	积极、主动消费，重复消费意愿强（张胜男, 2016[2]）
依托资源	名胜古迹、建筑、文化中心等有形的物质文化遗产。具有固定性特征（Binkhorst & Den, 2009[3]）	特色民俗文化、当地日常生活等无形的非物质文化遗产，具有高流动性特征（Richards & Wilson, 2007[4]；赵玉宗, 2010[5]）
参与形式	观光、休闲和娱乐活动（Richards & Marques, 2012[6]）	参与目的地居民的生活和学习，提升自身知识技能和创造力（Richards & Marques, 2012[7]）
体验感受	被动体验，比如听导游讲解文化知识（Binkhorst & Den, 2009[8]）	主动参与，注重自身创造的互动性体验，具有个性化特征（Tan 等, 2013[9]）
旅游动机	观光、考察、游学，对目的地或文化感兴趣（Ratten & Ferreira, 2017[10]）	追求自我发展、提升多方面的能力（Richards & Wilson, 2007[11]）
旅游方式	参观游览文化景点，停留时间较短，重游率较低（Duxbury & Richards, 2019[12]）	与目的地居民多方交流与互动，在目的地停留时间较长，重游率较高（Duxbury & Richards, 2019[13]）

创意旅游者不同于一般的文化旅游者，具有生产者和消费者的双重特征。创意旅游者参与到生产过程中，是作为生产者的角色付出体力、智力和情感，从而获得创意体验及创作能力。文化旅游者通常是受过高等教育的高消费的游

---

[1] SMITH M K. Issues in cultural tourism studies [M]. 3rd ed. London: Routledge, 2016.

[2] 张胜男. 创意旅游发展模式与运行机制研究 [J]. 财经问题研究, 2016 (2).

[3] BINKHORST E, DEN DEKKER T. Agenda for co-creation tourism experience research [J]. Journal of hospitality marketing & management, 2009, 18 (2).

[4] RICHARDS G, WILSON J. Tourism, creativity and development [M]. London: Routledge, 2007.

[5] 赵玉宗, 潘永涛, 范英杰, 等. 创意转向与创意旅游 [J]. 旅游学刊, 2010, 25 (3).

[6] RICHARDS G, MARQUES L. Exploring creative tourism: editors introduction [J]. Journal of tourism consumption and practice, 2012, 4 (2).

[7] 同[6].

[8] 同[3].

[9] TAN S K, KUNG S F, LUH D B. A model of 'creative experience' in creative tourism [J]. Annals of tourism research, 2013, 41 (1).

[10] RATTEN V, FERREIRA J J. Future research directions for cultural entrepreneurship and regional development [J]. International journal of entrepreneurship and innovation management, 2017, 21 (3).

[11] 同[4].

[12] DUXBURY N, RICHARDS G. Towards a research agenda for creative tourism: developments, diversity, and dynamics [J]. A research agenda for creative tourism, 2019: 1-14.

[13] 同[12].

客，社会经济地位相对较高。大部分的传统文化旅游主要基于外部刺激的非技能消费，由于其持续刺激能力不强，难以引起旅游者的重复消费。创意旅游源于消费者的内部需求，创意活动需要高水平的技术技能，并且为学习新技能提供机会。创意旅游者通过重复体验获得刺激又开始进入新的挑战，以此循环往复不断提升。

在旅游消费层面，创意旅游者通常是乐于自由旅行的消费阶层，因消费结构发生变化从非技能消费转向技能消费，从外部导向消费转向内部导向消费[①]。文化旅游消费主要基于外部刺激的非技能消费，创意旅游消费则源于消费者内部刺激与需求的技能消费。创意旅游者的需求、动机和行为模式等都不同于文化旅游者。越来越多的"多才多艺旅游者"以生产者的角色从事体验活动，并在这个过程中得到发展，从而进一步冲淡了生产和消费的边界，被称为"生活方式形成范式"。基于生产与消费层面，知识范式转变的边界的研究，旅游与其他学科领域不同，需要通过建立强大的平台实现对接，成为旅游研究面临的新的机遇和挑战。

新时期旅游者所关注的已不再是传统的风景名胜旅游区域，而是更加关注能感觉或体验目的地普通真实的生活元素。现代旅游者因熟悉旅行业务及新科技，对旅游服务供应商的依赖程度大大降低，开始寻找一种"新的""独特的""有意义的""学习的"旅行体验[②]。旅游者主动融合到生活与旅游活动中追求人生的幸福感，不仅是一种全新的精神生活，也是一次经历了心智升华的社会活动。随着旅游者需求的提升、旅游体验的发展及旅游业结构的拓展，被动体验的旅游方式逐渐向主动参与的旅游方式转变。旅游者作用日益突出，拥有旅游活动的决定权与主导权，从"无须技能"消费到"追求技能"消费[③]，为"创意旅游"活动提供了前提。

创意旅游者的出游动机不同于文化旅游者。创意旅游者更注重自我提升。通过参加各种活动，深入了解目的地的文化、历史、民俗、居民生活方式等无形的吸引物。创意旅游者追求对事物、对自己、对社会等更高层次的理解。

创意旅游与文化旅游的显著区别，是创意旅游者与当地居民互动，与当地传统实践的互动。这一点成为创意旅游区别于文化旅游的显著标准。创意旅游不仅涉及"在场"，而且包括游客的积极参与和与目的地居民的互动。创意旅游中，游客积极了解周围环境，运用这些知识来发展自己的技能和潜能，并得到自我发展和提升。

---

① 提勃尔·西托夫斯基. 无快乐的经济 [M]. 高永平，译. 北京：中国人民大学出版社，2008.
② BOOYENS I, ROGERSON C M. Creative tourism in Cape Town: an innovation perspective [J]. Urban forum，2015，26 (4).
③ RICHARDS G. Cultural tourism: global and local perspectives [M]. New York: Haworth Hospitality Press，2007.

第三章
旅行与文化系统

中国住宿文化的发展，可追溯到春秋战国时期的客栈。但现代饭店业产生于19世纪末期，20世纪70年代末期推行改革开放政策以后，中国现代饭店业进入空前规模的发展阶段。

第一节　旅行中的住宿文化

一、古代中国的住宿文化元素

（一）从"逆旅"到"旅馆"

我国古代的驿站，以官办的驿站、迎宾馆和民间客栈（旅店）为主。正是驿站的畅通，使得皇帝的指令能够在可以保证的时间内传送到各地，成为确保中央集权统治的重要条件。驿站是我国历史上最古老的一种官办的住宿设施，在古代交通条件不发达的情况下，政府间的公文传递、书信往来等主要靠骑马、乘车、乘船来传送。为了接待这些传送人员和提供车、马等交通工具，就建立了驿站和相应的服务制度，并世代沿袭，成为我国历史上最古老的住宿设施之一。迎宾馆是我国古代另一类官办的住宿设施，主要是为京城使者或外国使者提供食宿接待服务。迎宾馆在不同朝代称呼各异，例如，春秋战国时期称为"候馆"和"传舍"；两汉时称为"蛮夷邸"；南北朝时又名"四夷馆"；唐宋时叫"四方会馆"；元、明时又称作"会同馆"；到清末时才正式称为"迎宾馆"。

古代中国民间旅店早在春秋战国时期已经产生，比如商周时期出现专门提供休息和食宿的"逆旅"。东周列国时期，孔子、孟子、苏秦、张仪等奔走不暇，周代的住宿接待设施已较为普遍。"凡国野之道，十里有庐，庐有饮食。三十里有宿，宿有路室，路室有委。"（《周礼》）并且形成"宾至如归"（《左传·襄公三十一年》）和"有朋自远方来，不亦乐乎"（《论语·学而》）的好客传统。东晋以来，逆旅（私人旅舍、旅馆）开始繁荣。杜预注《左传·僖公二年》说"逆旅，客舍也"。而"旅馆"一词就出自此时谢灵运的《游南亭》诗"久痗昏垫苦，旅馆眺郊枝"。至此，"旅馆"一词逐渐替代使用长达千年之久的"逆旅"并沿用至今。

唐代驿站较发达，分布在国内交通网驿道上。驿站分水驿、陆驿和水陆驿三类。水驿配船，陆驿配车，水陆驿则舟车兼配。民间旅馆林立于驿站两旁，驿站遍及西安、泉州、洛阳等城市及县城，杜甫客蜀时所书《唐兴县客馆记》记载，旅馆规模较大，建筑风格独特："崇高广大，逾越传舍，通梁直走，鬼将坠压，素柱上承，安若泰山"；环境优美，具有可供游人散步及避免日晒雨淋的良好设施："直左阶而东，封殖修竹茂树；挟右阶于南，环廊又注，亦可以行步，风雨不易"[①]。明代的公馆结构发展为"门之内为厅事，其后为燕息所。东西为夹室，

[①] 本书编写组. 中国古代十大文豪全集（屈原 陶渊明 李白 杜甫）[M]. 北京：中国文史出版社，1999.

左庖（厨房）右湢（浴室），以及仆从车马之所寓……厅之前列松树，松柏纵横有序，四周以垣丈计者六十有奇，上瓦旁甃，风雨无虞"（谢迁《公馆记》，见《嘉靖天长县志》）。

唐代凡有人外出旅行，需要呈验两封信，分别为地方官和本地太监所书。地方官的书信犹如护照，写明所经道路、持信人的姓名年岁、其同伴人姓名年岁、所属部族名。唐代阿拉伯商人苏莱曼的《苏莱曼东游记》记录了当时的情形：凡在中国旅行的人，无论是中国人、阿拉伯人还是其他地域的外国人，都应持有这样一份旅行证明。太监的书信犹如证明，写明旅行人所带银两或商货数量。在旅行途中每到一站，"接受检查之后即在信上批明'某年某月某日，某国某人到此，携某物，同伴者某某人'，之所以要有这样的手续，是要预防旅行人在路上丢失银钱或商货，要是有什么人丢失东西，或者是死了，人家就可以查明他的东西是如何丢失的，仍旧发还给他。如果他死了，就还给他的继承人"[①]。

（二）宋元时期的住宿款待——彰显中国文化

宋代宾馆建筑既求安全实用，又讲究美观大方。经常维修公共交通设施，地方官经常了解宾馆的损坏情况，加以修缮。宋代四川泸江地方官梁介在《泸江亭记》中表明，"主宾相接，劳迎饯送，顾瞻栋宇腐败倾侧，此而弗顾，谓其能善理也哉"。认为只关心自己所居的地方的环境美化，而对于城镇的公馆则不闻不问，不重视公馆建设与维修的地方官不是好官，提升到"一亭之废兴，系行者之休戚"的高度（《江阳谱》，《永乐大典》卷2217引）。这种见解，同唐代杜甫在《唐兴县客馆记》所言"若馆宇不修，而观台榭是好，宾至无所纳其车，我浩荡无所措手足，获高枕乎？"[②]表达了同样的好客之情。宋代还有其他形式的住宿设施，如苏轼发现"择胜亭"，一种可遮阳避雨的组合式小木屋，"凿枘交设，合散靡常。赤油仰承，青幄四张"，重量不大，"我所欲往，一夫可将"，为观景极佳之处，"春朝花郊，秋夕月场。无胫而趋，无翼而翔"（《苏东坡全集·择胜亭铭》）。

元代版图辽阔，视野较前更为开阔。《四库全书》有跨国出行的记载，据《大典》卷19421、19422记载，在元代中书省直辖的腹里地区和河南、辽阳、江浙、江西、湖广、陕西、四川、云南、甘肃行省共设立了1400处驿站，通往岭北行省的三条主要站道共设置驿站119处。另据《汉藏史集》记载，宣政院管辖的吐蕃地区亦设置27处驿站。完善的旅行接待设施使四方往来之使"止则有馆舍，顿（驻扎）则有供帐，饥渴则有饮食，而梯航毕达，海宇会同"。意大利著

---

① 苏莱曼. 苏莱曼东游记[M]. 刘半农，刘小惠，译. 北京：中华书局，1937.
② 屈原，陶渊明，李白，等. 中国古代十大文豪全集：屈原 陶渊明 李白 杜甫全集[M]. 北京：中国文史出版社，1999.

名旅行家鄂多立克曾记载元代中国旅舍及其服务："因为旅舍需要供应，所以他（元朝最高统治者）叫在他的整个国土内遍设屋舍庭院作客拢，这些屋舍叫做驿站（yam）。这些屋舍中有各种生活必需品（对于在那些地区旅行的一切人，无论其境况如何，有旨叫免费供给两餐）"。"免费供给两餐"是朝廷规定的对来往使臣的接待规格。元朝窝阔台汗时规定，"使臣人等每人支肉一斤，面一斤，米一斤，酒一瓶"（《永乐大典》卷19416）。

二、饭店文化内涵及表现形式

（一）饭店建筑承载文化要素

饭店是一种旅游产品。饭店建筑艺术通过表面的或是隐含的意义"表现"思想和感情，具有标志、传意、象征等功能，具有丰富的文化底蕴。

建筑是承载社会意义的客体。建筑形式和空间可以被看作"我们自身的一种表达方式而不是抽象概念。它也在讨论我们感受到的内在需要和冲动，这些是我们常常无法用更为明确和通俗的语言来表达的。它甚至把我们在建筑和空间中的行为视作人类交流核心语言的一部分"[1]。因而，饭店的建筑外观、内在空间设计理念及相关内涵，能够更好地帮助宾客理解饭店的理念与服务宗旨，增强饭店的吸引力。

基于建筑景观角度，饭店文化价值表现在：（1）饭店大环境——城市环境分析，即分析环绕某一建筑物并部分地由这建筑物所限定的空间；（2）饭店小环境——建筑分析，即分析其空间概念，分析在活动过程中所感受的内部空间构成方式；（3）饭店体积分析，即分析各墙面所围成的空间；（4）装饰细部分析，分析建筑中所采用的色彩和造型因素，特别着重那些加强体积效果的因素；（5）人与建筑空间——尺度分析，即分析建筑比例与人尺度的关系[2]。

饭店实践的发展拓展了以往关于饭店建筑的观点，向饭店景观建设方向演进。饭店建筑因具有科学、美学和历史价值而被赋予不同的文化含义。

（二）服务风格体现文化传承

饭店服务展现文化内涵。饭店向宾客提供充满人文精神的至诚服务，是现代饭店的主要特征。与上海东方明珠电视塔遥相呼应的和平饭店建于20世纪20年代，南北两楼建筑风格迥异，南楼仿照文艺复兴时期的均衡式建筑，北楼为美国芝加哥学派哥特式建筑，为南京路所隔，南楼与北楼交相辉映，无比壮观。和平

---

[1] 布莱恩·劳森. 空间的语言[M]. 杨青娟，等译. 北京：中国建筑工业出版社，2003.
[2] 布鲁诺·赛维. 建筑空间论：如何品评建筑[M]. 张似赞，译. 北京：中国建筑工业出版社，2006.

饭店内名震中外的老爵士乐队，吸引众多的中外客人。

和平饭店的服务周到细致，尽显东方特色。服务人员在清理房间时，可从客人所用枕头的松软程度及折纹深浅判断客人是喜欢高枕还是喜欢低枕，并作及时调整。在细节中体现的人文关怀给宾客带来温暖、方便，体现了中华民族的风格和情怀。

（三）餐饮特色彰显文化内涵

就饭店餐饮而言，中国作为美食之邦，形成了名扬中外的八大菜系。菜肴本身就是一道文化风景；茶文化、酒文化、餐桌文化礼节等都是餐饮文化的有机组成部分。品尝美食的过程，也是享受饮食文化的历程，如云南昆明"世博吉鑫园"的"宴舞"独树一帜。中国宴饮历史中的歌舞文化源远流长，几千年前就有篷宴与舞乐相结合的"宴舞乐"。吉鑫宴舞将云南当地的少数民族歌舞艺术与筵席文化相结合，达到"口尝五味，眼观五色，耳听五声"之效用。在品尝"过桥米线"等地方风味佳肴时，品味民俗风情与文明历史。

拓展饭店产品内涵，提升文化底蕴。目前中国多数饭店还停留在提供住宿、餐饮、娱乐的物质层面；随着旅游消费观念与广大民众生活方式的转变，人们必将对饭店产品的知识含量和文化品位提出更高要求，饭店产品内涵及文化底蕴有待进一步提升。

饭店的发展趋势表现为：其一，关注环境，即追求乡村风光、自然奇观，乃至于将饭店与自然环境融为一体，追求人与自然和谐的境界，中西方传统文化不谋而合。其二，关注文化，体现在从饮食文化到文明历史的众多环节中，从崇尚"仿造"的文化主题酒店，到更加崇尚真实的文化。如1758年，法国路易十五时代建造的金利伦大饭店，中国1926—1929年建造的上海和平饭店，由于具有深刻的文化内涵而更具魅力，形成难以比拟的竞争力。其三，关注服务基础上的人的创造力的发挥，即日益关注宾客的个性化需求，服务细致周到，关注服务中的细节，乃至宾客偶然性的需求，并进而发展到引导宾客参与和互动。饭店产品内容日益表现为关注乡村环境，追求养生、休闲、体验与探险，以至于追求人与自然的和谐这一更高的境界。未来的发展趋势将进一步体现为"创意"，即游客与目的地居民双向的创造与参与。

第二节　非标住宿社会责任及发展模式

在国内外饭店市场日益成熟、消费者需求提升、饭店竞争日趋国际化的背景下，酒店不仅是住宿之地，同时也是放松心情、激发潜能、陶冶情操的场所。体验旅游、文化旅游、创意旅游等新兴旅游形式兴起，服务经济的消费需求向享乐和个性转变，企业的社会责任提升，带来住宿业全面升级。近年，以精品酒店、设计酒店、生活方式酒店、民宿等多种形式为代表的非标准型酒店发展迅猛，受到国内外学者的广泛关注。

新时期消费者需求的转变推动酒店产品升级，非标住宿形式中精品酒店（boutique hotel）具有典型代表意义。国外学者在广泛探讨精品酒店本质的基础上，开始从个性化和服务创新、美学设计和建筑遗产、社会和环境责任等角度进行研究。

精品酒店诞生于 20 世纪 80 年代前后的欧美地区。最早有 1978 年安努斯卡·亨佩尔（Anouska Hempel）设计的伦敦布莱克酒店（Blakes Hotel），1981 年金普顿酒店集团（Kimpton Hotels and Restaurants）在旧金山开办的里昂贝德福德酒店（The Bedford Hotel），1984 年伊恩·施拉格（Ian Schrager）和史蒂夫·鲁贝尔（Steve Rubell）设计的纽约摩根酒店（Morgans Hotel）。至 20 世纪 90 年代初，精品酒店发展迅猛，市场占有率逐年提升，席卷欧洲和北美市场。

精品酒店的兴起，是对传统商业化、标准化酒店产品的一种革新，历经几十年的发展，内涵不断拓展和延伸。不同于以往的传统酒店，精品酒店将全新的理念注入酒店行业，创造有别于标准化酒店的产品，成为拥有独立风格的新型酒店，代表了因市场需求而改变的业态发展趋势。

各国学者广泛使用案例研究的方法，以特定区域作为案例地探讨精品酒店现象，或在探讨诸如服务设计与创新、酒店业绿色实践、遗产旅游等问题时，选取某地区或特定精品酒店作为重要案例。精品酒店的发展需要依托市场、经济优势、历史文化、地理环境等，因此案例地或精品酒店所在地区多是具有文化声望和吸引力的旅游目的地城市，以及自然资源禀赋丰厚的风景胜地、有多元文化和深远历史的建筑遗产地。

一、精品酒店：饭店新型营销理念

（一）精品酒店的定义与特征

精品酒店的盛行首先引发国外学者对于其定义与特征的讨论，至今仍未形成共识。最先是英国、美国、新西兰等发达国家的学者对此表现出较大研究兴趣，这一点与精品酒店市场由欧洲和美国向全球拓展的发展趋势相同。同期面向特殊市场的还有民宿、乡村客栈、度假农场等，它们统称为专业化住宿形式，具有主客互动、位置或建筑有特殊优势、提供特殊活动、业主经营、客房数少的特点。精品酒店表现为美学特征（风格定位、建筑类型设计）和经营特征（所有权、分类和评分、员工数量和提供的服务）两个层面。综合学术界探索和行业实践，精品酒店特征主要体现在规模（客房数）较小、星级高、个性化服务、美学设计、品质好、文化体验等方面。精品酒店是依托自然环境、地域历史文化等资源禀赋，具有独特建筑风格和美学功能，为游客提供个性化服务和高端体验的小型高端酒店。

（二）精品酒店个性化服务创新

个性化服务对酒店发展具有重要作用。精品酒店因服务创新而成为传统酒店的替代品，主客互动和宾至如归的情感经历是精品酒店的重要特征。

个性化服务相对于标准酒店而言，属于附加服务的范畴；但对于精品酒店而言，则是酒店的核心要素和基本特征。精品酒店个性化服务不同于一般意义上的个性化服务，它包括照顾到每位客人的喜好，关注员工和关心每位客人，酒店与宾客建立情感联结，以实现宾客的个性化体验。

学术界从个人关怀、主客互动、情感诉求、住宿体验、员工服务等视角，研究精品酒店的个性化服务，超越了一般标准型酒店的优质服务内容，而包含消费者更为关注的情感互动。个性化服务的本质就是满足客人的情感需求，个性化服务不是以统一标准面向所有客人，而是将客人作为不同的个体对待，诸如主客互动和量身定制差异化服务，引发客人的情感反应、培养情感联结。精品酒店以关注客人的情感需求、注重建立客人的情感依恋为特征，通过个性化服务满足客人追求情感和个性体验的需求，进而培养客人对酒店的认可和忠诚。

其一，员工服务的内涵。个性化服务同时表现为关注员工服务，员工作为提供酒店服务的主体，是发挥个性化服务优势的主体。一般标准型酒店员工的服务通常是快速而标准化的，客人的行为也遵循传统的酒店服务惯例，而精品酒店的服务理念不同于传统的标准型酒店，它关注创造服务体验价值，为此要求一线员工具有开发个性化体验的能力，与客人深度交流乃至于建立与客人的长期友好关系，共同创造体验价值。因而精品酒店的员工是客人与酒店产生情感联系的开始，不局限于业内服务范式，而具有较高的主动性和灵活性，将自我定位为酒店经营的直接参与者，员工乐于与客人交流、交往，比如了解当地的餐馆、景点并为客人推荐。因此，聘请熟悉和了解当地文化及旅游资源的当地人做员工，有助于体现酒店的文化背景，也有助于客人与目的地的联系和交流。精品酒店员工的人格魅力、礼仪形象、交往技巧等体现了酒店的形象和内涵，而非仅限于员工服务的工作经历。

其二，精品酒店体验服务。精品酒店基于个性化服务进行体验设计，给员工施展个人能力提供空间，满足客人被特别关照、产生情感联结的需要。1998年约瑟夫·派恩和詹姆斯·吉尔摩首次提出体验经济，指出虽然服务是无形的，但经历却令人难忘；并在15年后进一步补充为：如今体验已经成为创造经济价值的首要方式，也是一种独特的经济产出形式，未来更需要将体验和记忆转变为比其本身更具价值的东西[1][2]。将体验经济的理念应用到酒店业产生了服务体验的概念，即酒店为客人创建差异化住宿体验，以主题为核心进行创新体验设计，将服务转化为每一位客人连贯的、令人难忘的经历[3]。

精品酒店的实践实现了酒店业与体验经济的结合，人与人之间的互动是服务体验的重要组成部分。社交互动作为体验质量的维度对客户忠诚度有积极影响。酒店在体验基础上创造了新的价值。首先，基于住宿产品体验消费特征，精品酒店的文化附加值体现在体验和情感层面，经营者展示当地工艺品及自己的技能和兴趣，例如一对法国夫妇亲自开办法语课、开办自制巧克力和松饼的烹饪课，客人由此更多地接触到当地人和社区文化，进而体验另一种生活，产生更真实的主客关系。其次，员工为客人提供如"家"的情感服务。正是在这个过程中，客人消费的是积极参与娱乐和教育活动的服务体验。从体验设计角度发现，酒店工作人员类似于经验丰富的演员，他们对如何为观众创造预期的体验有自己的想法，精品酒店员工能利用自己与亲友交往和招待客人的真实生活经验，为酒店的客人创造一个"家"，在与客人互动中激发出知识、技能和能力。再次，员工与客人共同创造价值。同样从旅游服务体验的角度，通过研究哥本哈根复古精品酒店的案例发现，员工的参与和授权增加，自发运用个人能力和经验为客人提供帮助及建议，员工与客人互相分享见解和知识、共同创造情感价值，能够将服务行为转化为体验，增加了价值创造和知识开发。

（三）精品酒店的美学功能

民众对艺术、文化和历史的兴趣日益增长是精品酒店创新发展的主要驱动力，追求建筑独特性和美学元素不仅是酒店差异化竞争策略的要求，也是精品酒店表达地方性美学、实现艺术理想的场所。

一方面是在酒店中引入美学设计作为文化资本的理念。早期的施拉格酒店（Schrager Hotel）已将重点放在通过创造建筑、设计、色彩、照明、艺术和音乐等多重感官元素，营造出独特的戏剧化氛围。酒店的美学设计可以作为艺术品被消费，甚至可以重写传统酒店的定价规则：客人的审美感受能够激发情感和质量期望，鉴赏视觉服务场景直接提高感知体验质量和满意度，进而增强购买意愿，精品酒店、生活方式酒店等许多酒店集团推出新品牌时都强调现代设计（Lee，2011）。以主题酒店、设计酒店为代表的新型酒店业态充分发挥设计功能，整体

---

[1] PINE B J, GILMORE J H. Welcome to the experience economy [J]. Harvard business review, 1998, 76 (4).

[2] PINE B J, GILMORE J H. The experience economy: past, present and future [J]. Handbook on the experience economy, 2013 (1).

[3] GILMORE J H, PINE B J. Differentiating hospitality operations via experiences: why selling services is not enough [J]. Cornell hotel and restaurant administration quarterly, 2002, 43 (3).

美学设计能够形成统一风格和主题。例如南非的野生蘑菇酒店（Wild Mushroom House）从内部设计到餐厅菜单均反映蘑菇主题，每个套间根据不同种类蘑菇的颜色和纹理进行设计，巧妙运用主题吸引顾客。在精品酒店的建筑风格中，如何更好地融入地域文化及增强美学功能仍有待于深入探讨。

另一方面从服务创新角度，将美学应用到服务流程中，利用艺术增加服务的价值，为客人创造独特体验和附加价值。例如台湾新北市乌来地区的酒店馥兰朵乌来度假酒店（Volando Urai Spring Spa & Resort），因为将自然风光与当地土著文化相结合，于2012年加入罗莱夏朵（Relais & Chateaux），不仅利用手工艺品等传统资源，还将泰雅人的表演艺术、文化习俗引入增值服务，设计了一系列"生活仪式"的文化嵌入式艺术表演，为其客户提供了难忘和感性的服务（Wang，2018）。将表演艺术引入其服务过程，利用本地自然和文化资源，设计有关视觉艺术、表演艺术的增值服务，据此构建以艺术作为差异化基础的酒店运作框架。酒店的独特性在于具有可以跨越地域的艺术表现力，将艺术作为服务设计的基础，通过美学的融入反映时代精神和文化背景；设计是形成审美认同的基石，它能通过独特的美学体验吸引理想客户，并以审美的方式传达身份。基于多元互动视角并运用计划—执行—检查—行动（PDCA）原则作为关键工具，构建服务创新和服务有效性模型，用于最大化酒店管理中的艺术价值，从而创造可持续的竞争优势。将设施、员工和客人作为审美交流的关键部分，酒店的美学现象不仅反映一种风尚，还体现了文化艺术和经济交织的消费倾向。

旅游和文化的相互作用带来城市再生和功能转换，精品酒店对于城市的循环发展至关重要，在一定程度上成为城市地标，促进城市复兴。建筑遗产和历史街区极具吸引力，可以将历史建筑改造、翻新成精品酒店，使建筑遗产重新焕发生机、促进地区文化复兴，并成为一种地产开发方法。精品酒店适应性重用老旧建筑是遗产保护运动的趋势之一。在新加坡和马来西亚因移民、殖民历史而形成的唐人街等传统民族聚居区，马六甲和槟城的历史名城区域，将骑楼等乡土建筑改建成精品酒店，体现了多元民族风情和混合建筑风格，基于遗产旅游、创意城市、建筑地理学视角，唐人街的士绅化和旧店屋适应性再利用并未导致文化侵蚀，相反却是以一种新的形式发扬文化传统。精品酒店通过历史遗迹再利用，诠释了当地历史和文化；同时，乡土建筑和现代艺术相交融，有助于创造新的城市空间，且与所在位置产生共生关系，例如马六甲的普里酒店（Puri Hotel）已成为马六甲历史色彩和世界主义的象征。同时，基于历史建筑的精品酒店保留了社会文化和城市真实性，作为建筑情感空间是客人回忆过去经历的"触发器"，作为现代空间是客人了解城市的"窗口"。

精品酒店举办教育娱乐和文化体验活动，在酒店内建造博物馆，提供关于当地艺术、建筑文化和社会习俗的宣传册。同时，业主出于热爱传统建筑和当地文化，大多会展出旧照片和手工艺品，在卧室和公共房间里提供关于历史的小册子，工作人员也会为客人讲述历史，并组织对建筑和历史感兴趣的游客来参观，产生经济效益并积极传播历史文化。比如罗马尼亚布加勒斯特（Bucharest）的卡罗尔帕克酒店（Carol Parc Hotel）恢复了老城墙，意大利设计师设计展现巴洛克时期的威尼斯风格，酒店建筑反映20世纪罗马尼亚贵族的典雅风格，因结合历史与现代科技而富有创意。

古巴的连锁精品酒店也通常建在中小型历史建筑中。但同时存在的问题是，虽然人们偏爱具有地方特色的历史文化氛围，但老建筑的格局、基础设施等可能会在某种程度上引起宾客不满和不便。未来发展应注重建筑遗产保护的有效性措施。而且，在酒店自身利益之外，还要考虑地方更多民众的集体记忆和地方依恋感。遗产精品酒店代表独具特色的文化旅游的同时，还应保护文物建筑可达性和可进入性（Kadir.，et al. 2019）。因此，在考虑改建老建筑为精品酒店时，应尽量平衡商业与保护二者之间的关系，从活化历史建筑及象征意义出发，真正实现建筑遗产的可持续发展。

（四）精品酒店社会责任

其一，关注多方利益相关者，提升员工与宾客幸福感。

企业社会责任包括利益相关者维度、社会维度、经济维度和环境维度等多个层面（Dahlsrud，2008）。精品酒店具有环境保护、文化传承等多方面的社会责任。入住精品酒店的客人，其私人交流欲望更强。精品酒店具有文化附加值，因此需要融入社区，利用本土人力物力创建独特性，从地方汲取文化和美学元素，聘任当地居民做员工，为客人提供接触当地人文的机会，从而实现社区利益和文化传承的社会责任。

服务产品的社会象征维度，其所代表的社会意义能唤起消费者的独特感和成就感，通过激发消费者维护社会利益的责任感来鼓励贡献行为。

其二，关注文化传承，适应性再利用历史建筑。

精品酒店追求精致与品质，建筑设计风格独特，通过融入美学反映时代精神和文化背景（越来越多的消费者倾向在具有独特设计风格的酒店消费）；代表当地的风格文化，客人感受到文化及城市的待客理念。

精品酒店促进城市文化复兴及城市遗产保护、区域环境治理，反映城市的灵魂，甚至能成为城市的地标或缩影，酒吧、大堂等公共空间为客人提供社交机会和空间（McNeill，2008），同时也是城市公共空间的延伸。酒店向特定类型的客人发送个性化信息，客人随之产生审美认同、身份认同，同时社交声望和情感需要得到满足。

精品酒店经营者大多出于对本土文化的兴趣，酒店反映他们对当地文化的个人理解和价值取向。例如马六甲普里酒店的所有者就是历史学家，酒店内的博物馆介绍当地的文化和历史；槟榔屿的精品遗产酒店（Cheong Fatt Tze Mansion：Boutique Heritage Hotel）的所有者是建筑师，他买下 19 世纪的历史建筑改建为酒店。加拿大温哥华市的斯卡瓦查以斯酒店（Skwachays Lodge）由温哥华土著住房协会（VNHS）创建，整合文化创意空间和酒店空间，即公平贸易土著艺术画廊和城市土著艺术家住宅以及 18 间精品酒店套房，展示土著艺术和文化作品并开展文化活动，为具有社会意识的旅行者提供独特而真实的文化体验。以上研究成果体现社会企业家精神及酒店和旅游业的创新，这些做法有助于促进当地经济发展和环境法规的实施，从而促进行业的可持续发展。

其三，关注环境，践行生态可持续发展理念。

引入"绿色酒店"概念，提高酒店声誉并降低成本。酒店业逐渐渗透"绿色旅游"概念，精品酒店秉持生态环保的经营理念，通过系列环保设施和设计增强酒店的环境责任，形成"绿色酒店"。精品酒店的绿色标识积极影响了消费者的支付意愿。以印度尼西亚巴厘岛的精品酒店为例，建议企业参加自我监督并公开报告其环境绩效的自愿环境计划，包括申请 ISO 14001 环境管理体系标准、LEED 绿色建筑评价等第三方认证，以赢得竞争优势。无论是土耳其伊斯坦布尔的历史名城，还是美国旧金山湾区，这两个世界旅游胜地都有精品酒店在网站上展示合法化绿色实践的信息，目的是通过符合环境管理体系标准、绿色建筑评价等国际认证或本地认证，利用媒体的宣传和呼吁形成"绿色酒店"品牌，从而带来多重利益。一些精品酒店采用绿色技术、使用环保材料、利用当地艺术家和材料等，来节约能源和降低碳排放，也使酒店更适应环境条件、符合区域特色、获得社区支持，甚至组建生态基金会，负责保护和恢复当地的自然资源，实施改善当地社区健康和福祉的计划，产生实现三重底线理念的协同效益（Boley & Uysal, 2013）。肩负环境责任、践行社会企业家精神不仅可以降低成本、兼顾当地社区和自然环境的利益，还可以提高酒店声誉、吸引追求生态友好型的消费者，潜在地培养消费者的环保价值观和责任感，让他们觉得旅行不仅是为了个人快乐，也是在为环境做贡献。精品酒店具有提供社交空间和建立消费者社会认同感的功能。

二、非标住宿新探索——以松赞精品酒店集团为例

大住宿业发展蓬勃，精品酒店市场还有很大空间和活力，国内相关研究大多从美学设计和经营发展前景做分析，剖析精品酒店的多方面功能和价值。2000年，松赞精品酒店诞生在香格里拉的克纳村，来自乡村的松赞已经在云南迪庆、丽江、西藏拉萨、林芝、昌都等州市辖区的乡村布局并运营了 12 家精品酒店；还计划在云南怒江、川西、西藏、阿里等地逐步布局 30 家以上的精品酒店。

松赞本身的商业模式建立在乡村振兴的基石上。习近平总书记的指示精辟归纳和总结了乡村振兴的方法和路径，要坚持乡村全面振兴，抓重点、补短板、强弱项，实现乡村产业振兴、人才振兴、文化振兴、生态振兴、组织振兴，推动农业全面升级、农村全面进步、农民全面发展。松赞的发展和布局顺应了"抓重点、补短板、强弱项"的发展方向。

（一）松赞的商业运营模式

松赞落脚的乡村都在"绿水青山"之中，松赞进入之前这些村庄多处在半农半牧的传统生产生活状态，很难实现向"金山银山"的转化。第一家松赞所在的香格里拉克纳村，虽离香格里拉市区5公里，并紧邻具有300多年历史的云南最大的藏传佛教寺院噶丹松赞林寺，但外来游客几乎无人进村，更难以留宿。其他酒店几乎都处于比较偏僻且交通不便的地区，即便是云南旅游最发达的丽江松赞所处的茨满村也是如此，而且其中的很多村庄因为交通条件和文化差异制约，之前就连背包客也未曾抵达过。

松赞的经营理念首先是"抓重点"，松赞从2000年至2014年所有的重点都聚焦在云南迪庆州。迪庆州旅游资源富集，松赞在2000年就把"重点"放在推进整个迪庆州的"全域旅游"之上，但当时并不是每个山村都适合发展旅游，"抓重点"选择能辐射全州的五个山村，从2000年起用10年时间逐步建设了6家精品酒店来实现"补短板"。

制定清晰的发展思路和商业模式：不为建酒店而建酒店，用"山村联动酒店群落"作为切入点，把整个区域最美的乡村结点成线，针对国内外较高收入的消费阶层需求，研发、销售、运营一系列的旅行产品的商业模式来实现迪庆全域深度体验旅游。从2000年至今，已在云南研发并稳定运营了"寻访香格里拉""探索三江并流"等3天至12天丽江、迪庆环线产品。

2015年开始在西藏拉萨、林芝、昌都3市乡村布局精品酒店，并以云南丽江为起点全线联通整个滇藏区域，2017建成了松赞丽江林卡和松赞拉萨林卡2家精品酒店并正式营业，2019年建成松赞（昌都芒康）如美山居和松赞（昌都八宿）来古山居以及松赞（林芝）波密林卡3家精品酒店并正式营业，2021年建成松赞（林芝米林）南迦巴瓦山居，用松赞既有的商业模式研发并运营藏东环线、滇藏穿越等5天至15天不等的深度旅游体验产品。在西藏林芝境内建设松赞（林芝）巴松措林卡和松赞（林芝）易贡山居，在丰富产品线的同时能更多地带动这些区域的山村发展。

20多年来的实践证明，松赞顺应了"抓重点、补短板、强弱项"的方法打造自己的商业模式，不仅实现自身的稳定发展和壮大，而且带动乡村旅游及文化传承，帮助解决当地就业，让更多的人和资源走进来，更多的人和物产走出去，促进从而形成了良性循环运营的乡村生态系统。松赞所在区域乡村的优势就是富集的旅游资源,"抓重点"就是抓旅游;"补短板"就是把所在村庄的家庭从半农半牧、自给自足的生产生活方式引向旅游及其相关产业链当中;"强弱项"就是发展和培育"两山"转化方法和人才。松赞的方式可以在多个方面有效地帮助酒店所在的山村,希望松赞既有的全域旅游模式,因地制宜更好地参与到"两山"转化和乡村振兴。

(二) 乡村振兴的实践探索

1. 产业振兴

松赞的口号语是"带您深入藏地山村的秘境酒店",因此从乡村振兴的角度来说,很大程度上,松赞的每一家山村精品酒店就是在践行所在山村的产业振兴实践。以山村"联动酒店群落"为依托,通过发展旅行、康养和文化产品带动当地农产品、手工艺等经济元素的发展,以新产业新视野新资源和本地经济互动,进而促进产业升级。山村"联动酒店群落"不仅带来旅游业的发展;同时,聚拢的人群所带来的资源和产生的互动,大力帮助本地配套产业升级,实现本地优势物产走出去,促进人才流动,使乡村更具活力。

比如,松赞绿谷山居和松赞香格里拉林卡所处的克纳村,20年前还是半农半牧的生活生产方式,如今已经逐渐转变为一部分人在松赞从事酒店服务工作,一部分人开设藏民家宴成为松赞的餐饮供应商,一部分人开始给酒店提供生态食品,一部分人甚至自己开起了民宿客栈,成为旅游从业者。在松赞的影响和带动下,原本跟旅游没有任何联系的克纳村,如今已经拥有10家民宿,3家餐厅,70人在酒店工作,村庄超过60%的人都在直接或间接地参与旅游产业。截至2020年,松赞每年直接产生的村庄生产总值3 000多万元(酒店年收入+村庄员工年工资支付+村庄内酒店供应商支付+村庄内农副产品采购支出+房屋土地租金支出),间接影响和带动产生的生产总值近1 500万元(民宿+餐厅+房屋租赁等收入),两项收入总计4 500多万元,占村庄年生产总值的70%。

2. 人才振兴

留住年轻人并给年轻人发展的空间,聘请本地人,是松赞酒店的一大特色,这不仅有利于解决当地就业和乡村"空心化"的问题,给本地年轻人更多成长的机会,实现人才振兴,还有利于实现乡村振兴和社会经济文化的综合发展。

松赞茨中山居所在的德钦县燕门镇茨中村,村内大多为老人和小孩,年轻人基本都已外出工作,整村已经"空心化"。松赞茨中山居自2013年开业以来,已吸纳了20名年轻人就业,其中从其他地方派到茨中的5名员工也与当地人联姻,成为当地的人才力量。松赞塔城山居共有17名员工,全部是酒店所在村庄务农的妇女,她们没有很高的知识文化水平,酒店落地到村庄后,她们不仅就近实现了就业,还学会了酒店管理知识与专业技能。员工们通过与国内外高素质的客人之间的交流,开阔了眼界,建立了自信,甚至还学会了外语,既能赚取稳定的收入,又能兼顾家里的老人和小孩,解决就业的同时也解决了"空巢老人"和"留守儿童"等乡村"空心化"问题,有利于社会稳定、乡村振兴。松赞给本地年轻人创造了良好的就业条件和发展空间。

松赞集团拥有员工 1 450 人,90% 的员工为酒店所在区域的本地人员,其中当地大学生就业近 200 人,占酒店员工的 14%,并且每年呈 30% 的增长趋势。从 2000 年开始,松赞从北京、上海、广州、香港、西安、昆明,甚至法国、瑞士、英国、德国、奥地利、美国、新加坡等国内外邀请行业专家和顶尖人才近 100 人来松赞指导和培训,培养了近 300 位本土员工成为酒店所需的各种人才,其中 50 名以上成为当地中高级管理人员(驻店经理级以上),平均年收入超过 9 万元,远高于所在地平均个人收入水平。

3. 公益事业

松赞酒店在所在村庄发起"助学计划",资助村里所有初中以上的孩子继续读书,现共计已资助学生几百人,很多被资助的学生大学毕业后又回到松赞工作。同时,松赞还与当地的招生办、职业学校等教育机构合作,有针对性地培养旅游专业、酒店专业等方面的人才,并将酒店建设成旅游和酒店专业人才的实践教育基地,鼓励和引导青年人才参与乡村振兴。

(三)文化振兴,非遗传承

1. 让传统文化重新活起来

附着于乡村之上的传统文化只有重新产生商业价值才能真正生存、复兴。松赞始终认为不是在做酒店而是在做文化,在每一个酒店的周边做乡村文化的整理,持续地带客人到这些地方去体验,保证文化的流动与传承。

松赞使当地传统文化价值被更大的市场和人群所认可,由此产生的商业价值让传统能够存续,让手艺能够传承。

松赞的理念是入住松赞酒店的客人接触的都是本地文化,用的都是本地物品,吃的都是本地物产,并将这些美好带回并分享给亲朋。

(1)当地手工艺人参与酒店的设计与建造。

松赞建造酒店之初强调文化传承,每一家山村酒店,所有的建筑元素都要来自在地文化,使每家建造完成的酒店都成为文化特色的标杆。

建造山村酒店起到了很好的引领作用,同时实现了传统建造文化的更好传承。松赞在建造各个酒店的过程中,邀请了大量传统石作、木作、铜作等各种传统手工艺人参与,来自西藏、云南、青海、四川、江苏等地的 300 多位手工艺人长年参与松赞的新酒店建造。因为大量的城市、乡村建筑都已经被现代建筑材料的特性导向了程式化、无差异化、无文化传承的"现代建造",所以这些手工艺人在参与松赞酒店建造之前,都已经很难有用武之地。从 2000 年开始投入松赞酒店建造之后,他们不仅有了理想的工作环境和生活保证,而且带出了更多的传承人。

2017年拉萨松赞曲吉林卡酒店开业，酒店在设计初期就坚持按照松赞一贯的风格，酒店建筑必须符合所在区域标志性的建筑风格和建筑手法，松赞邀请西藏传统建筑工程研究院的专家，也是负责布达拉宫修复的几位老工匠一起参与酒店的设计和建造。当酒店还未完全建成的时候，拉萨市区的老人就携子女一起每天傍晚到酒店所在的次角林村子里，一边散步一边参观酒店建筑，很多老人第一眼看到酒店的建筑时，眼眶都湿润了，他们说已经很久没在拉萨见到这样建房子的方式了，很像他们小时候的拉萨八廓街。和所有的松赞酒店一样，拉萨松赞曲吉林卡酒店内部也使用了大量的铜制手工艺品来做装饰，制作这些手工艺品的手工艺人均来自云南大理的鹤庆县城，这个小县城打铜的手工艺人因为手工铜器市场需求量的递减而变得越来越少，很多年轻人都不愿意传承这门祖传的手艺，而选择到大城市打工。松赞从2000年第一家酒店开始就坚持使用铜制品来进行酒店的装修装饰，还帮助手工艺人们设计衍生出一系列铜制的手工艺品，包括铜火锅、铜壶、铜书签等，并在酒店专门开设面向客人的精品店。同时，只要在酒店能够看见和使用过的铜制品，均可以通过松赞精品店进行购买，市场需求量的增加，再次刺激了该行业的发展。现在越来越多的年轻人也跟随父辈参与到铜制品的制作中，极大程度地对该手艺起到了保护和传承的作用。

像这样的例子在松赞还有很多，例如奔子栏的木胎漆器、尼西土陶等。

随着电子商务和互联网技术的发展，松赞充分借鉴了"互联网+"的理念，将松赞精品店里的这些手工艺品搬到线上，远在千里之外的客户也能快速购买，在方便客户的同时也进一步带动了这些传统手艺和文化的发展与振兴。

（2）手工艺传承和发展。

除了酒店建造聘请大量的传统手工艺人之外，从2000年开始，松赞因为配合酒店所具有的独特性，组建了近50人的传统家具制作团队，至今已经连续开展了20多年的实木家具制作，除了大部分提供给新开业和改造的酒店使用外，从2013年开始也定向售卖给松赞的VIP顾客，并受到青睐。

（3）传统建造：建筑元素来源于在地文化。

藏族传统的民居、官建和寺院都采用大量的包铜工艺来辅助构造和装饰，同样，松赞所有酒店都用很多的纯铜制品和装饰。松赞酒店的卫生间都使用铜面盆，洗面台、浴缸用铜板包裹等这些细节已经成为松赞酒店标志性特征。这样的在地文化和手工艺术呈现，依赖于2007年由7人组建的铜器打造的手工艺团队。

我国的手工艺之所以要被保护起来，是因为随着时代发展，原本与生产生活息息相关的手工艺制品逐渐被工业化产品所替代，手工艺失去了本来的生存空间。其实随着生活水平的日益提高，更多人在生活物件的追求上又开始回归到差异化、特色化和品质感中，而当今要给手工艺创造更多更好的生存和发展空间就离不开"后整理",就是把手工艺和当今的生活需求与审美需求重新建立起连接。用这样的方法,松赞的工艺团队设计和生产了很多茶壶、花瓶、香炉、书签等铜制生活制品,受到了松赞客群的喜爱。除了在酒店实体店尽可能保证供给之外,线上商城一直处在供不应求的状态。应用这样的思路,松赞自营的旅行产品中融入文化体验,在香格里拉尼西村、上桥头村和德钦县奔子栏镇与住村工艺人合作开展了土陶工艺品、传统漆器、藏香等手工艺制作和体验活动,既满足了松赞客人旅行体验和采购在地文化风物等需求,又带动了乡村经济发展和手工艺文化的传承。

自古以来,西藏的手工藏毯国内外闻名,但随着工业化的发展,现在大部分市场供给和消费的产品都已经被工业化产品所替代,给传统的手工地毯制品留下的空间越来越小。因为手工藏毯具有工业地毯无法替代的品质感,所以松赞从第一家酒店开始一直坚持使用。而随着材料和手工艺人工资成本的不断提高,手工藏毯价格从2000年的每平方米1 250元涨到了2019年的3 600元。到2019年10月,松赞从拉萨、山南、江孜等地一共采购了价值近2 300多万元的手工藏毯,其中一半以上通过松赞酒店实体店和网上平台推荐给了松赞的客人购买,对藏毯编织的手工艺传承做了有效的探索。

2. 非遗传承,创意体验

迪庆州香格里拉市的尼西乡传承着一种特殊的陶艺——尼西土陶,这是国家级非物质文化遗产项目,距今已有2 000多年的历史。随着工业化产品的普及,这种当地人家家户户都使用的生活器皿已经逐渐被淘汰,整个产业发展面临较为严重的危机,特别是传统技艺面临失传的风险。随着松赞旅游的发展,将尼西土陶发展为松赞特色旅行体验产品,将热爱陶艺的松赞的客人带到尼西传统藏族村落里,参观并亲手体验尼西土陶的制作,享用尼西土陶锅炖制的尼西土鸡,客人在体验土陶制作并品尝土陶锅烹制的土鸡后,还会购买很多传统手工艺成品。经过多年的发展,尼西的手工艺人已经不再为生计犯愁,这项国家级非遗被完整地保护下来并成为深受客人喜爱的特色旅游产品。松赞每年通过旅行体验项目给尼西汤堆村创收80万元,通过带动商品销售增收100万元,总计每年给汤堆村带来180万元的收入。

与此同时,松赞每家酒店都在按照同样的模式带动着所在村庄的创收增收,例如2019年开业的松赞来古山居,7月至12月村民马匹服务的收入就达到了126万元。此外,还有上桥头村的木胎器漆体验及销售、茨中村的葡萄酒销售、茨满村的牛奶采购、塔城的磨豆腐体验和民宿带动等。经统计,每年松赞集团用于带动及培育乡村产业的资金支出共计8 000多万元,占公司总支出的56%,占公司总收入的46%。

松赞酒店所在的各个村庄,奔子栏锅庄、尼西情舞、塔城热巴、德钦弦子等传统的民间歌舞艺术都列入国家非物质文化遗产，但随着电视的普及特别是近年智能手机的发展，这些村庄自发性的传统歌舞娱乐活动变得越来越少。松赞从2011年开始，在松赞奔子栏所在的别仁村常年组织传统歌舞培训，酒店付费从临近的村庄邀请老艺人来授课。经过几年的坚持，几乎所有适龄的村民和当地员工都掌握了奔子栏锅庄，酒店经常组织他们为住店客人表演。之后，松赞把这种方式推广到其他各酒店及所在村庄，既解决了文化传承问题，又增加了村民创收的机会。

（四）生态振兴，良性循环

以先进的理念和科技保护环境，振兴生态。美丽山村是国家和人民的期盼，也是松赞要做的。松赞最开始做酒店就是想让更多人了解藏地山村的美丽，因此对于生态和环境的保护不遗余力。松赞进行了特别多的尝试，如酒店内的无污染内循环、建筑材料的选择、排污处理的现代化等。这些先进理念及高科技能够有效地帮助本地保护好环境，实现可持续发展。

松赞来古山居，地处海拔4 200米的西藏昌都市八宿县然乌镇来古村，直面来古冰川，四周环绕雪山。在设计伊始，松赞就决定尽量减少酒店对环境的侵入和破坏，这样的生态理念不仅体现在建造过程中，也体现在完成的整体视觉效果以及酒店运营里。世外秘境般的来古村，四周绵延起伏的雪山。松赞利用原始地形，将来古山居整个酒店镶嵌在悬崖上，近一半的建筑藏于山体内部，从村子远望过去，只能看到建筑的上半部分，与原始村落形成了极为协调的肌理关系。同时，在这样高海拔的强日照和强紫外线下，酒店采用了LOW-E（Low-Emissivity）玻璃，也就是低辐射玻璃，既有效地隔离了强日照的多余热量，也挡住了对身体有害的紫外线、红外线等，而且这种玻璃具有优异的透光性，身处酒店的客人能在温暖惬意的阳光中，享受每一扇窗外的瑰丽画卷。太阳落山后，这种玻璃能防止室内的热能外泄，具有双向的节能效果。LOW-E玻璃可以有效降低能量吸收或控制室内外能量交换，达到"夜暖昼凉"的效果。来古山居用低碳的方式保障着舒适性，并达到环保节能的目的。来古山居采用的排污方式是更为环保的四级化粪池过滤，污水经由过滤沉淀、厌氧发酵、固体物分解、发酵乳化四个层级的不同无害化、净化工序，处理后的水质更为干净，然后再排到地底深处，最后由砂石自然净化。在来古山居使用过的布草，也会运到最近的波密林卡清洗烘干，避免大功率电器对原始生态环境的影响与破坏。从建造原料、建造过程到竣工后长久的酒店运营体系，松赞都遵从着环境保护原则。

以身作则，用行动影响群众加入生态保护的行列。每建造一个松赞的酒店，为体现传统建筑风格，必然会使用不少木材，早期建设酒店的时候，松赞会采购村民拆除旧房出售的老木头作为原材料，在后期建设过程中，很多人联系到松赞，希望向其提供市场上手续完备的本地木材，松赞深知，高原上的一棵大树要长成材并能够作为建房所用的原材料是多么的不易，需要几十年甚至上百年的时间。面对这样的问题，松赞选择高于国内木材市场价格3～4倍的进口商业木材，从美国、加拿大等国进口，通过江苏太仓港运送到每一个新建的酒店，不管是运费还是木材成本，对于松赞来说都是一笔很大的开销，但松赞始终以不买任何一块高原和国内的新伐木材为原则，尽最大的努力来保护大自然和生态环境。很多人认为，松赞用木材建设酒店，是为了节约成本，其实恰恰相反。

松赞梅里山居的后面是成片的原始森林，当地村民曾想从银行贷款40万元，从森林中修一条简易公路到山顶，建一个旅游观景台发展旅游业，砍伐的木材还可以低价出售给松赞，用于新的酒店建设。不管是修路还是原始森林的砍伐，都会对该区域的生态环境产生特别严重的影响，松赞的董事长知道后，连夜赶到村里，苦口婆心劝说村民打消了这一念头，并承诺每年从酒店收入中拿出一部分回馈村民。几番劝说下，村民终于答应了这一要求。酒店在入驻村庄以后，除了对森林植被的保护，还联合白马雪山自然保护区管护局，对酒店所在区域内的白马鸡进行种群恢复的工作。白马鸡是国家二级保护动物，在松赞梅里山居周边山中曾经大量生长。但由于猎杀过猛和生态发生变化，这种动物一度消失了。松赞决心让白马鸡重返家园，从西藏芒康引进种蛋，在梅里山居建立孵化基地来孵育，长成后放归自然。不久之后的一天早晨，酒店的员工惊奇发现，那些放归山间的白马鸡，竟然引领着一批野生的同类，跑回酒店边上觅食了。松赞经过近10年的努力和坚持，终于换来了村民的认可和理解，周边群众也受到极大的影响，共同参与到保护家乡、保护环境的行列中，加强了生态环保意识，不对周边的森林乱砍滥伐，不对山林里的野生动物进行猎杀，极大程度地保护了该区域的生态环境。

从绿水青山到金山银山。松赞塔城山居前是一片漂亮的梯田，村里的老百姓世代在田里耕种稻谷，然而随着社会的发展，村民的生活水平日益提高，老百姓渐渐地不愿意在稻田里进行耕种，一方面因为农产品产量低，没必要花大力气去维护；另一方面源于村民都想扩建自己的房屋，在田里开垦出一些新的用地拿来做建设用地。松赞听说这个消息后，立即找到了村里的主任，表示希望村民能够继续耕种稻田，只要耕种时保证不使用农药，浇灌农家肥收割的稻谷，酒店花高价全部收购。通过这样的说服，有幸保留了酒店前那片美丽的梯田以及农民忙碌的身影，保住了传统的田园景观，增加了村民的收入。松赞每到一个地方，都会花大力气来做当地的绿化，甚至在植被难以生长的拉萨，同样花重金来打造酒店的绿化工程。为了保护当地植被不被破坏，松赞会买下或者租下有植被的土地，不是拿来建设酒店，仅仅是为了土地上的植被不被破坏。这样的行为刚开始是不被理解的，很多人觉得松赞是不是人傻钱多，但随着时间的推移，村民慢慢理解了生态系统被保护下来是多么的重要，也从中尝到了甜头，从内心愿意保留住乡村原本的面貌，不再乱开乱垦，思想观念有了颠覆性的改变。

松赞持续的努力，正是为了实现习近平总书记说的推动农业全面升级、农村全面进步、农民全面发展[①]。对于松赞来说，它来自乡村也会回到乡村，乡村兴则松赞兴，二者的命运密不可分。在建立乡村新生态新经济的过程中，松赞希望能得到政府的支持，因为有政府的支持就能做得更多更好，从而让更多地方更快进入良性循环，让更多绿水青山变成真正的金山银山。

三、北京民宿经营模式与发展战略研究

2020年3月30日，习近平总书记考察湖州市安吉县天荒坪镇余村，余村践行习总书记提出的"绿水青山就是金山银山"的理念，走出一条生态美、产业兴、百姓富的可持续发展之路，美丽乡村建设在余村变成了现实。广大民众不仅关注生活水平的提升及消费方式的改变，更关注精神文化领域的参与和创新活动。民宿产业的兴起，在带给民众住宿方式多样化选择的同时，更带给民众更多的文化空间。发展民宿是满足游客日益增长的文化需求，保留文化原真性的有效途径，对升级乡村旅游甚至推动乡村振兴等都有重要作用。

（一）北京民宿发展中面临的主要问题

民宿因符合民众追求不同于标准酒店的个性化服务与体验需求而得到迅猛发展。但同时，一些民宿因缺乏规划管理及投资者急功近利、跟风抄袭，造成较为严重的民宿经营同质化现象。本文采用多途径综合研究方法，一方面搜索小猪短租、自在客、猫途鹰等网站信息，整理分析互联网媒体报道、大众评价反馈及线上访谈资料；另一方面在全国范围内选择具有典型特征的民宿进行实地调研和访谈，针对访谈内容进行质性分析研究。特别是针对北京民宿特征及核心竞争力构成要素进行综合分析，为住宿产业的科学发展提供建议和参考。

北京民宿具有独特的区域文化特征。民宿不同于标准化酒店，主要表现为基于地域环境、文化特色提供多层面的个性化服务。北京民宿主要分为三种类型：其一，以家庭情怀为主要特征的生活型民宿，虽服务内容有限，但环境优美，民宿主人提供热情、贴心的管家服务。其二，以资本驱动的商业性民宿，多具有文化艺术和专业保护理念，凸显独特的艺术和文化氛围。其三，以文化理念驱动的个性化民宿，多为有情怀的投资者经营，创造与心灵对话的独特氛围。

民宿与传统酒店的主要不同之一就是民宿主人与客人情感的交融。"主人是民宿的灵魂"。民宿注重文化附加值，不仅包括区域环境、房屋所有权、房屋设

[①] 习近平. 习近平关于"三农"工作论述摘编. 北京：中央文献出版社，2019.

计等当地文化符号和静态特征，而且包括民宿主人的文化艺术修养、情趣爱好、个人魅力的全方位动态展现，还包括带给客人的如家一样的归属感。

目前，北京民宿面临的主要问题表现为：其一，民宿过多追求主题化和精品化，与当地文化脱节，比如地中海风情的主题民宿显然与北京区域文化脱节，这种精心杜撰却与当地环境迥异的时空错置导致民宿与社会脉络脱节。其二，目前，北京民宿多用于住宿、观光和体验，而缺乏客人与主人的互动，及基于主人文化的客人参与创意活动。其三，客人渴望感受主人的生活，入住民宿的客人更渴望与主人互动，而目前部分民宿的同质化造成"好山好水好无聊"现象。

随着民宿的发展，客人消费心理日趋成熟和理性，单纯注重"个性"和"情怀"的营销策略难以满足其需求，体验、交互占有越来越重要的地位。比如，"山楂小院"实现高达75%的入住率，不仅源于其利用当地风土人情，开展回味乡土、感受田园的创意体验活动；还在于其利用乡村闲置人口及潜在人才优势，进行管家服务培训，提高管家自然亲和力，拉近与客人的距离。"大隐于世"系列民宿管理者认为，"服务"已经不再是吸引回头客的决定因素，客人消费更趋于理性和创新。针对客源结构及客人需求的变化，未来民宿产品如何定位？民宿如何呈现和表达在地文化？如何避免民宿酒店化发展？如何增强民宿主人与客人间多维的参与度？如何适应后退休时代、移动办公、度假与工作兼顾的新生活方式的变革？因而亟待解决诸如此类制约北京民宿发展的瓶颈问题，并探索未来民宿经营趋势和发展方向，实现从动到静、从复杂到简单的根本性转变和质的提升。

（二）以区域环境为基础的民宿美学设计方案

特定的区域环境和文化特征是民宿的重要特点，民宿的基础和灵魂是主人，环境、文化、房屋等都是主人可利用的资源，民宿主人应注重培养、挖掘自己的兴趣、爱好和特长，相同的爱好是联系客人和主人的重要纽带。

民宿房屋来源和房屋装修理念决定了民宿经营的风格或主题。民宿的住宿设施不同于一般标准型酒店，而是以民宿主人的兴趣爱好装修布局为出发点。主要体现在：其一，自然与人文环境相融合，民宿选址要基于周围自然与人文环境；其二，地域文化的传承，民宿设计源于地域文化的传统技艺，创新驱动力来源于民宿主人的兴趣和专业背景；其三，民宿多样化空间氛围的主题展现，从室外建筑景观、室内装饰到起居用品，乃至于摆设品的每一个细节都经过民宿主人精心设计和用心打造，因而成为全方位体现主人情怀的环境空间。

融合新生态的民宿建筑设计，成为乡村的符号。爨底下村基础设施齐全，文化气息较重，景区的装饰与主题比较和谐，古建筑修缮维持原貌，保留本地特色，民宿中增加体验元素，提高了原居民的生活质量和文化自豪感。与爨底下村地理位置相近的灵水村，其宅院建筑规模、精美程度、文化价值等各具特色，开展民宿经营能够较好地保留乡村的传统和居民生活方式。

民宿设计与主人生活认知密切相关，高端民宿并非简单地体现在豪华装饰等设备设施方面，而是体现在个性化的设计、沉浸式的体验、与众不同的真实等更高层次的奢华，将主人的生活方式、个性特征、价值观等通过空间陈设、家具、景观等与当地文化精神结合。"大隐于世"系列民宿并没有采用24小时管家式陪伴的经营方式，而是在设计上更注重客人住宿生活方面的私密性；同时注重房屋的设计风格、硬件设施等，以满足客人的高品质需求。园艺家、艺术家、建筑师、民俗学家等专业人士连同民宿主人共同规划，全方位保护当地文化的整体性。

（三）基于体验与交互的民宿管理模式

民宿作为一种"家庭式"的住宿方式，客人可与民宿主人或家庭进行交流和互动，并在一定程度上共享公共空间。民宿主人亲切友善，尽地主之谊，让客人体验到宾至如归的感觉。北京民宿的区域文化特征不同于江浙、云南等自然风光极佳的目的地，应着重打造主人文化内涵和非遗文化传承。

其一，提升管家式服务的深度和广度。民宿如同"家"一样温馨，传统酒店在服务方面具有明确的规范性行业标准，高效而便捷。而民宿的个性化服务则在住宿体验方面远远高于传统酒店，能带给消费者亲切温馨的感受，民宿主人基于自己的经历和理解为客人提供可选择的趣味性活动或建议、个性化早餐服务、接送服务等民宿产品和服务。

比如主人和客人共同参加植树活动，践行环保理念；品尝金黄鸡蛋、手擀面、脆嫩韭菜、春饼等不同季节的特色美食；将登山越野、艺术创作、园艺种植等新生态融入民宿的规划或行程中。在延庆地区，因青壮年大多在北京市内工作，农村闲置资源较多，热情好客、做菜好吃的"巧媳妇"留在家照看老人和孩子。"隐居乡里"系列民宿请"巧媳妇"来做管家，提供24小时的管家式贴心服务。客人说："走时，山路已转过一道弯了，在车的后视镜里还看到那个管家大姐在挥手，觉得非常温暖。"入住在隐居乡里"先生的院子"，虽然外面天寒地冻，但房间里面温暖如春、其乐融融。

其二，挖掘北京民宿自身的文化创意和与地域文化关联的历史故事。有故事的民宿将在客人心理上形成立体感，让人有回归深层自我和静谧的知觉感受，将民宿主人的生活、故事及个人兴趣、技艺融入民宿服务中，除在展现建筑外观、内部装饰、设施设备等方面的独特性之外，民宿主人的故事和展示的文化是民宿更重要的特色。主人分享自己的人生故事，同时客人在享受休闲体验带来的乐趣之外，在民宿住宿期间的所见所闻也将成为客人和民宿的独特故事，不仅能培养客人的忠诚度，而且对于吸引未来客人也产生强烈的吸引力。

其三，客人参与民宿主人的生活和艺术创作。民宿表现为强烈的交互性特征。挖掘和整合民宿特殊资源，主人不仅提供传统意义上的住宿服务，而且还为客人提供娱乐和自我发展的社交互动空间。例如，汇合住宿的基本服务和骑马、自然体验、石炉烘焙、绘画课程等增值服务，在自己的生活方式价值观和客人的生活方式价值观之间建立一种对应关系。"隐居乡里"提供高质量的体验交互活动，增强客人的情感体验，达到使客人满意的效果。在民宿中融入收集蜂蜜、制作柿饼、采摘栗子、炒栗子等农家趣味活动，客人从中体验古村镇独特的生活。客人因体验到当地质朴的民风而收获更多的精神享受。

其四，客人参与当地的非遗传承活动。民宿主人熟悉地方自然人文环境、风俗特产与美食飨宴。客人下榻民宿是融入当地生活、体验当地人文风采与地方文化的最佳捷径。对于特产与美食，客人已经不仅仅满足于"买回家去"，还渴望亲身体验其制作过程，民宿组织的活动成为吸引客人的旅游资源。

北京地区的民宿总体上较为分散，客人更希望了解当地文化、传统技艺，包括体验剪纸、土法织布、画风筝、雕刻、烹饪、印染等许多内容。客人在自己动手操作中了解非遗传承技艺。一系列的体验交互活动，丰富了客人在民宿中的生活，增进了主人与客人间的情感。热爱烹饪的主人、热爱绘画的主人给具有相同兴趣爱好的客人所带来的独特的生活体验将使得他们成为长久的朋友，同时提高了不同地域民宿的差异性，使民宿实现从体验到创意的转型。

民宿文化中的静态设施和动态传承相辅相成，具有自然有机性、环境适应性的民宿发展模式，能够有效解决文化复制问题，以保护自然与传承文化为核心，提升民宿主人和客人的幸福感，实现民宿产业及其多元化的科学可持续发展。

第三节 "故乡之今昔"——文化传承与民众生活

"文化"一词的含义和解释，对文化旅游的定义产生影响。更广泛的社会变化，比如不同文化和社会群体的日益融合和流动性增强（Richards，2018），将如何影响游客的文化生产与消费，以及生活方式的变化等，有待于深度探索。

一、旅行文化与社会发展

（一）从经济效益到文化传承

关于文化旅游经济。长期以来，经济一直是考量文化旅游的重要维度。旅游收入确实有助于支持文化遗产的保护，然而在许多情况下，从旅游业中获取的经济收入在多大程度上用于改善吸引游客的文化设施，比如关于文化旅游者的消费习惯、目的地文化参与对吸引文化旅游者的影响等，目前的研究并未过多涉及，仍是多关注于某些目的地文化旅游的经济影响。即使是经济影响，也不同于几十年前的只是局限于单纯的消费，而是基于文化进行的高端消费。文化、旅游与经济发展之间的关系越来越引起学术界的重点关注，其核心在于厘清文化和旅游之间的区别，这向文化与旅游的系统理论研究提出了挑战。

关于文化遗产旅游。遗产，特别是建筑遗产和物质遗产，一直是文化旅游的基础之一。遗产是一种广泛的资源，包括建筑遗产、生活方式、古代文物、艺术与文化，有学者认为，"文化旅游和遗产旅游没有什么区别"。世界遗产名录是否有意义？是否真的能带来更多的游客？只有在遗产地未被发现，或被国家决策者忽视而无法进行商业开发，或在国家财政资源、政治控制和保护技术知识不足的情况下，认定世界遗产才是有意义的。即便如此，也可能会因目的地空间竞争加剧而降低其正面效应。

（二）从物质文化到非遗传承

不同文化背景下的遗产有不同的解释。被列入世界遗产名录的遗产必须满足"完整性"或"真实性"的条件，并具有"突出的普遍价值"[①]。因为，一方面，文化遗产周围大多数居民意识到文化旅游的重要性，认为文化旅游对城市形象的改善与发展、社区自豪感和民族认同感的增强都带来积极影响；另一方面，文化旅游的快速发展也带来了一些负面影响。同时，强调服务至上、顾客至上的理念也应该是遗产旅游的重要内容。

因而，文化遗产更多地表现为从有形遗产到无形遗产，文化遗产概念的扩展也经历了从物质遗产到非物质遗产的发展过程。"表演的真实性"只是呈现身份的过渡和转变过程。云南丽江纳西族在庭院举行婚礼的仪式，产生了一种真实的表演性体验，提供了关于记忆、习惯、生活实践联系的深刻理解。"表演的真实性"涉及与遗产资源有关的人们的越来越多的情感体验。因而，给游客带来记忆和情感的无形遗产同样具有重要的地位。

随着物质文化遗产和非物质文化遗产越来越多地被纳入旅游体系，遗产的可持续性也越来越受到关注。以目的地居民参与、教育和培训、真实性呈现等为中心的旅游管理和综合规划成为促进遗产与旅游可持续融合的关键因素。

这种"新兴的文化旅游"表现出移动性转向、表演性转向和创造性转向的趋势与特征，不仅体现了文化旅游的发展过程，同时这种复杂性对文化旅游提出了新挑战。文化旅游研究的重点正在转移，从开始集中研究有形遗产，转向研究以

---

① ALBERTS H C, HAZENH. H. D. Maintaining authenticity and integrity at cultural world heritage sites [J]. Geographical review, 2010, 100 (1).

旅游和文化关系为特征的非物质文化遗产，进而重新定义文化旅游区，重新发现有形文化遗产和非物质文化遗产的联系，将遗产保护与新技术的应用相结合，加强旅游业和创意经济之间的联系。

(三)"故乡之今昔"卷首语

公众号"故乡之今昔"，源于2020年暑假阅读的《故乡之今昔》。首先为这篇文章醒目的标题所吸引，进而为文章内容所感动。

自从2011年8月调研了云南省剑川县沙溪古镇，我开始关注中国历史文化村镇保护与可持续发展，10多年来调研了20个省、市、自治区的80多个历史文化村镇。感动于每一个坚守民族文化的村镇，感动于每一个历史文化村镇中所蕴含的生生不息、隐忍温良的精神和力量。为此，我想用自己的知识为民族和国家做点儿事。

公众号"故乡之今昔"以传承和传播中国传统文化为核心主题，系统展现6个领域的内容，传承和传播中华文化、传统美德、物质与非物质文化遗产。

(1) 历史文化村镇保护：介绍有代表性的历史文化村镇及古镇坚守者的贡献，游客参与和创造的创意旅游形式。

(2) 非物质文化遗产传承：展现联系过去、现在和未来的民族自信；国家级、省级的非遗传承人及其完整的动态的传承。

(3) 精品酒店发展模式探索：全方位展现精品酒店在地文化和精品民宿的主人文化。

(4) 礼仪文化：将虚拟平台礼仪与现实平台礼仪上升到理论，深入到细节，理论与实践结合。

(5) 好人好事：宣传我们身边的好人好事，中国传统美德体现在我们平凡的生活中。

(6) 红色旅行：歌颂中国共产党领导下的中国人民从站起来、富起来到强起来的伟大历程。

"故乡之今昔"期待与您同行，在更加广阔的领域和空间，传播和传承中国文化。

二、传统民俗与节日文化

(一) 北京的春节与年景

寒冬腊月里，人们满怀着迎春的热情。正如老舍先生所言："按照北京的老规矩，过农历的新年（春节），差不多在腊月的初旬就开头了。'腊七腊八，冻死寒鸦'，这是一年里最冷的时候。"腊八那天，"人家里，寺观里，都熬腊八粥这种特制的粥是祭祖祭神的，可是细一想，它倒是农业社会的一种自傲的表现——这种粥是用所有的各种的米，各种的豆，与各种的干果（杏仁、核桃仁、瓜子、荔枝肉、桂圆肉、莲子、花生米、葡萄干、菱角米……）熬成的。这不是粥，而是小型的农业展览会"。

"北平的年景"，在中国人的内心世界，家族与民族交融在一起。梁实秋有言，"过年须要在家乡里才有味道"，中国人的家族情怀首先体现在自己最重要的春节中。祭祖自然是过年的高潮之一。百善孝为先，这是中国人遵循的传统。吃也是过年的主要节目，因为每一道美食都饱含着中国人的智慧、勤劳和美德，寄托着对美好生活的热切向往。腊八蒜"色如翡翠"，与中国年的"饺子"伴随，增添了中国年的意蕴。饺子的包容性更具特色（邱依佳，公众号"故乡之今昔"，2022-10-29），包饺子是一个多人参与和协作的过程，饺子是一种几乎满足一家人需求的美食，是承载中国不同区域、不同风俗的美食。在欢乐声中，迎来新一年的朝霞！

传承文化，"过好"中国年（刘雨铂，公众号"故乡之今昔"，2022-11-12），春节元素在创新中传播，春节内涵在民众参与中传承。将非遗文化与体育结合，山西省平定县娘子关镇下董寨村的春节习俗"跑马排"，其民俗体育文化基于多种因素影响不断创新。当前在国家、市场和传统三重力量的交互作用下，下董寨村和"跑马排"春节习俗历经再生产的历程，逐渐走上良性发展的道路（李善靖，2022）。同时，近年来国家对非物质文化遗产的保护进入新阶段，提出对非物质文化遗产及其得以孕育、发展的文化和自然生态环境进行整体保护，继续传承世代流传的品质和节日情怀，营造一种节日的氛围，使更多人有切身参与节日的体验感。如今很多传统的节日、民俗随着时代的发展正在被人们遗忘，如何保护好这些文化是我们需要思考的重要问题。

中国民间传统节日"龙抬头"又称春耕节、农事节、青龙节、春龙节等（张帅，公众号"故乡之今昔"，2022-12-03）。自古以来，人们怀着对"龙"之敬奉，会在仲春"龙抬头"这天敬龙庆贺，祈龙消灾赐福、风调雨顺、五谷丰登，也由此演绎出许多民间节日习俗或传说。在这一天，许多食物也都换上了与"龙"有关的名字，比如，水饺叫"龙耳"、春饼叫"龙鳞"、面条叫"龙须"、米饭叫"龙子"、馄饨叫"龙眼"，等等，寓意"吃出好运"。"龙抬头"这一天还有许多有趣的风俗活动，诸如祭龙、撒灰、起龙船、使耕牛、放龙灯、吃龙食等，还有一些较为生僻的活动，譬如击房梁、熏虫、汲水等，成为年后具有划分时间、节气等重要意义的节日。

正月十六全村一起吃"敛巧饭"，是北京怀柔琉璃庙镇杨树底下村的特有习俗（房佳钰，公众号"故乡之今昔"，2022-12-03）。自清代嘉庆、道光年间建村时就已经兴起，至今已有200多年的历史。2008年6月，元宵节（敛巧饭习俗）入选第二批国家级非物质文化遗产名录。将"敛巧饭"做成一种文化传播的途径，很多旅游的人来琉璃庙感受这里的文化。全村人一起吃"敛巧饭"这种民俗拉近了人和人之间的距离，人们感受到人情、团圆和温暖。"敛巧饭"怀揣着怀柔人对自然的感恩与热爱，也体现了中国人传统的感恩文化和敬畏自然、天人和谐共处的人生追求。或许就是这烟火气，是我们所追寻的年的味道。

春节是新一年的开始，万象更新，持续到新年的高潮——元宵节，明月当空，家人团圆。之后的"二月二"龙抬头，又是一轮新月的开始，充满生机和希望的一年开始了。

一年又一年，年年充满生机和希望，这就是中国人内心中的"年"！

（二）"饺子"——开天辟地新气象[①]

过年的美食数不胜数，各个地方、各个民族都有不同的美食文化。而饺子却几乎不分南北，在中国人的年夜饭上几乎都会有它的存在，确实是"好吃不如饺子"。细细探寻吃饺子守岁、过年的来龙去脉，更有一番意蕴。

1. 从"娇耳"到"饺子"

饺子原名"娇耳"，因纪念"医圣"张仲景冬至舍药"祛寒娇耳汤"而流传至今。张仲景首创的饺子最早是作为药来祛除冻疮。面皮由冷水和面粉制作，馅主要为羊肉、胡椒等驱寒的药材，用面皮包裹馅儿捏成耳朵的形状。随着生产力的不断发展，饺子从最开始的单纯药用成为一种餐桌上的美食，从抵御自然的需求成为一种餐饮文化。

饺子可追溯到先秦时代，儒家经典《礼记》记载"稻米二，肉一，合以为饵煎之"。三国时期称作"月牙馄饨"，南北朝时期称作"馄饨"，宋代称为"角子"，明朝、元朝称为"扁食"，清朝则称为"饺子"并一直沿用至今。清代徐珂所著《清稗类钞》中记载，"中有馅，或谓之粉角"，蒸食、煎食皆可。蒸食者曰汤面饺，其以水煮之而有汤者曰水饺。发展到现在，倒是有种百无禁忌的感觉，饺皮也可用烫面、油酥面或米粉制作；馅从最常见的韭菜、白菜、猪肉到可荤可素、可甜可咸；形状常见为月牙、金元宝等；可用蒸、煎、炸等方法做熟。

2. "馄饨"与"饺子"

饺子由馄饨演化而来。两者之间最直接的联系，大概其都属于面皮包馅的一类食品。但到了今日，两者之间已经完完全全是两种面食了。

古代，馄饨是饺子的初始名称，包含饺子的初始意象。《广雅疏义》记载，"今之馄饨，形如偃月，天下之通食也"。可见早在三国时期，偃月形的馄饨就是饺子。1972年在新疆吐鲁番市的阿斯塔那村的唐墓中发掘出完整的饺子。

[①] 李东方."饺子"：开天辟地新气象. 公众号"故乡之今昔"，2022-02-03.

3. 从"混沌"到"饺子"——开天辟地新气象

提到馄饨，很难不让人想到"混沌"。正如《艺文类聚》记载，"天地混沌如鸡子，盘古生其中"，这是一种非常典型的盘古卵生说。而这种混沌中孕育盘古的方式，和现在的馄饨这种食物有着非常原始的相似。可能古时人们对于盘古开天的崇拜就是通过包馄饨这种食物来展现，赋予馄饨生命之初的含义，逐渐演化成为我们现在餐桌上的饺子。我们吃着饺子的同时是否能感受到远古先民们正在举行的祭祀活动？是否能意识到我们不经意间继承并完成了一项古老的礼仪？

"混沌"源于人类混沌破、天地开的新气象，表达了人类开天辟地的期待与启蒙，这正是饺子的初始意象。自古至今，饺子在中国人的观念中并不仅仅是食品，更是一种庄严神圣的向往幸福吉祥的仪式感，追求和迎接美好生活的新气象。

（三）腊肉的生态文化元素[①]

"腊味入新年"，腊味是中国民间喜爱的传统食品之一，也是人们相互馈赠的佳品，在中国有着悠久的历史。之所以被称为腊肉，与其在农历腊月进行腌制有关。时至今日，腊肉早已不局限地域、时间，成为家家户户都可一饱口福的美味。肥而不腻、咸而不浊的腊肉，必定是天时、地利、人和的讲究，成为一种承载着千百年来的传统以及感情的食物，留存在中国人的记忆之中。

1. 腊肉的起源

腊肉是一种古老的肉食。"腊"是一种肉类食物的处理方法，是指把肉类以盐或酱腌渍后，再放于通风处风干。《周礼注疏》有"凡肉脩之颁赐皆掌之"；《周易》有"噬腊肉，遇毒，小吝，无咎"；《周易注疏》有"晞于阳而炀于火，曰腊肉"，意为在太阳底下晒干或者用火烘烤干的肉，就称为腊肉。两汉时期已有关于"肉甫"和"腊味"的经典记载。古代先民靠打猎为生，打来的肉一次吃不完，又没有保鲜设施，所以就把肉腊制起来留待来年甚至是若干年后再食用，而且发现腊过的肉反而比鲜肉的味道更加奇美，并能延长保存时间，因此，做腊肉的传统一代一代传下来。

2. 腊肉的分类

腊肉种类多样，同一品种因产地、加工方法不同而各具特色。

以原料区分，有猪肉、羊肉、牛肉、鸡肉、鸭肉及鱼类等；以产地而论，有广东、湖南、云南、四川等之别；以所选原料部位之分，又有许多品种。其中著名的品种有湖南腊肉、四川腊肉和广式腊肉。

湖南腊肉，亦称三湘腊肉，是选用皮薄、肉嫩、体重适宜的宁香猪为原料，经切条、配制辅料、腌渍、洗盐、晾干和熏制工序加工而成。其特点是皮

[①] 姬思炀. 腊肉的"年味". 公众号"故乡之今昔"，2022-03-09.

色红黄、脂肪似腊、肌肉棕红、咸淡适口、熏香浓郁、食之不腻。熏料中加鲜橘皮少许，熏肉的过程中鲜橘皮的水分会散发，进而一起熏入肉中，腊肉香味更加浓郁。湖南人做腊肉的时候，要燃烧松柏、油茶树、杂木等有香气的木材来烘烤，这些木材的清香，会一点点渗入腊肉里去，那又是另外一种智慧。

四川腊肉，选用鲜猪肉，切成30厘米长、5厘米宽、重500克左右的肉条，然后用竹签在肉上扎满小眼，以利入味。将锅置于火上，把盐炒热，然后倒出与五香粉拌匀，晾凉后加入料酒、白糖拌匀，均匀地擦在肉及肉皮上，然后皮朝下、肉朝上，码放在缸内，最上一层要皮朝上，肉朝下码放。腌7天左右，中间翻缸一次，以利入味及排出腥味。把腌好的肉取出，用温水清洗干净，然后用麻绳穿上，挂于通风处晾干水分。用一大铁锅，放上松柏末，上面再放上篦子，肉置其上，盖严锅盖，上火熏制；上色后取出，挂在通风之处，晾到水分干时即成腊肉。其关键是制作腊肉时要掌握准确时间，冬季时，制作腊肉时间略长，需10天左右。熏制时，时间需15分钟左右，不可过长，否则颜色过深影响美观。食用时，将腊肉用明火烧皮，至起油泡后用温水刮洗，去掉黑皮及灰土，用温水清洗一遍，上笼蒸熟，取出切片即可。此肉除单食以外，可加青蒜、蒜薹、豆豉等菜同炒，风味极佳。

广式腊肉，以腊腩条最闻名，是以猪的肋条肉为原料经腌制、烘烤而成，具有选料严格、制作精细、色泽金黄、条形整齐、芬芳醇厚、甘香爽口等特点。出于保存的目的，腊肉的制作都会通过腌制和利用干燥天气让其自然风干两个步骤，由于在调味上使用了酒和糖，并加用酱油，所以广式腊肉比四川、湖南等其他地区的腊肉更偏甜味，且带有酒香。另外，因为广式腊肉是直接晾干而非烤干或熏干，故不会带有湖南腊肉那种独特的烟熏味道。

此外，河南的蝴蝶腊猪头，湖北的腊猪头、腊鸡、腊鱼和腊鸭，广西的腊猪肝，陕西的腊羊肉、腊驴肉，山西长治的腊驴肉及甘肃的腊牛肉等，都各具特色，构成中国饮食文化传承的重要组成部分。

3. 腊肉蕴含的文化元素

腊味充满着人文关怀，浸透着中国文化的馨香。农历十二月被称为"腊月"，这时云量较少且少雨干燥，肉类不易变质且蚊虫不多，最适合风干制作腊味。古时，腊月也是岁终大祭的月份。腊味的品质与季节的选择密切关联，制作腊肉的最佳时间是寒露节气至小寒节气之间，提前或超出此时间制作出来的腊味，就会失去独有的风味。

今天我们说的"腊月""腊肉"，在古代的写法为"臘月""臘肉"。但在古代，"臘"和"腊"根本不是一回事，"腊"读"xī"，指干肉；"臘"读"là"，本为祭祀名称，指冬至后第三个戌日合祭诸神。肉食一直是人类最喜爱的食物之一，且不易获得，因而野味和肉类成为祭祀的首选。起初的"年"是在秋天，秋天是收获的季节，不仅有比较充裕的农副产品，而且这个时节的猎物皮毛厚实、肉质最肥美。这时祭祀天地或祖先的祭品也是一年中最好的。

古代中国，祭祀权同时也是身份和权力的象征，祭祀不仅表达了对先辈的尊重，同时也表达了对民族的尊重与敬畏。《史记》《周本纪》《秦本纪》等都有关于祭祀史实的经典记载。东周列国时期王室衰弱，各诸侯之间相互吞并，从齐桓公开始相继出现了春秋五霸和战国七雄。比如秦孝公二年（公元前 360 年），"九年，致文武胙于秦孝公"；又比如秦惠文王元年（公元前 324 年），"三十五年，致文武胙于秦惠王"，天子赏赐祭祀周文王、武王腊肉是一件很神圣的大事，只有在新君即位时周天子才会赏赐这样的祭品，腊肉是"高大上"的丰厚礼品。

《论语》记载："自行束脩以上，吾未尝无诲焉。"意为只要（学生）拿来十条腊肉，老师就收下这个学生并且好好地教诲他。孔子秉承有教无类，不仅表达孔子重视学生的向学之心，同时表现了看重礼节背后真诚的求学态度。"束脩"则是见面礼而不是学费，如果自觉自愿送上"束脩"，说明这个学生是真心前来求学的；如果连见面礼都没有，其是否有求学的诚意就值得怀疑了。光绪二十五年（1899 年）正月，齐白石拜王闿运为师时，除了带去他的诗集外，就是按照古礼拿十条腊肉作为"束脩"为拜师礼的。

寒冬腊月，家人围坐在炉前灯下，品尝着香醇的腊味。这一先人最初只为更大限度保存肉类的饮食智慧，穿越千年仍经久不衰而成为家的味道、中国年的味道，成为心中最美的风景。

（四）新春祝福——年年高，步步高[①]

全国各地都有吃糕的习俗，南方人喜欢吃糯米糕，而山西人则更青睐于黍米糕，亦称黄米糕。不管是婚丧嫁娶、起房盖屋还是生时满月，只要是重要的节日时令，糕都是家家餐桌上必不可少的一种传统美食。

1. "年糕"年年高，异彩纷呈

不同节日里的糕，其寓意不尽相同。比如，过年吃糕称为"年糕"，寓意年年高升；小孩儿满月或生日吃糕，称为"黄粘粘"，寓意将孩子粘住，好养活，不会夭折；婚嫁吃糕称为"喜糕"，寓意新人的日子一年比一年好；等等。因为"糕"与"高"谐音，所以人们通常取其步步登高、吉祥富贵之意。几百年来，糕已经成为一种大众美食，伴随着人们送旧迎新、庆贺道喜。

山西被称为面食之乡，其面食制作有着 2 000 多年的悠久历史。在山西，糕的吃法也是花样繁多。因制作方法不同，有云片糕、素糕、油糕之分；因所用原

---

① 宋之雨. 年年高，步步高. 公众号"故乡之今昔"，2022 - 03 - 05.

料不同,又有糯米糕、黍米糕、白面糕之称;因馅料不同,又有菜糕、豆沙糕、枣泥糕之别。其中,别具特色的山西油糕作为承载黍文化的传统食品,始于唐代。《清异录》记载唐代的韦巨源的《烧尾宴食单》中有饭食点心"见风消",即此做法。唐至宋,油炸黍面渐渐演化成现在的油糕。到了清代,山西油糕因其美味与寓意,进入了满汉全席,在全国传播开来。

2. "鲤鱼跃龙门",金榜题名

《水经注》记载烧尾宴源于"鲤鱼跳龙门"的典故,龙门即今山西省河津市禹门口。典故的内容为:传说在很久以前,黄河里住着好多鲤鱼。有一天,一个年老的鲤鱼说,在黄河的尽头有一座龙门,只要能跳过去就能变成龙。领头的金色小鲤鱼对大家说要去跳龙门,经历了千辛万苦终于跳过了龙门,变成了龙。在金色小鲤鱼的带动下,越来越多的鲤鱼跃过了龙门成为真正的龙。可是,除了个别的鲤鱼跳过龙门化为龙以外,大多数鲤鱼都跳不过去。凡是跳不过去,从空中摔下来的,额头上就落下一个黑疤。唐代大诗人李白专门为此作诗一首:"黄河三尺鲤,本在孟津居。点额不成龙,归来伴凡鱼。"相传从龙门走出的白袍将军薛仁贵,将山西老家的黍米糕制法带到长安,成为烧尾宴中的一道名点。

3. 吉祥如意,年的味道

"油炸糕"是山西雁北地区的一种传统特色糕点,这种油炸糕和其他地方的油炸糕有一定的区别,山西油炸糕是用黄米面制作而成,做法比较复杂,个儿小,皮儿薄,里面可以包多种馅料,如豆沙馅、红糖馅、红枣馅,还可以包咸味的菜馅。无论是哪种馅,炸完后都是色泽金黄,表皮酥脆,尤其是刚出锅,吃完一个还想吃。

"泡泡油糕"亦称"炸糕",是油糕中的上品。表面有一层高约10毫米的气泡,远视呈蘑菇状,如晚霞放彩;近看如绽丝叶絮,似金菊斗艳,白中微黄,晶莹透亮,被誉为山西食品花丛中的一朵奇葩。

在山西雁北地区,每逢过节都会吃油炸糕,不仅因为它好吃,最重要的是油炸糕代表着"步步高升,吉祥如意"的美好祝愿。

三、文化创意与非遗传承

(一) 故宫角楼咖啡的前世与今生[①]

故宫九卿朝房原是星巴克咖啡故宫店的所在地,2007 年星巴克咖啡离开故宫九卿朝房,故宫角楼咖啡入驻,开启了角楼咖啡新时代。

---

① 刘伊婷,康静媛,温亦邸. 故宫角楼咖啡的前世与今生. 公众号"故乡之今昔",2022-06-18.

星巴克咖啡为何离开故宫？故宫角楼咖啡如何进入市场并获得消费者青睐？接下来，就让我们一探究竟吧！

1. 星巴克在中国的发展与转型

1999年，星巴克在北京开设了第一家门店，开启中国市场。2001年，星巴克在故宫正式开业。随后，星巴克不断扩大其在中国的市场，并进行了一系列与中国的合作和商业本土化调整。

2007年8月，自进驻故宫之日起就备受争议的星巴克，以"故宫博物院重新规划经营网点，不再允许独立品牌经营"为由，"体面"地离开了故宫，曾经作为星巴克店面的九卿朝房随后关闭进行修缮。

2007年10月，九卿朝房又悄然开业了，角楼咖啡诞生。北京故宫博物院副院长李文儒在接受记者采访时表示，刚刚开张的九卿朝房虽然还卖咖啡，但并不是一个专门的咖啡店。如今的九卿朝房被改造成了一个商品部，分为故宫特色文化产品区、传统工艺精品区、冷热饮品区几部分。而且，饮品区卖的不只是咖啡，还有茶和其他饮料。即便是咖啡，也不全是外国品牌，还有国内生产的诸多品牌。与之前的故宫星巴克相比，故宫博物院按照经营网点规划方案对各服务场所的设施进行了调整，一个布局合理、功能齐全的服务体系逐步形成。此外，故宫博物院还加强了从业人员培训，内容包括外语、礼仪、传统文化等多方面。

2. 基于中国文化创新的营销模式探索

其一，融入中国文化元素。故宫角楼咖啡具有突出的门店特色。故宫角楼咖啡门店设计新颖，门外的四只萌猫是最火打卡地点。内部环境装修得古色古香，简约低调。壁纸和房梁上是用轻缦做成的《千里江山图》，彰显文化底蕴，一度引发了参观热潮。甜品千里江山卷和店内《千里江山图》的装饰风格相互照应、相得益彰；三千佳丽奶茶杯身上的具有中国传统特色的金龙图案，也可谓是"宫"味十足。角楼咖啡产品的包装上故宫元素十足，古色古香，做工精致，"宫"文化氛围浓厚。故宫角楼咖啡在饮品方面进行了中西文化的结合，既有中国传统饮食的特色，也有西方咖啡文化的影子，具有突出的饮品特色，体现了中国与世界饮食文化的交融和碰撞。

其二，销售模式创新。"品牌知名度""口味""销售量"对咖啡店铺净利润有显著影响，并且都与净利润正相关。故宫角楼咖啡通过店内专设盖章区域和大胆创新销售渠道两方面达到了"线下销售有亮点，线上销售有平台"的双渠道销售效果。故宫角楼咖啡店内有专属于角楼咖啡的精美印章。来到故宫游览的游客为了收集更多的不同款式的印章，就会来到故宫角楼咖啡盖特殊印章。盖章时，购买店内文创本子；进店后，顺手购买一杯饮品，或是点上甜品和饮料在店内小憩一下成为一件很自然的事情。除了实体店铺之外，故宫角楼咖啡入驻了淘宝、小红书商城等电商平台，开通了自己的网络销售渠道。在故宫角楼咖啡网店销售的主要有挂耳咖啡、巧克力等，以及杯子、杯垫等文创产品。故宫角楼咖啡将线上与线下两种销售渠道有机结合，利用多样的方式销售饮品、食品和文创产品，获得良好收益。

其三，品牌价值提升。故宫角楼咖啡的官方平台和其他平台相配合，进行故宫角楼咖啡品牌全方位、多渠道的推广宣传。一方面，故宫角楼咖啡官方账号入驻微博等社交平台。这些官方账号定期更新，介绍店内特色饮品和近期举办的相关活动。除此之外，故宫角楼咖啡还利用微博抽奖平台，不定期进行粉丝抽奖，增加品牌曝光度。另一方面，故宫角楼咖啡与网红合作，网红们在小红书、微博、抖音等平台发布探店体验相关的笔记、推文、视频等。在视频或探店笔记中着重突出故宫角楼咖啡店内装饰布景、精美包装外形、大型萌猫拍照地等特点，有效增强了故宫角楼咖啡的网红打卡地属性，从而提升品牌形象，制造舆论热点，获得消费者关注，使得许多游客慕名而来。

故宫角楼咖啡已经不单单是一间坐落在故宫的咖啡店，而是成为一个以故宫文化为主要特色的地标性店铺。目前，故宫角楼咖啡入驻重庆，进一步拉开了角楼咖啡打造连锁品牌、扩大自身商业版图的帷幕。

3. 评《故宫角楼咖啡的前世今生》[1]

《故宫角楼咖啡的前世今生》全面详细地介绍了星巴克咖啡在故宫搬离的过程，故宫角楼咖啡的创立，故宫角楼咖啡的发展优势和特色，以及故宫角楼咖啡的商业模式和品牌价值提升方式。

故宫角楼咖啡是故宫文创产业成功发展的典型例子，它利用当下年轻人对于产品文化内涵、产品颜值、网红效应跟风打卡的心理进行营销，在咖啡产品上进行创新，将中国传统饮品食材与多种类咖啡进行融合，打造出新口味的咖啡产品，在命名上引入中华文化典故，如一骑红尘妃子笑、三千佳丽奶茶、乌金姜糖拿铁等，充分迎合年轻消费者的心理。同时，故宫角楼咖啡将店面环境、产品独创性、IP效应作为自己的发展优势，但在产品口味、价格上并不尽如人意，这也是许多文创产品的通病，需要未来进一步努力完善。

故宫角楼咖啡不仅是文创产业的成功典例，更是咖啡本土化、中西合璧的优秀代表。在这种创新中，书本上的知识典故走进了饮品、菜品甚至文具、百货中，传统文化得以真正弘扬和继承。我们可以看出，传统文化的继承发展必须伴随符合时代发展潮流的创新，推陈出新，革故鼎新，而不是一味地背诵或束之高阁。

近些年来，我们始终强调加强文化自信，加大对中华优秀传统文化、社会主义先进文化的弘扬和发展，但是如何才是对其真正的发展利用？我想故宫角楼咖

---

[1] 杨鑫然. 评《故宫角楼咖啡的前世今生》. 公众号"故乡之今昔"，2022-09-24.

啡给了我们一个例子，不只是故宫角楼咖啡，还有故宫文创、故宫联名彩妆、三星堆文创，乃至马踏飞燕相关产品等。这些仅仅是挖掘中华优秀传统文化的第一步，这些文创产品主要是利用了一些传统字画的美、经典典故本身和文物本身的特殊形象，实质上是一种搬运和化用。

中华文化博大精深，中华民族这个自强不息、群星璀璨的古老民族的文化有其自身的思想内涵和"道""义"哲理，这些思想内涵是蕴藏在每一个中华儿女身上的精神气脉，是更加有价值、更加多姿多彩的文化宝藏，期待有一天我们能将它弘扬发展，传播出去。

4. 文创产品之发展——读《故宫角楼咖啡的前世与今生》之感[1]

当今时代，人们越来越注重如何将中华传统文化进行更广的传播，从而诞生了文创产品。无论是故宫角楼咖啡里的千里江山卷，还是文创店里的书签等产品，都属于文创产品。如何让文创产品更好地发挥其价值，更好地传播中华传统文化？这是我们应该思考的问题。

首先，要用心创造，进行多次琢磨，打造出配得上我们优秀传统文化的产品，才能起到正向的传播作用。2018年11月，由故宫博物院和北京电视台出品、华传文化联合出品、春田影视制作的大型文化季播节目《上新了·故宫》使我第一次深入了解文创产品。节目中的文创产品通过打磨、经过创新，让存在近千年的故宫活了起来，走进了新时代与年轻人的世界，也让我对故宫深深向往。

其次，文创产品需要主动去接近年轻人，缩小距离感。近年，敦煌研究院、故宫博物院等都在与时代接轨。最让我印象深刻的是敦煌研究院与"王者荣耀"的联动。"王者荣耀"作为近年来我国用户玩得最多的游戏，尤其颇受年轻人的喜爱。敦煌研究院与"王者荣耀"出了3款高质量的敦煌"皮肤"。风转云转，流光千转，这些高质量的"皮肤"不但传播了敦煌的胡旋舞、七彩鹿、壁画等，更让玩家有了更多的对敦煌的向往。

最后，做文创产品要保持初心，不要为了圈钱而做。现在有很多打着传播传统文化的旗号，卖出天价的文创产品，这样的风气如果被助长，久而久之，人们就会谈起文创产品而色变，想起的根本不是其背后的文化内涵，而是空有高价。

(二) 非物质文化遗产传承与创新

1. 国家级非物质文化遗产——建瓯挑幡[2]

挑幡是福建建瓯地区盛行的传统民俗舞蹈。1998年4月，建瓯挑幡被上海大世界吉尼斯总部誉为"中华一绝，天下第一"；2008年1月，建瓯挑幡被列入

---

[1] 隗思淇. 文创产品今日之发展：读《故宫角楼咖啡的前世与今生》之感. 公众号"故乡之今昔"，2022-11-05.

[2] 金亭汇. 国家级非物质文化遗产：建瓯挑幡. 公众号"故乡之今昔"，2022-09-10.

国家级非物质文化遗产代表作名录。建瓯挑幡将舞蹈元素与杂技元素完美融合，展现当地人民的家国情怀与精神特质，为观众奉献了一场视觉盛宴。

其一，建瓯挑幡在融入当地民俗中完善和创新。传统的挑幡表演在正月十五灯会、正月二十七"接龙脉"会及三月二十七东岳庙会等固定的节日与民俗活动中进行。以当地民众为主体的挑幡表演者头顶幡杆，目视幡顶，脚步随着幡体的倾斜角度而微移。伴随着特色民乐与锣鼓声，只见表演者将长幡抛至肩头、脚背、鼻尖甚至齿间，顶着长幡进行舞步的变换。舞至兴起之时，长幡在不同的表演者间来回传递，好似回到清初之时，当地民众争相攀扶杆旗的雄壮场面。长幡在传递之间能够稳稳当当、屹立不倒，正如坚韧勇敢的中华儿女一般扛负起民族的担当与责任。挑幡表演既需要力量也需要技巧，刚柔相济，动静结合。主要套路由"手舞东风转""肩扛南天松""脚踢西方柱""牙咬北海塔""肘擎中军令""腰掸日月星""口挑百战旗""头顶一片天"等惊险的招式组合而成。在不同招式的巧妙组合中、在杂技与舞蹈的精妙结合中，在场观众惊呼不断，好似随着舞乐共同经历了一场惊心动魄的冒险。

挑幡艺术的成熟是当地居民不断创新的智慧结晶，他们在不断创新中将传统艺术与现代元素有机结合。起初，挑幡只是简单的几个动作，经过挑幡艺人长年累月的实践摸索与创新，其套路由原来的单一动作发展到几十个动作。在原有挑幡技巧的基础之上，增加以边转呼啦圈边进行挑幡的形式，为表演增添了杂技元素及惊心动魄的视觉效果；并融合中国古典舞的部分舞步，使挑幡艺术在富有力量美的同时，又被赋予了柔美感与观赏性。同时，挑幡变单纯的锣鼓伴奏为以乡土音乐伴奏，其服装一般选用传统士兵服（或现代的武术服饰），还要束腰带、穿草鞋，在特定的场合根据需要使用灯光和布景配合表演的展开，将传统的民俗活动转化为更高规格的艺术表演。

其二，建瓯挑幡艺术源远流长。作为历史载体以及建瓯人民披荆斩棘、勇敢坚韧的历史象征，挑幡表演展现了300多年前战旗猎猎、劈波斩浪的历史场面，使后人得以铭记那一段光辉而伟大的历史。而高高飘扬的幡旗及屹立不倒的幡杆则向我们展现了建瓯人民坚韧勇敢的民族精神，承载了当地居民心中对于郑成功先生的缅怀，以及永不消逝的家国情怀、爱国精神和对于祖国统一的殷切盼望，其精神价值永久流传。同时，建瓯挑幡的生存环境有待于进一步改善，让民间艺术走向更广阔的舞台。

2. 河南省淮阳"二月会"①

河南省周口市淮阳区（古称陈州）是农耕文化发祥地及龙文化发源地，历史上经历了三次建国、五次建都。淮阳二月会是融合了民间艺术、宗教信仰、文化

---

① 刘宇田. 河南省淮阳"二月会". 公众号"故乡之今昔"，2022-10-08.

娱乐的传统民俗文化盛会，有"天下第一庙会"和"全球单日参与人数最多的庙会"之称，被列为第一批国家级非物质文化遗产。每年的二月份，成千上万的游客不远万里来到淮阳，在太昊陵中祭祀祖先、欣赏巫舞，或在龙湖畔吹泥泥狗，品尝各种小吃。

"压缩馍，压缩馍，小孩吃了考大学……"经过和面、压饼、切饼、醒饼、烤饼等一系列步骤，便制成了大人小孩都爱吃的压缩馍。农耕文化悠久的淮阳盛产小麦，面食在这里有着深厚的发展沃土。在亭亭玉立的荷花旁，在风景优美的龙湖旁，在孔子周游的弦歌台，在庄严肃静的陵庙旁，有一个个这样的摊位，摊主不卖饕餮盛宴，而是卖着不足为奇的地方小吃——压缩馍，价钱在每个五毛钱左右。压缩馍入口后，带有柔感，还有丝丝甘甜，游客总会带走很多兜压缩馍。他们品尝的不仅仅是压缩馍，还寄予自己望女成凤、望子成龙的期盼。

家乡有荷花，虽没有西湖荷花那样的浓妆淡抹，却在龙湖中气卓群而不傲，神闪采而荣华；家乡有陵庙，虽不及秦始皇兵马俑那样辉煌宏大，却在太昊陵中受万人敬仰；家乡有工艺品泥泥狗，虽不及剪纸那样闻名世界，但却在广场上一骑绝尘；家乡有特色小吃压缩馍，虽不及北京豆汁那样让人难以忘怀，却在二月会上销售第一。这就是碧波荡漾、荷花飘香的淮阳。

3. 家乡的饮食文化——胡辣汤[①]

喝胡辣汤对于大部分河南人来说，就像川渝人吃火锅、山西人吃面食、广东人吃早茶……看似简单的一碗胡辣汤却是无数河南人的乡土情怀、家乡味道。胡辣汤起源于清朝中期、兴盛于民国初年，不少人认为胡辣汤就是酸辣汤，事实上二者天差地别。

胡辣汤也写作糊辣汤，是起源于河南及周边的一种早餐。相传"逍遥胡辣汤"的来源可追溯到宋徽宗年间，宫中御膳厨师将少林寺"醒酒汤"和武当山"消食茶"做成色香味俱佳的汤，宋徽宗品尝过后十分满意并将其留在宫中，赐名御汤。后宋朝遭遇"靖康之乱"，流落在外的御厨赵杞途经逍遥镇，并隐居于此以卖汤为生。一天，一位北方的客人携带一袋胡椒粉来到赵杞的店中，客人一不小心将胡椒粉袋弄破，就随手倒在了一只空碗中，赵杞又在无意之中将胡椒粉搅入锅中，客人吃后觉得身心俱爽，便问赵杞这是什么汤，此时赵杞已经闻到这锅汤的香味异常，舀出一尝辣味纯郁、辣中带香，与以往做出的大不相同，便回答道"胡辣汤"。至明朝嘉靖年间，赵杞后人三兄弟依旧以此秘方售卖胡辣汤，严嵩此前进京赶考路过逍遥镇，对逍遥胡辣汤的独特风味记忆在心，得势之后便将赵氏三兄弟聘请到严府做专职厨师。此后随着沙颍河漕运的兴盛，逍遥镇也成为一个内陆重要的水旱码头，是八方商贾的聚集之地，逍遥胡辣汤也凭借着南来

[①] 戚驰峥. 家乡的饮食文化：胡辣汤. 公众号"故乡之今昔"，2022-06-25.

北往的商客口口相传，名气越来越大，逐渐成为河南地区著名的小吃。发展至今，最出名的是北舞渡胡辣汤和逍遥镇胡辣汤，此外，河南省内不同地区的胡辣汤也各有特色、各不相同。

喝胡辣汤有着四个讲究：一闻浓郁辛香气，二看汤体色丰盈，三尝开胃热全身，四品余香袅袅逝。

其一，闻浓郁辛香气。胡辣汤的香味主要得益于熬制汤底时最重要的一味原料——胡椒，其所产生的辣并非湖南的鲜辣、四川的香辣和成都的麻辣，而是香料经过高温熬制而迸发出的辛辣。这种辛香气是胡辣汤的灵魂，胡椒同草果、白芷、肉蔻等多种调料中和在牛骨汤或者羊汤的鲜美之中，几十种调料要按照严格的比例、顺序和时间放入锅中，并且根据季节的变化而调整，从而使汤的味道鲜香中混合着辛香，而非只有辛辣。

其二，看汤体色丰盈。胡辣汤的面粉使用是极为烦琐和讲究的，这也是做好汤色的关键。首先要将高筋面粉经过搅拌、揉制、洗面等环节之后，滤出来面糊并用做勾芡，在倒入锅中的时候要不徐不疾、不多不少，缓缓地、慢慢地倒入——过急会成疙瘩，过慢则无法浓郁。只有这样缓缓倒入才会呈现出胡辣汤最独具特色的琥珀色，有了这层琥珀色才能被称为胡辣汤。胡辣汤的配菜也极其丰富，可以根据自己喜爱的口味进行添加，最常见的是加入粉条、木耳、黄花菜、牛（羊）肉、海带、豆皮这几种食材。

其三，尝开胃热全身。在品尝胡辣汤之前常常要滴上几滴香醋，用以提鲜和增味，随后再沿着碗边吸溜一口浓稠的汤体，入口便是醇厚温热、满口辛香，感受到的是绵而不燥的辣，而其酸辣、辛香的味道更是将味蕾大大打开，使得上下通气、流布全身、漫沁脾胃。

其四，品余香袅袅逝。因为胡辣汤在制作的时候有丰富的底料和鲜浓的高汤，所以熬制汤底的中草药余香又会久久留在口中。不过胡辣汤的味道是绝不可独美的，油条、包子、烧饼都是非常不错的搭配。最多的吃法就是先咬一口油条，然后将咬下的那一侧泡入碗中，使得汤可以浸泡到油条内部，此时再吃上一口，便是味道绝美、软糯辛香。

如今，胡辣汤顺应时代的发展要求不断更新，已经生产出加工好的汤底调料包和类似于方便面那样的速成食品，被迅速地推向全国。同时，大力发展完整的、系统的、规模化的产业体系，利用旅游、影视宣传等进行大力推广，使胡辣汤产业形成更大的消费市场。

胡辣汤融着河南人的乡情与烟火，也温着河南人的性情与包容：地处中原大地、地跨南北两方，兼具南北方的不同又彰显自身的特色。喝胡辣汤的碗要大、要扁，有着北方的爽朗与豪迈，而汤里精心配制的多种原料，又有着南方的精细与小巧。胡辣汤本身就像河南人爱说的"中"，各类食材、各种味道的自然调和就像河南人性格中的"中",包容兼并、融会贯通,这不仅表达了河南人民的美德和情操,同时也彰显了中华民族的文化底蕴及哲学内涵。

(三) 从苏州园林探究古典园林①

中国古典园林是中华文明的瑰宝,集中国古代造园艺术之大成。世界文化遗产苏州园林在世界造园史上具有举足轻重的地位,具有独特的历史地位和艺术价值,享有"苏州园林甲江南"之盛誉。

苏州园林位于江南水乡。江南河湖众多、星罗棋布,苏州园林顺势而为、依水而建,附近生产太湖石,可以此修筑精巧嶙峋的假山假石,体现了苏州地区民风淳朴,追求独特的审美情趣,追崇建筑艺术的精美造诣。苏州园林的设计建造可谓独具匠心。根据《苏州府志》记载,苏州最早在周代就已经存在 6 处园林,宋代有 118 处,明代达 271 处之多,清代有 130 处。今天观赏到的苏州园林大部分都是明清时期留存的建筑,包括狮子林、拙政园、沧浪亭等大大小小的几百处园林,至今保存完整,代表了中国典型的江南园林风格。

苏州园林至今保存完好并开放的有始建于宋代的沧浪亭、网师园;建于元代的狮子林;建于明代的拙政园、艺圃;建于清代的留园、耦园、怡园、曲园、听枫园等。

1. 苏州园林的山水文化景观

苏州园林既是私家园林,同时是中国传统文化的组成部分,不仅代表着中国古典园林的风格和特点,更代表着中国人对山水田园生活的向往。

苏州园林里的水,有着"鱼翔浅底""水因山而活"的特点。园林里的水,既有自然形成的,也有人工挖掘的,往往和周围的山相结合,组成一个完整的山水景观。如狮子林里的"假山王国"以趣为胜,全部用湖石堆砌,峰回路转,游客行走在其中,如入迷宫,妙趣十足。水和山都在这里得到了充分的利用。在苏州园林里,山水是最主要的造景要素。苏州园林里的山水景观,往往都是从大自然中发掘出来,经过人工改造而成。

2. 苏州园林的传统建筑文化风格

苏州园林建筑具有浓厚的传统特色,是苏州地区传统民居的一部分,也是江南地区传统民居建筑中最具特色的部分。苏州园林中的建筑在江南地区独特的自然环境下,形成了独具韵味的建筑形式。传统民居以白墙灰瓦为主,也有一些苏州园林中出现过的建筑形式。苏州园林中还有一些亭台楼阁、曲径通幽的走廊、回廊等空间布局,在传统民居和苏州园林中都有着十分重要的地位和作用。

---

① 寇晴宇. 从苏州园林探究古典园林:以 2019 年苏州园林游学为例. 公众号"故乡之今昔",2023 - 07 - 15.

苏州园林之美，不仅体现在苏州园林的建筑上，还体现在园林中的花木上。中国古典园林中，以花木为主，形成了一种独特的审美情趣。苏州园林中的花木之美，既有北方园林粗犷豪放、豪迈大气的风格，也有江南园林精巧细致、玲珑可爱的风格。它以天然的植物为造景材料，表达出人与自然和谐相处的意境。

在游览过程中，古典韵味十足的建筑之中藏着橘猫，活泼好动的小猫为原本端庄典雅的园林建筑增添了许多活力与生机，令人驻足观看。

在苏州古典园林之中，园林本体建筑主要采用黑色、褐色、白色等较为清冷的颜色，园林中众多繁茂的植物则以浅绿、灰绿、黄绿色为主，随着一年四季在苏州园林之中变迁，彰显出不同的色彩层次感，为无数文人墨客提供了创作的审美空间。

3. 苏州园林体现的"天人合一"哲学思想

苏州园林的布局不仅体现着中国传统文化和哲学，更体现着中国传统文化的精髓。在苏州园林中，有很多表现中国传统哲学思想的名物，例如"水"，"水"是中国古典园林中最为重要的元素之一。苏州园林中的山水与自然融为一体，正因为如此，苏州园林才有了"中国山水园"的美誉，这也正是苏州园林独有的人文之美。这和中国古代哲学思想中的"天人合一"有着异曲同工之妙。

中国古典园林有一种朦胧美，这种美主要体现在山水的相映关系上，以水为中心，园林的整体格局更加开阔，在空间上形成了"欲扬先抑"的感觉。这种意境美主要体现在"以虚衬实"的手法上，园林中的建筑、花木、山石巧妙地搭配组合在一起，呈现出一种虚静恬淡的氛围。

4. 建议与反思

首先，景区相关的管理人员可适当调整一下客流量，比如提前几天关注门票的预售量，设置门票投放量，以保障每一位游客的游览质量与游览体验。其次，景区卫生间设置情况有待改进，这个问题可能是许多景点的通病，尤其是女卫生间的数量明显不足，女性游客需要排队等待，影响了游览速度和进程，希望园方可以增设卫生间的数量以方便游客。最后，记得在前往苏州园林的路上，要徒步经过好几条巷子，粉墙黛瓦很有江南特色，但还是存在"过度商业化"现象，许多商铺徒有吸引游客的外表，而无内涵，这样就不能形成持久的核心竞争力。到了夜晚，河边被装置了许多五彩缤纷的灯，这在一定程度上破坏了江南水乡的古韵。

（四）胡同的现代化与保留原貌的尺度问题之探索——以杨梅竹斜街为例[①]

胡同作为北京的地标性建筑群，对于北京旅游的发展是极为重要的。作为老

---

① 王熙萌. 胡同的现代化与保留原貌的尺度问题之探索：以杨梅竹斜街为例. 公众号"故乡之今昔"，2023－08－12.

北京文化的代表，胡同也成为外地人来北京必打卡的一个景点。北京胡同的现代化发展是北京旅游的关键内容之一。南锣鼓巷作为北京的代表性胡同，在这些年间的商业化程度已经过高，失去了胡同的本来面目。在北京的众多胡同中，杨梅竹斜街在胡同的现代化与保留原貌间的尺度是值得参考借鉴的。

杨梅竹斜街位于北京前门大栅栏地区，全长 496 米。杨梅竹斜街是元代建都后形成的、以联系内外城交通为主的街道，在民国时期最为繁盛，书局、会馆、娱乐场所汇集于此，是一个著名的商业、文化和市井生活并存的街巷，留下了不同时代名人志士的足迹。20 世纪 50 年代之后，伴随着工业化的进程，这一带建立了一些小型工厂，人口快速增加，普通民居逐渐变成居住人口密集的大杂院。2012 年杨梅竹斜街更新改造前，基础设施落后，商业化水平不高，环境破败杂乱。原住民大部分是国企或工厂的退休工人，他们保留了老北京人的生活习俗，但因居住环境逼仄，收入普遍偏低，虽然居住在城市中心，生活水平却不高。为此，需要进行有机更新，满足原居民对美好生活的需求。

1. 古典与时尚的融合

2013 年西城区政府对杨梅竹斜街进行改造，并引进了一些文化创意机构带动整条街的旅游氛围和商业环境。杨梅竹斜街改造之后，绝大部分原来的居民都留了下来，从生态上保留了"老北京"的原貌。如果想找北京的一条胡同，能吃能喝能逛能买，又能和原住民及设计师聊天，那就是杨梅竹斜街了。

在这条老街修缮的时候，街两侧 1 700 户居民，只有 529 户选择了迁出，1 171 户"老北京"都留下了。在原住民享受着胡同改造带来的舒适生活的同时，各种创意店铺和工作室也在仔细打量着杨梅竹斜街，一条有人气、有韵味的街道，总是会吸引那些有想法的人，把最新潮的设计和最古老的风貌结合起来。几年下来，杨梅竹斜街的文创产业看起来走得有些慢，但商家都是经过精挑细选的。最早一批落户于此的店铺，都默契地选择了保留房屋的原有结构，在尊重老建筑的基础上，又做出了自己的气场。几年间，胡同里新开的创意店铺不少，闻风搬来的店铺也越来越多。"铃木食堂"把第四家分店开在了杨梅竹斜街的一处四合院内；曾在宝钞胡同人气很高的 TripleMajor 创新零售实验空间《藥》也搬来了这里；以前驻扎在钱粮胡同的 UPlant-house 植物店也迁入杨梅竹斜街 128 号。每一间店铺风格不一、定位不同，很大程度上丰富了杨梅竹斜街的业态，也聚拢成为更多元的文化。

现在的杨梅竹斜街仍是内敛的。这里没有南锣鼓巷的摩肩接踵，也没有五道营胡同一家连着一家的咖啡馆，更没有烟袋斜街上专为外国人设计的中式丝绸店铺。不仔细探寻，似乎也嗅不出商业的味道。路边的老式建筑里的现代装潢吸引了不少的摄影爱好者。它的氛围刚好，从 20 世纪就开始的商居混杂，书局林立的浸染让这个地方文艺却不矫揉造作，商业却不流于俗套，简朴却让人一见倾心。时尚与古典毫无违和感。漫步在杨梅竹斜街，带给人们的最大感受就是胡同的古朴与现代时尚文化紧密结合所迸发出的魅力。穿着时尚的青年人和摇着蒲扇的大爷们同屏出现，这不由自主的穿越感，使这条短短的斜街在保留历史感的同时充满现代的魅力，让人漫步在其中时总有惊喜。

2. 实现居民安居乐业

在这条街旁，时常有身穿家居服的大爷大妈们坐在马路边发呆，或者聚集在一起聊天。他们的家门前都种植着漂亮的花卉，透过大门往里看，一把摇椅放在院内，旁边有一张圆桌，桌角窝着一只小狗，别提多悠闲了。这种原汁原味的居民房，在现代装潢的时尚店旁毫不逊色，让人看了都有想住在里面的冲动。原住民是北京胡同文化中不可分割的一部分，对他们的保护是必须考虑在胡同现代化建设尺度中的。

2012年，北京杨梅竹斜街环境更新项目启动，主要工作是厘清并保护胡同街区中固有的文化基因，为胡同中的住户提供有针对性的设计，从街道立面、交通、绿化、铺装、市政设施、照明等13个方面对街道环境进行有机更新。以不改变胡同肌理为前提，强调新生活元素、新商业业态和居民原有的生活和谐共生，提升居住者的生活质量。

2015年，杨梅竹斜街的杂院公共空间营造项目启动。该项目针对的是生活于杨梅竹斜街66至76号院夹道里的五户人家。将"种植"这个居民的共同爱好作为他们相互交往的媒介，以建立"胡同花草堂"的方式，鼓励居民参与社区环境改造，让居民通过养花、种菜等自然中介的形式拉近相互间的距离，鼓励居民通过自家花草种植美化街道环境，传递邻里间的守望相助与温暖包容。在这一过程中，设计工作从"为居民设计"转变为"引导居民自发营造居住环境"，激发了原住民的创造力。2016—2018年，与每年在此举办的北京国际设计周同步，项目方以"胡同花草堂"为平台多次为居民举办种植展。以胡同居民为主角的种植展，逐渐提升了居民在社区生活中的主体地位，增强了他们的荣誉感与归属感。

"老北京"的风味不仅要有胡同、四合院，更要以胡同居民的生存状态、邻里关系、生活氛围等体现。① 杨梅竹斜街有机更新项目更接近于一次社会学意义上的社会工作实验，仍以未完成的形态存在，并期待其继续发展。

3. 启示与借鉴

杨梅竹斜街的商业化模式和它在现代化建设中对原住民的保护措施都是值得胡同改造工作借鉴的。

首先，商业化中重视高品质店家的选择，在改建的过程中注重胡同的风格与店铺的融合。同时，选择的店家类型多样，同质化商家少，使游客在观赏时不会

---

① 谢晓英. 从"不安"到"安住"，探索老城非物质文化的存续：北京杨梅竹斜街有机更新实践[J]. 城乡建设，2021，617（14）.

审美疲劳。这对其他胡同的改造是有借鉴价值的。进驻胡同的咖啡店、书店不仅销售饮品、书籍，还可以举办一些高质量艺术品的展览，手工饰品店、花卉园艺店等也都能与胡同的风格融合。同时要避免像炸鸡店、游戏店这类过于现代商业化的店铺，不然就会影响胡同的本身韵味。

其次，在原住民的保护上，一方面提升生活质量和归属感，另一方面保护原住民生活空间。像南锣鼓巷那样宣传过度、客流量过大的胡同，再怎么改善原住民的生活环境也多少会对原住民的生活产生影响。所以，在原住民保留这个问题上也应该根据胡同的具体情况来进行实践。南锣鼓巷、烟袋斜街这类已经商业化严重、客流量大的地方便不再适合保留原住民了。但像杨梅竹斜街这样的小胡同，客流量没有那么大，商业化也并不严重，对原住民来说就是刚好合适的，不会有过多的打扰。这种胡同在旅游的宣传定位上也可以用高级消费的形式来限制游客数量，不同风格的胡同承担不同的消费需求和群体，这是胡同旅游的一种更为精确的特色发展方式。

第四章
文化与旅游：旅游业功能转型

中国是陶瓷的故乡，英文"瓷器（china）"与"中国（China）"同为一词。瓷器的发明是中华民族对世界文明的伟大贡献，体现了中国人民的智慧和伟大创造。"瓷都"景德镇因宋景德（1004—1007年）年间为宫廷生产瓷器得名。千余年来，景德镇制瓷业集历代名窑之大成，汇各地技艺之精华，形成了独树一帜的手工制瓷工艺生产体系，技艺精湛、品种齐全，创造了中国陶瓷史上最辉煌灿烂的历史。2006年，景德镇手工制瓷技艺入选第一批国家级非物质文化遗产。2018年5月21日，景德镇手工制瓷技艺入选文化和旅游部、工业和信息化部制定的第一批国家传统工艺振兴目录。享誉世界的千年"瓷都"景德镇，集传统陶瓷文化和现代陶瓷艺术于一体，是发展创意旅游的理想空间，必然成为更具特色和优势的世界著名旅游目的地，以创意旅游为切入点而引领中国乃至世界旅游产业的发展方式，成为中国文化走向世界的重要传播方式。

同样，民众参与的城市发展与文化传承态势，葡萄酒旅游等田园创意体验模式，基于创意旅游新理念的研学旅行方式，都不同程度地体现了旅游业功能转型及发展方向。

第一节　创意旅游驱动下景德镇旅游功能转型

旅游者需要怎样的创意旅游产品？"自我实现"是马斯洛需求理论的最高需求，创意旅游需要为满足旅游者的"自我实现"需求而进行产品开发。从传统的大众观光游到创意旅游，意味着旅游者需求从量到质的改变与提升。从观光到体验，进而从事创造，表明旅游者关注点的重大转变，创意旅游是旅游业高速发展的必要产物。

一、从传统旅游产品到创意旅游产品

进入 21 世纪以来，生活水平的提高使旅游者的需求已从最初丰富阅历提升到自我实现，体现为旅游者在旅游活动中的所见、所闻、所感、所想所激发的一种超越物质追求的精神感受。为此，传统观光旅游产品已不能满足旅游者的需求，新型的创意旅游产品应运而生。

因创意旅游产品是一种新型的旅游产品，对于"创意旅游产品"的定义仍在不断探索中。创意旅游产品不同于一般的旅游服务商品和旅游纪念品，是文化创意产业与旅游产业结合的产物，是旅游文化的独特载体，具有文化含量高、参与创新性强等特点。对旅游目的地而言，旅游产品是通过为旅游者提供必要的基础设施、旅游吸引物来满足旅游者在旅游活动中所需的全部服务，即包含食、住、行、游、购、娱六方面；对于旅游者来说，旅游产品是其花费一定的时间、金钱、精力参加旅游活动而获得的一次旅游经历（王南枝，陶汉军，2000）。创意旅游产品同样体现为旅游者提供的旅游经历中的全面服务。

创意旅游产品是在满足旅游者在旅游活动中诸多需求外，旅游者可以通过积极参与创意活动，与旅游目的地互动以感受旅游目的地文化、达到自我实现目的的综合旅游产品。创意旅游是以文化为前提和基础，以互动式的学习、体验与参与为实现路径和形式，实现旅游者与目的地的互动、旅游者与目的地居民的全面发展及社会的进步（张胜男，2011）。可见，创意旅游产品开发需要涉及文化氛围、互动、体验、自我实现等诸多要素。景德镇具有独特的创意空间，旅游者可以通过深度体验、参与活动使自己融入当地的文化氛围。

一个旅游目的地之所以吸引人是因为其包含丰富的旅游吸引物，即旅游资源。旅游资源是指能够造就对旅游者具有吸引力环境的自然事物、文化事物、社会事物或其他任何客观事物（李天元，2010）。旅游资源有无形资源与有形资源之分，有形旅游资源包括自然旅游资源和人文旅游资源；无形旅游资源包括社

事物和其他任何客观事物，例如民众生活方式等。

景德镇创意体验活动具有独特优势。创意旅游产品不是将旅游目的地当作一种景观去观赏，而是旅游者通过与旅游目的地的互动参与、体验，深入感受旅游目的地的文化、生活等。开发创意旅游产品不是简单地延长旅游天数，也不是简单地提升接待标准，而是将当地资源——旅游景点，旅游目的地居民、文化等一切有形和无形的资源创意性地纳入旅游活动中，为旅游者提供创意体验。

在旅游活动中，旅游者结合创意产品主动挖掘自己的感知和创建自己的旅游阅历，不是在旅行社等其他外在因素的刻意安排下的有准备的体验，而是如同景德镇当地居民一样成为旅游体验的共同生产者而不是局外人，这种旅游体验是独一无二的，使得创意旅游产品具有不可替代性，不可同质化。旅游者通过参加陶艺活动，了解到景德镇悠久的历史与文化，看到了当地居民的生活状态、生活方式；同时，旅游者深度体验陶艺文化和技艺，旅游者所见、所闻、所感及所想都置于感动的情绪中，是"自我实现"的一种体现。创意旅游产品正是具有这样的特征：其一，创意旅游产品强调参与和互动，意味着旅游者需要和当地人之间有更加直接的交流，旅游者通过参加创意旅游产品可以转变和当地人的关系，彻底转变主客之间的力量对比关系，形成一次个性化的专属于自己的独特旅游体验及旅游经历。其二，体验和参与的活动日益增多，实现与旅游目的地的互动。在已有的得到旅游者欢迎的创意旅游产品基础上，进一步增强与目的地的全方位的互动。

不仅如此，旅游目的地为了给创意体验旅游提供一个文化内涵丰富、地区特色明显、满足旅游者需要的场地，结合自身特色打造有吸引力的旅游胜地。文化是创意旅游的前提和基础，独特的创意体验是吸引创意旅游者的原动力，互动式体验和体验交流是创意旅游的实现手段，促进旅游目的地社会经济发展是创意旅游的目的。无论是对旅游者还是对旅游目的地来说，开发创意旅游产品是今后旅游产品开发的必然趋势。

基于发展阶段，创意阶层可分为三种类型：其一，从事艺术文化工作的专业创作人员。其二，从事传统文化、艺术类职业或其他创意类职业的人员，更喜欢富有自主性的独立思考、参与其中的创作活动并获得经济补偿的工作者。其三，作为旅游者到具有历史文化价值的旅游目的地，学习当地的文化历史及标志性的手工创作的创意旅游者。"景漂"则是介于艺术人员和创意旅游者之间的第二类群体（James & Kevin，2014）。作为最具有代表性的创意阶层，"景漂"兼具生产者和消费者的双重特征，主要包括三大类：外来艺术家、发烧友和以陶艺家自居的店主、作坊主；在景德镇创业的非本地高校毕业生；外地来景德镇的陶瓷商户和景德镇周边地区的作坊主、工匠和工人，并且以第一类群体为主。"景漂"作为独特的创作群体具有如下特点：首先，"景漂"多是从事陶瓷艺术或者与陶瓷艺术相关的创作或创意产业，体现了创意阶层的特性；其次，"景漂"在景德镇不是待几天，而是在景德镇生活几个月、几年乃至更长时间，在这个过程中与景德镇民众交流、学习，无论是在陶瓷文化还是在日常生活方面，都已经与当地人融为一体，这种体验超越了一般的创意旅游者。创意旅游者在目的地参与、学习当地人的文化，他们的生活方式和创意成果本身也成为重要的创意旅游资源。"景漂"是参与构建景德镇陶瓷人文艺术景观的社会行动者，景德镇的人文艺术景观作为人类社会之展现，其建构必然无法脱离传承、掌握并主动和自觉运用源自其本体的智慧的社会行动者们而独立存在，社会行动者们在建构人文艺术景观的过程中即成为此文化现象构成的一部分。"景漂"已经从最初的旅游者转变为创意旅游者，并且具备创意阶层的显著特性。

创意旅游反映了旅游与不同地理位置战略的日益一体化，包括对创意产业、创意城市和创意阶层的促进。创意旅游的重要因素是旅游者积极参与目的地的活动并与目的地居民互动，旅游者深度参与艺术、文化、历史、城市空间等社会动态活动，由此通过吸引创意阶层来增强创意产业与旅游业之间的联系。其一，创意旅游者是"深度体验"的积极共同创作者，创意旅游者的旅游活动的组成部分是不断寻求体验[1]，不只是停留在一个地方观光游览，而是在学习技能、创造手工艺品、参与手工作坊的过程中，帮助当地人共同创造价值和文化[2]。其二，创意旅游者兼具参与者和学习者的身份，创意旅游者是体验的积极共同创作者或联合制作人，并且在开发新的能力上享受并获得乐趣，不再满足于对文化活动的纯粹观察，而是积极寻求参与整个过程。其三，创意旅游者的生活方式和创意成果成为重要的创意旅游资源，这意味着创意旅游者不仅是旅游目的地的消费者，同时也具有生产者的[3]的双重身份。

二、创意空间与创意阶层交互影响

（一）创意空间类型的学术探索

1. 创意空间具有综合学科特征

空间是与社会生产生活相联系的集群概念和综合范畴，不仅表现为地理学、建筑学等传统意义上的物理空间，还包括社会空间、心理空间等多方面内容。空间研究需要首先理解当地的起源、形式、特定的生活节奏和活动中心（Meinel, et al.,

---

[1] GRETZEL U. The rise of the creative tourist class: technology, experience and mobilities [J]. Tourism analysis, 2009, 14 (4).

[2] MAITLAND R. Conviviality and everyday life: the appeal of new areas of London for visitors [J]. International journal of tourism research, 2008, 10 (1).

[3] RICHARDS G. Creative and tourism: the state of the art [J]. Annals of tourism research, 2011, 38 (4).

2017)。"空间类型"一般表现为特定时间开展特定活动的专用空间,"空间认知"是人们基于对该区域的主观感知。学术界关于空间划分的观点不同,比如空间包括文化空间、创意空间、社会空间等方面;空间包括放松空间、自由空间、涂鸦空间、不寻常/有趣的空间四个层面;Lefebvre(1991)认为空间是由物理空间、社会空间和表征空间共同构建的"空间系统",每一种生产方式会生产自己的空间,因而每个地方都有其空间实践。①

随着创意旅游的兴起,学术界开始关注创意空间探讨。创意空间最初被定义为旅游者在室内进行创意体验的固定场所,基于某种目的而建造的静态的固定空间,或者是为吸引旅游者而在特定空间划分的创意飞地,是充满活力的非正式创意空间;是景观和消费场所,或经过翻新的旧工业区或废弃场所,是文化设施、创意环境、飞地、集群、区域、创意中心等的同义词。创意空间除了具有物理结构的空间类型之外,还具有抽象虚拟空间特征。

2. 创意空间要素与分类

创意空间具有灵活性、多功能性等特征。感官参与、社交和互动以及共同创造,是创意空间创造力的重要体现。创意空间在独特的物体和民俗文化活动的基础上产生,通过对象、活动和创意人三要素的融合,创造出独特的场所氛围。创意空间是由一系列资源、意义和创意组成的集聚空间,具有静态和动态相结合的特征,其地理范围比一般意义上的空间更加广泛,包括系列创意中心及周边区域,而不是指某个集群。

根据创意空间功能,创意空间有几种不同的分类方法。基于创意旅游者的角度分为两类:其一是包括住宿单元在内的标准化空间;其二是与当地人真实交流和互动的创意活动空间(Salman & Uygur,2010)。

Thoring(2018)通过教育案例分析把创意空间分为五类,分别是个人空间(单独学习或工作的空间)、协作空间(与工作伙伴、同学、老师共同学习和工作的空间)、展示空间(演示、展示创意的空间)、制造空间(实验、制造物品的空间)、公共空间(过渡或休息空间)。②

我国学者关于创意空间的探索,多集中于创意城市、创意产业领域,重点研究某一个区域、集群、文化设施等方面关于创意空间的界定。比如从城市层面定义创意空间,它是一种特殊系统,进而延伸了创意空间的概念;比如基于文化创意空间视角,认为创意空间是一种活动场所和环境;创意空间是与创意产业关联的功能空间。

---

① LEFEBVRE H. The production of space [M]. Oxford:Blackwell Publishers Limited,1991.
② THORING K,DESMET P,BADKE-SCHAUB P. Creative environments for design education and practice:a typology of creative spaces [J]. Design studies,2018,56 (1).

(二) 景德镇的波希米亚新优势

创意空间、创意阶层、创意过程与创意旅游相互关系在景德镇得到充分体现。景德镇创意空间不仅具有包容性等特征，其邻里社区、基础设施、文化活动所构成的场景还体现出特定的价值取向，并与创意阶层的内在价值观相关。创意空间在兼具包容性、特定场景价值取向且满足创意阶层价值需求的条件下，才能最大限度挖掘创意阶层的创造潜能，从而促进城市创意产业和社会经济的发展。

基于创意阶层的空间理论探索。2002年，Florida将影响创意阶层选择就业和居住空间的因素归结为人才、技术和包容三个要素，即3Ts。前二者一直是政府关注的重点，而"包容"是最容易忽略的因素，但这一因素对吸引创意阶层又尤为重要。近年来，国外学者已经开始基于创意阶层角度研究旅游及旅游者，创意阶层的成员多是对文化感兴趣的游客，他们在旅游过程中体验、参与和学习目的地文化，并且选择了长时间在目的地生活并从事与目的地传统手工制作密切相关的工作，逐渐完成了"游客—创意旅游者—创意阶层"的转变，这一转变模糊了日常生活和旅游活动的界限。"景漂"正是创意阶层这类群体的典型代表。

以城市包容性、城市美学、城市便利性、工作机会作为城市属性指标，探讨创意阶层与城市属性关系。根据空间与地点基本概念，创意空间分为三类：第一类是"物理场所（physical place）"，具有固定的物理结构；第二类是"空间（space）"，由人类在特定的时间通过解读物理场所中的特定元素而建构；第三类是"地方（place）"，该空间被赋予某些价值和意义，这些价值和意义是与空间相关的人所创造的。只有空间的所有者对其使用者进行适当授权，才能吸引大量的目的地居民和游客前来，大量的居民和游客才能在空间参与活动并实现价值。可见，包容是创意空间吸引创意阶层的关键，景德镇正是具备这样一个重要因素的城市。

场景理论成为重要的实现方式。以芝加哥大学教授（Silver and Clark）为代表的研究团队提出场景理论，以消费为基础、以城市的便利性和舒适性为前提，把空间看作汇集各种消费符号的文化价值综合体。该理论从消费的角度出发，认为个体消费时间和金钱而寻求的不是产品，而是娱乐、休闲和体验等人生价值的实现方式。场景理论的突出贡献在于提出了新的学术语法体系，用以对具体场景与新兴创意阶层之间的吸附关系进行分析和测评，该体系包括5个要素：（1）邻里；（2）物质结构；（3）多样性人群；（4）前三个元素及其活动的组合；（5）场景中所孕育的文化价值。其中前四个要素的有机组合，体现了场景所孕育的价值观，而此价值观正是将创意阶层聚集在一起的纽带，包括层次递减的三个空间纬度。基于上述概念又提出"事件空间（event space）"概念，这是公众创新性利用各种资源要素并创造价值的空间，由"物理场所-空间-地点"转变而来，是实现创意旅游的策略之一。

　　景德镇具有较高的熔炉指数和波希米亚指数。熔炉指数是指一个地方的外来者或者在国外出生者所占人口的比例。景德镇自古以来就是外来人口城市，外来人口数量众多。景德镇常住人口将近170万人，不仅是江西省仅次于南昌的第二大外来人口城市，与省会南昌一起被国家统计局定性为江西省两个人口正输入城市，即景德镇的熔炉指数较高。波希米亚指数是指一个地区的作家、设计师、音乐家、演员/导演、画家、雕塑家、摄影家和舞蹈家等从事艺术创作的相对人口指标。"景德镇是一个治愈系的城市，当你的心灵被工业化蹂躏之后，你到这儿来治愈。杭州是舒缓系，丽江是麻醉系，只有景德镇是治愈系。因为每个人来景德镇的目的是不一样的，当别人问我为什么来景德镇，我说我是'景德米亚'，是'景德镇'加'波希米亚'，不被主流价值观左右、过着一种自由自在的生活。我们追求的是一种热爱自由、放纵不羁的生活方式"①。景德镇拥有完整的陶瓷制作产业链，有众多的世代相传的陶瓷"学院派"专业人士和"景漂"等群体。不同的群体秉承着对陶瓷艺术的热爱，从事着陶瓷艺术的创作，就是景德镇的波希米亚。

　　发展"创意旅游"这一系统性工程，需要基于一定的特殊区域，用创新的思维方式整合旅游资源、创新旅游产品、锻造旅游产业链。基于景德镇特有的创意空间，开发旅游产品，以旅游者与旅游目的地之间互动为核心要素，旅游者通过此过程实现知识或技能的输入，开发个人创意潜能。创意产业与文化旅游产品整合发展，在旅游产品设计、旅游市场营销、创意产业链等环节充分利用创意手段创新旅游产品，将带来旅游业功能的转型。

三、景德镇旅游目的地审美环境构建

（一）景德镇创意旅游产品开发

　　创意实践需要具备旅游客体、旅游主体及旅游介体三方面条件。创意旅游者从事旅游，不仅需要旅游目的地的开发并发展到一定的程度，更需要旅游者的思想、能力达到一定水平，两者之间共同作用才可产生最佳的创意旅游产品；同时，还需要通往目的地的途径、在目的地的住宿、参与体验与创造所依托的旅游介体的配合。

　　其一，以打造具有自身独特魅力的品牌形象及特有的旅游基础设施建设为目的。文化是创意旅游的前提和基础，文化的内涵与外延十分广泛。景德镇这一作为千年瓷都的文化空间，具有宜居的生活环境，随着越来越多的城市和地区加入发展

---

① 景德镇陶溪书馆章武先生访谈.

旅游城市中，出现了很多问题，一是采用公式化的机构和模式对旅游及文化进行生产与宣传，使这些城市和地区创造的"独特性"减少，形成"连续文化复制""无地方性""非地方特色"的同质化特征；二是旅游者过多地对历史遗迹的破坏，使旅游者体验感和目的地文化标志价值降低（原勃，白凯，2008）。深度互动体验可以丰富旅游产品的内涵。如何将传统旅游产品提升为创意旅游产品？景德镇具有使旅游者产生心理共鸣的内在氛围。旅游者融入与旅游目的地共同营造的环境当中。地方的友好、居民的文化、生活方式等都属于旅游产品的成分。居民参与创意旅游不仅可以丰富旅游产品的种类，更能营造真实的民族文化氛围，带给旅游者深刻的文化体验。城市需要考虑如何通过旅游者和城市的互动让旅游者自己创造独特的体验。

其二，创意旅游实践的发展模式。旅游产品开发是根据目标市场需要，对旅游资源、旅游设施和旅游业人力资源进行规划、设计、开发、组合。这包括旅游地的规划开发和旅游线路的设计与组合两个方面。旅游开发以保护旅游目的地环境合理规划为前提。创意旅游产品与观光旅游产品比较而言，创意旅游产品更注重无形的旅游吸引物及其所承载的文化背景。保护旅游目的地的自然环境、历史遗迹；提高当地居民的生活质量，因为当地居民是旅游目的地的一部分，其生活方式也是旅游吸引物之一。创意旅游与传统旅游的本质区别在于：创意旅游强调创意元素，强调与旅游者的互动，以创意思维、创意手段使创意旅游产品更加生动而富有生命力。设计创意旅游产品是旅游产品开发中的重中之重。

创意旅游产品属于高端旅游产品，其考察、开发都需要投入巨大精力和财力，然而能够参加高端旅游的创意旅游者却是少之又少，对于以利润最大化为目标的旅行社来说就不可能大规模开发此类产品，只能是涉及创意元素，以自费方式融入旅游产品中，即"主题型"旅游产品。这种创意旅游产品尽管还只是初级的创意旅游产品，但相信其将有较大的发展前景。创意旅游打破了传统观光旅游形式和被动旅游体验，对于旅游目的地保持持续、创新、健康协调发展，对于旅游者进行创意体验并实现自我提升，都具有重要意义。

旅游目的地不仅表现为建筑物等物质元素，也表现为人、网络及其他无形的元素，如记忆、历史、社会关系、情绪体验和文化认同。开发创意旅游产品的重要基础是识别与特定地区密切联系的活动，寻找目的地资源和旅游者需求之间的联系，以搭建供给和需求之间的桥梁[1]。创意旅游产品具有解决文化创意产业实践问题的潜力，例如，西班牙萨拉戈萨米拉数字创新生态系统将建筑文化遗产和城市公共区域相结合，通过物理介体、社会文化和数字联通三个层面的设计，创造旅游者参与的友好空间，成功地扩大了公众参与度。

---

[1] RICHARDS G. Textile tourists in the European periphery: new markets for disadvantaged areas? [J]. Tourism review international, 2005, 8 (4).

(二)从"创意景观"、"创意空间"到"创意旅游"

从"创意景观"、"创意空间"到"创意旅游",这三个层次从被动到主动、从低级向高级逐渐递进,旅游者在主动参与中提升创意潜能。为此,发展创意旅游不仅要兼顾美学规划与环境设计,实现"人"、"环境"及二者的和谐这一重要景观,而且要兼顾多方权利,包括政府的权利、旅游目的地设计者的权利及旅游目的地居民和旅游者的权利等。只有兼顾建筑师、城市居民乃至来自不同国家和地区旅游者等群体参与审美和创造性活动的权利,才能促进具有社会性和多元化特征的中国创意旅游向纵深层面拓展,提升目的地竞争力。

中国创意旅游理论研究尚处于初步发展阶段,研究内容主要集中于创意旅游策略、创意旅游对目的地影响的宏观理论方面,多从与创意产业结合的角度进行分析研究,主要集中在学习国外经验,引用国外创意旅游概念、内涵、发展形式,探讨发展创意旅游对于当地旅游及社会发展的意义,各地发展创意旅游的优势及对策分析。但对于创意旅游发展的理论基础、政策制定和产业布局等原创性深度研究较为薄弱,特别是缺乏结合中国优势深入实地、从多种不同视角探索中国创意旅游的具体发展方式。因而,以景德镇作为最佳经典案例地,进行创意旅游理论与实践的创新性思考、深度挖掘区域创意旅游资源,基于景德镇的时空优势探索切实可行的科学发展规划,从根本上摆脱目前景德镇发展进程中的某些遗憾,促使景德镇旅游状况不仅赶超周边的黄山、庐山、婺源等旅游目的地,而且要与其独一无二的世界知名度相称。中国拥有丰富的历史文化,具有独特的资源优势,我们可以通过现象学分析、场景理论等研究方法,探索东方视野下创意阶层和创意空间在景德镇发展的特殊路径,开拓出具备中国特色的创意旅游发展方向和模式,进而引领中国旅游业功能转型。

第二节 基于民众参与的城市可持续发展研究

一、北京城市空间文化资源要素分析

北京开展城市文化旅游主要依托于老城区旅游资源。本节以北京老城区为研究区域,对其不同类型的文化资源进行统计分析,探讨北京老城区空间分布类型,并通过计算最邻近点指数得出东城区和西城区的空间结构类型为均匀型,但是东城区景区分布较为紧密,延续性好。

目前,大城市已经成为短期休假游和一日游的首选目的地。城市发展旅游的基本任务之一就是要展示城市的历史文化与现代文明,让旅游者感受、体验、学习、传播知识与文明。北京是一座古老的城市,历史底蕴深厚,文物古

迹众多。拥有 800 多年建都史的北京城市建筑并非自然形成，北京是世界上唯一先有设计规划而后有建筑行为的古都。"匠人营国，方九里，旁三门。国中九经九纬，经涂九轨。左祖右社，面朝后市。市朝一夫"，《周礼·考工记》记载中国远古时期周朝王城的布局特点，证明中国早在西周时期就有建设都城的城制制度。对历史古城中心的旅游休闲功能重新评估，有助于制定城市休闲娱乐政策。随着现代旅游业的发展，文化的内容越来越受到旅游者的重视，观光旅游产品已经不能够满足当前国内外旅游者的需求，深入挖掘能够代表传统老北京文化特色，兼容现代文化创意生活的北京老城区旅游资源具有重要意义。

（一）研究范围与研究方法

历史遗产形态上的特点对旅游者有很强的吸引力，文化遗产各要素之间的地域联系是城市旅游景观构成的重要资本。历史城市旅游的特点在于参观一些不可移动的物体，如纪念碑、景点、标志性建筑、广场以及街道等，这就产生了特定的地理格局，该格局取决于特定时间的需求等。这些格局在很大程度上影响了旅游供给的空间结构以及由此产生的旅游者空间行为，这对当地长期的旅游经济发展可能是最有利的（玛丽亚·杨森-弗比克等，2010）。为了进一步揭示城区旅游景区类型与空间分布关系，本研究基于学者的学术探索，对统计数据进行深入分析，采用最邻近点指数计算老城区旅游资源空间分布结构，对其进行空间规律的研究。

研究范围是北京的老城区，主要是合并后的东城区和西城区[①]。原因在于北京二环以内的老城区文化资源种类丰富，分布密度大，是北京历史特色最凸显的区域，是北京文化旅游重要集中地。

1. 数据来源

数据来源于三个方面：（1）从国家旅游局以及北京市相关部门的网站上查询不同类型旅游景区的数量、区位、所在区域面积等数据，文化旅游景区按专业分类（世界文化遗产、宗教建筑、皇家园林与王府宅第、胡同、四合院与名人故居、文化休闲娱乐区），分别进行甄别与整理；（2）通过 Google Earth 软件，并辅以 1∶10 000 比例的北京市行政区划地图，测算各个测量点之间的实际最邻近距离（假设以直线距离为准）；（3）通过理论最邻近距离测算公式（公式见下文）计算北京市老城区所有旅游景区的理论最邻近距离。所有原始数据及测算出的数据均经过甄别、核实与整理后输入研究数据库。

研究方法一般为描述性研究、概念性研究、构建模型和数理统计等。本文采

---

① 2010 年 7 月 1 日，中国国务院批准撤销原东城区、西城区、崇文区、宣武区四个区，由原东城区和崇文区合并成立新的东城区，西城区和宣武区合并成立新的西城区。

用：(1) 数理统计方法，对北京老城区旅游景区的区域分布状况、所占比例、分布密度以及空间结构的影响因素等进行统计分析；(2) 最邻近点分析法，测量北京老城区旅游景区的空间距离。

最邻近点分析法较为广泛地运用于旅游空间结构的研究中，加拿大著名旅游学者 Stephen 曾指出："一个能更加准确、客观地确定布点格局属性的方法就是最邻近点分析法"。[1] 因此，国内许多旅游学者的研究均采用最邻近点分析法。最邻近距离是指点状事物在地理空间中相互邻近程度的地理指标。测出每个点与其最邻近点之间的距离 r，取这些距离的平均值 r'，即表示邻近程度的平均最邻近距离（简称最邻近距离）。在随机状态下，理论上最邻近距离的测算过程可以表述为公式（1）：

$$r_E = 1/2(n/A)^{1/2} = 1/2\ D^{1/2} \tag{1}$$

式中：r_E 表示理论最邻近距离，A 表示所研究区域的面积，n 表示测算点数，D 表示点密度。最邻近点指数 R 表示为实际最邻近距离与理论最邻近距离之比，计算方法如公式（2）所示。当 R 大于 1 时，实际最邻近距离大于理论最邻近距离，说明其空间结构类型为均匀型。当 R 小于 1 时，实际最邻近距离小于理论最邻近距离，说明其空间结构类型为凝聚型。当 R 等于 1 时，说明其空间结构类型为随机型。考虑到在同一个区内旅游者的空间行为不存在太大差异，因此在具体测量中，相邻街区旅游景区测算点数算 1 个。此外，由于区行政中心所在地在区域旅游发展中普遍具有旅游集散的功能，因此考虑到测量的便捷性与统一的测量标准，实际最邻近距离是指测算点与所在区行政中心所在地之间的直线距离。

$$R = r_i / r_E \tag{2}$$

2. 空间分布特征

从表 4-1 中可知，北京市东城区与西城区的老城区空间分布相当紧密，呈现出均衡分布的特征，是北京市旅游景区一个集中聚集的区域。从数量上看，老城区 5A 级景区占到总数的 50%，北京的世界历史文化遗产以老北京的历史建筑为主，如天坛公园、故宫博物院和恭王府；4A 与 3A 级景区，西城区略高于东城区，但两区 4A 级和 3A 级景区的总数占到北京市 4A 级和 3A 级景区数量的比例相当，分别为 13.85%、15.00%；2A 级景区东城区没有，西城区 2 家；东城区与西城区的 A 级景区数量分别为 2 家、3 家，总体占北京的 21.74%；而非 A 级景区数量庞大，在仅占北京市 0.56% 的土地面积上，景区数量占到 34.31%。从密度这一栏中，可以直观地看到北京老城区景区密度很

---

[1] SMITHS L J. Tourism analysis: a handbook [M]. Harlow: Longman, 1995.

大,为 2.59%,大大超出北京市景区平均密度 0.05%。整体来看,老城区的高级别与低级别景区占的比例大,而中等级别景区偏小,从高到低,数量比例呈现 U 形曲线变化。

表 4-1 北京市老城区旅游景区的区际分布特征

区域*	5A	4A	3A	2A	A	非 A**	总计***	所占比例/%	区域面积/km²	密度/%
东城区	2	4	1	0	2	102	111	46.44	41.86	2.65
西城区	1	5	8	2	2	109	128	53.57	50.53	2.53
城二区	3	9	9	2	5	211	239	100	92.39	2.59
北京市	6	65	60	38	23	615	807	—	16 410.54	0.05

注:*北京市东、西城区的面积数据来源于北京市人民政府网站;
**根据北京市旅游发展委员会官网统计;
***本研究中所有旅游景区的数量截至 2012 年 8 月。

通过统计北京市老城区不同类型文化旅游景区,可以看出老城区的显著特点(如表 4-2 所示)。首先,整体而言,文化资源是北京市东、西城区的主要旅游资源,所占全区比例高达 68.47%、80.47%。其次,从不同类型文化旅游景区数量分析上看,东城区有两个世界文化遗产(天坛、故宫),西城区则没有。在其他四个类型中,皇家园林与王府宅邸、文化休闲娱乐区与博物馆两区基本持平,而宗教建筑,胡同、四合院、名人故居中,西城区明显比东城区多。

表 4-2 北京市老城区文化旅游景区各类型统计

区域	世界文化遗产	宗教建筑	皇家园林与王府宅邸	胡同、四合院、名人故居	文化休闲娱乐区与博物馆	合计	所占比例/%
东城区	2	17	13	34	10	76	68.47
西城区	0	41	13	37	12	103	80.47
备注	天坛、故宫(东城)	西城区寺庙居多	两区持平	西城区名人故居数量多	两区基本持平	—	—

(二)空间分布结构及资源禀赋因素分析

1. 空间分布结构分析

在本研究的测算点计算中,由于非 A 级景区的数量颇多,且非 A 级景区大都分布在历史文化保护区内,因此将所有 A 级景区和历史文化保护区的数量算作该城区的测算点数。根据最邻近点指数公式计算,结果如表 4-3 所示。

表 4-3　北京市老城区测算点数划定表

区域	景区片区	测算点数
东城区	北锣鼓巷、国子监地区、南锣鼓巷 地安门内大街、景山前-东街、五四大街、北池子大街、东华门大街、南池子大街 东交民巷、鲜鱼口 张自忠路北-南、东四三条-东四八条、新太仓、东四南	4
西城区	什刹海地区 西四北一条-西四北八条、阜成门内大街、南闹市口 景山西街、文津街、北长街、西华门大街、南长街 西琉璃厂、东琉璃厂、大栅栏、法源寺	4

资料来源：北京市旅游局. 北京市旅游产业发展研究［M］. 北京：中国旅游出版社，2010.

　　到目前为止，北京市已划定43片历史文化保护区，其中33片在明清旧城内。其一，分布在皇城内的14片保护区，包括南、北长安街，西华门大街，南、北池子，东华门大街，景山东、西、后、前街，地安门内大街，文津街，五四大街，陟山门街。主要为环绕故宫、景山、三海（现在的中南海和北海）、社稷坛（现在的中山公园）、太庙（现在的劳动人民文化宫）等街区。这片街区在清代大多是皇家禁地，一般百姓不能在此居住。故宫已成为联合国教科文组织确认的世界文化遗产，五四大街上还有北京大学红楼等近代著名建筑。其二，分布在皇城外旧城的19片保护区，包括西四北一条至八条，东四三条至八条，南锣鼓巷地区，什刹海地区，国子监地区，阜成门内大街，东交民巷，大栅栏、鲜鱼口地区，东、西琉璃厂，北锣鼓巷，张自忠路北，张自忠路南，法源寺，新太仓，东四南，南闹市口。其中，什刹海地区是元代以来保存较好的历史河湖水系，国子监地区有太学和孔庙，东交民巷是清代晚期外国使领馆的所在地，大栅栏、琉璃厂是清代以来著名的商业街和文化街区。法源寺是唐太宗所建，用以祭慰征讨辽东失利的阵亡将士，是北京城内最古老的寺庙之一。此外，还有比较完整地体现历史传统风貌和地方特色的街区。其三，其他10片历史文化保护区位于近郊或远郊，如西郊清代皇家园林、卢沟桥宛平城等，不作为本文研究对象。

　　通过最邻近点指数的计算（如表4-4所示），北京市东城区和西城区景区的理论最邻近距离都小于实际最邻近距离，因此，最邻近点指数都大于1，说明北京老城区所有旅游景区的空间结构类型为均匀型。但是稍有不同的是，西城区的旅游景区与东城区相比更为凝聚，这是因为西城区的旅游景区主要分布在北面的什刹海地区、南面的法源寺、西面的阜成门内大街、东面的故宫西侧，这几个小区域间距离相对较远，连贯性不是很好。而东城区的旅游景区主要分布在北至北锣鼓巷南至鲜鱼口，还有东面的东四街区附近距离这条南北旅游带也较近，景区之间连接延续性较好。

表 4-4　北京市老城区旅游景区最邻近点指数的测算及空间结构类型

区域	面积 km²	点数	理论最邻近距离 r_E/km	实际最邻近距离 r_i/km	最邻近点指数 R	空间结构类型
东城区	41.86	4	1.61	2.51	1.56	均匀型
西城区	50.53	4	1.78	2.04	1.14	趋于随机分布的均匀型

2. 资源禀赋因素分析

东城区是全市文物古迹最为密集的均匀分布区域，拥有各级文物保护单位 127 处。其中国家级文物保护单位 19 处，占全市的 54%；市级保护单位 66 处，占全市的 32%；区级文物保护单位 42 处。文物数量多、品级高、内容丰富，以皇宫、报时台、衙属、坛庙、教堂、名人故居、私家花园、宅邸、四合院、街巷等为主，在全市占有突出的位置。但全区 127 处文物保护单位目前对外开放的仅 19 家，占文化文物资源总量的 15%，且绝大部分丰富的历史文化文物资源没有得到充分开发利用，丰厚的文化文物资源就散落在该区，缺少将其整合的具有影响的特色旅游产品。同时，旅游产品在种类多样性、游客参与性、消费方式选择性等方面开发明显不足，文化旅游脉络不够清晰，产品的文化含量和知名度与资源所蕴含的丰富文化内涵极不相符，资源优势与市场优势未能有机结合形成特色经济。

西城区的历史文化资源具有四大特色旅游资源体系——历史文化遗产类（皇家园林与王府宅邸、宗教寺庙、名人故居与胡同四合院、老字号、庙会民俗与民间艺术等）、水域风光类（中南海、什刹海等）、现代都市类（西单商业区、北京金融街、西长安街等）、文化修学类（科技馆、博物馆、剧院等）。西城区的"一核一带多园区"的空间格局彰显了西城区的旅游发展动向，其中主要有"一带"即以什刹海、阜景街、大栅栏、琉璃厂、天桥等地区为重点，以国家大剧院、北京音乐厅等现代文化设施为依托的北京中轴线西翼文化带，它是承接历史文化名城保护的主要载体[①]。西城区旅游资源丰富，趋于随机分布，但因旅游产品体系尚未完成，所以转化为旅游产品的不多，拳头产品则更少，资源优势没有转化为产业优势。目前旅游产品多为观光型初级产品，滞留型和体验型的旅游产品明显缺乏，尚未形成主题明确、多样化、结构合理的旅游产品体系。不同类型的旅游产品，缺乏旅游运营机构加以组织与连接，不能形成旅游线路和相互补充、相互协调的区域旅游产品网络。

以北京市老城区的文化旅游资源为研究对象，运用数理统计的方法计算了东、西城区的文化旅游资源的空间分布结构类型分别为均匀型、趋于随机分布的

---

① 北京市西城区人民政府. 北京市西城区国民经济和社会发展第十二个五年规划纲要，2011-01-21.

均匀型。东、西两城区不同主题资源结构也不尽相同，东城区的旅游发展优势一是有两个世界文化遗产——故宫和天坛，二是独特的胡同游开发也较多，所以东城区虽然旅游资源相对较少，但是发展得很好。而西城区旅游资源比较多的是名人故居，观光游览体验的游客很少，导致旅游的发展不是很好。本研究认为，区域旅游资源禀赋、政府作为等因素，显著地影响老城区旅游景区的空间分布与发展。老城区文化旅游的发展应该遵循以下方向：

其一，增加对"硬性"和"软性"景观的投资，即全面提升旅游基础设施和公共服务水平，增强公共空间的美学和功能价值，为当地居民所用。城市是当地居民工作生活的空间，也是旅游者消遣和审美的对象，营造城市环境首先必须考虑城市居民包括旅游者的生活需要。这就要求地方政府从地方经济发展和城市资源保护的角度出发，平衡两者关系，尊重当地居民自身生活方式。在此过程中，旅游者也会获得全面深度的游憩体验。如伦敦的伊斯灵顿区。伊斯灵顿是一个时尚的住宅区，用了三十多年的时间重建。在保留许多历史街区和建筑的同时，也留有很多20世纪六七十年代的住宅区、格鲁吉亚和维多利亚时代的高档私人街区，被推崇为"最真实的伦敦"。伊斯灵顿发展的关键驱动力不是旅游，该地区没有设计为旅游区。该区发展的关键的举措是翻修河边的人行道、于2002年开通了在圣保罗大教堂和泰特现代美术馆之间一个新的人行天桥。在保留大多传统建筑形态的同时，新的文化标志和设计改造吸引了新的商业用地和高消费居民。岸边区的重建产生的新设施吸引着专业人士的前往。随着中产阶级以及居民消费需求的增加，新的一些有特色的和高品位的饭店、酒吧和商场应运而生。例如，坎登走廊的古董市场；以前的工业区重新开发建设了LOFT公寓和工作室，同时保留了现有的街道形式，但翻修了现存建筑。伊斯灵顿的发展以当地居民的生活便利为目的，也因此发展了当地经济以及旅游业。此举措虽为当地居民生活便利为目的，但也为当地旅游业做出了突出的贡献。

其二，坚持保护为主、合理开发的原则。遗产保护是创造而非现有东西的保存。同样，文化旅游资源的保护与开发也是一个创造而非现有东西的保存。对于历史遗产类资源，我们首先要保存下来，然后把文化继续传承下去，开发要与时俱进。如在离莎翁故居不远的艾玛河畔，修建了天鹅剧院，专门上演莎翁名剧。又如，1964年莎士比亚诞辰400周年之际，斯特拉特福镇修建了一个现代化的莎士比亚中心，以增进人们对莎士比亚的了解。新城建筑物不仅考虑在主题和内涵上与古城相配，而且从建筑物的高度、格调乃至色彩等方面，力求与古城风格相协调。莎翁故居保护与开发带给我们的启示是：第一，必须建立并完善保护文化古迹的法规；第二，严格风景名胜区的管理制度；第三，古城保护与建设并不矛盾，问题在于如何全面规划、统筹兼顾，制定出一个可行的操作规划。所以，在保存的基础上进行创造开发将有助于文化传承和城市资源的保护。

其三，实施分层保护，硬件建设与软件建设相结合，实现保护与可持续发展的有机统一。城市保护有三个直接目标：物理上、空间上、社会上。物理上，它与建筑保护和新的发展类型有关，确保城市的过去、现在和未来相结合，创造认可的单元。这涉及试图改善旧环境，融入现代元素来适应市容。空间上，把市容看作一个历史整体，充分利用循环使用、交通在空间上的分布。第三个目标经常被忽视，这涉及使用者，即当地居民。尊重当地居民生活方式，传承城市特有文化，展现城市真实性。尽管很难定义社会维度，但它是最重要的，因为只有城市生活延续才可以使得保护延续。通过对历史文化保护区、历史地段（街区）、文物保护单位这三个层次的保护，形成对整个城市风貌的综合而有纵深的保护。

总之，秉持"大旅游"理念，应着眼于"大北京"意义下的文化旅游，即实现不拘泥于单区域内的旅游资源，打破行政区划限制，根据客观需要，以整个北京旅游发展的布局、结构，北京文化产业发展的全局为背景和参照系推进文化旅游的发展。此外，"大旅游"理念还意味着应具有前瞻性的国际眼光，将国际旅游发展的最新动态和趋向作为自身发展的参照和借鉴来进行区域协作互动，紧密联系各种特色专题的景区，优化旅游线路，从"点线型"旅游向"板块型"旅游再到城市的"开放空间"[①]。发展特色旅游，旅游产品逐步由过去的单一观光旅游产品，向现代化体验参与的方向转变，开发模式亦由过去的单体开发向传统与现代协同开发、区域整合方向发展，深入挖掘北京老城区的文化内涵。

（三）北京休闲景区业态特征与分类体系

北京各城区景区景点旅游休闲分布表现了区域社会经济文化特征，为北京旅游者、中外旅游者提供了丰富的具有内涵的旅游资源要素和创意体验场景。北京各城区景区景点旅游休闲业态在地域性、文化性、动态性等方面都展现了不同特征。

针对过于强调现代科技而忽视真实性内核，过于追求艺术呈现而脱离原真性表达的问题，应采取的对策有：其一，提升休闲服务内涵，实现参与性体验；其二，挖掘主客互动模式，融入目的地生活；其三，基于城乡交融的民宿主人文化传承，探索旅游者参与目的地艺术、文化、历史等动态活动的模式，以及与目的地居民深度交融互动的途径，进而获得持续的社会效益、经济效益和文化效应，实现北京各城区旅游休闲的科学可持续发展。

新时代广大民众不仅关注生活水平及消费方式的提升，更关注精神文化领域的参与和创新活动。北京各城区景区景点的旅游休闲体现新的特征和发展态势。新兴的产业，在带给民众旅游方式多样化选择的同时，带给民众更多的文

---

① 北京市旅游局. 北京市旅游产业发展研究［M］. 北京：中国旅游出版社，2010.

化空间。发展北京旅游休闲是满足旅游者日益增长的文化需求、保留文化原真性的有效途径。

北京各城区景区景点旅游休闲分布与区域社会经济文化特征相吻合。包括自然风景、城市休闲、公园、遗产古迹、文化体验、博物馆、寺院、奥体公园、革命圣地、酒庄、工业旅游等多业态形式。

北京各城区景区业态特征主要表现在：其一，地域性特征。北京各城区所分布的景区业态与文化历史、区域经济发展水平等因素密切相关。城市休闲、文化古迹等景区多集中在北京城市核心地区，既有老北京的故都特征，也有现代国际化的特征。比如拥有浓郁北京特色的大栅栏商业街、北海公园及798艺术区等。其二，文化性特征。旅游者有主动了解地区历史文化遗产的需求，而参加严肃休闲活动的旅游者就是为了学习知识技能和追求发展。通过休闲活动，参与者在与其他参与者建立社会关系的同时，培养了对服务环境美学的鉴赏力。因此，通过旅游者参与休闲活动的欲望水平可预测其参与共同创造的程度。北京作为国际化的历史文化名城，无论是休闲的北海公园还是红色的革命纪念馆等都具有明显的文化特征。其三，动态性特征。北京的各类各级景区都处于不断变化之中。改革开放初期，北京的景区主要局限于旅游的"吃、住、行、游、购、娱"六要素需求；后来，业态内容日益丰富，旅游六要素向深度拓展，发展为沉浸式餐厅、精品酒店、深度旅行和基于旅游者与目的地互动的新兴旅游方式。其四，综合性特征。景区发展呈现出新旧交替与交融的状态，不仅关注旅游者的基本需求，更关注完整体现目的地居民的生活方式，满足多方利益群体的多元化需求，进而带动旅游业功能的转型。其五，创意性特征。差异化和特色化是旅游业发展的核心竞争力，景区业态创新要具有令旅游者印象深刻的主题、独树一帜的景区形象。特别是与目的地文化的情感互动，是推动景区传统业态转型升级、解决业态同质化问题的重要途径，对于提升品牌实力、增强旅游者吸引力、增加社会效益等方面都具有重要意义。

北京各城区景区业态分类体系主要体现在：其一，基于环境因地制宜。比如山地型景区依托自然资源，古树、山峰、湖水等自然风光弥补场地空间限制，进行业态创新，旅游者能够从多角度、深层次体验景区自然风光。其二，基于文化精准定位。在寻求文化城市的品牌和形象时，旅游利益相关者应重点考虑形象和品牌对当地居民的影响。北京各城区景区承载了丰富的地域文化和民俗文化，挖掘文化内涵，创新表达方式，让旅游者在参与非遗创作的过程中，与景区深度互动。其三，基于政策业态创新。宽松、完善、包容的政策是业态创新的根本保障。比如政府支持绿色乡村产业的发展，杜绝低俗业态产品。通过吸引资本、人才、技术、信息、文化进行业态创新，带动相关产业的发展。

二、北京传统手工艺创意体验传承

（一）从追求艺术呈现到原真性内涵的实践探索

1. 民众生活方式与旅游需求变化

北京休闲景区呈现新的发展趋势。科技是业态创新的重要驱动力，大数据、人工智能等新技术带来了景区发展的新局势，但同时也应该与传统景区的真实性相吻合，带给旅游者新奇、个性、多样化的旅游体验。过度渲染科技的融入效应，在虚拟与现实结合的同时，也带来了一些负面影响。未来发展方向应该基于区域真实的空间和环境，将科技作为辅助手段来实现景区的真实性，而非脱离真实性。

2005—2021 年，北京乡村民俗旅游和农业观光园的游客数量的发展变化如图 4-1 所示，并没有呈现出理想的发展状态。

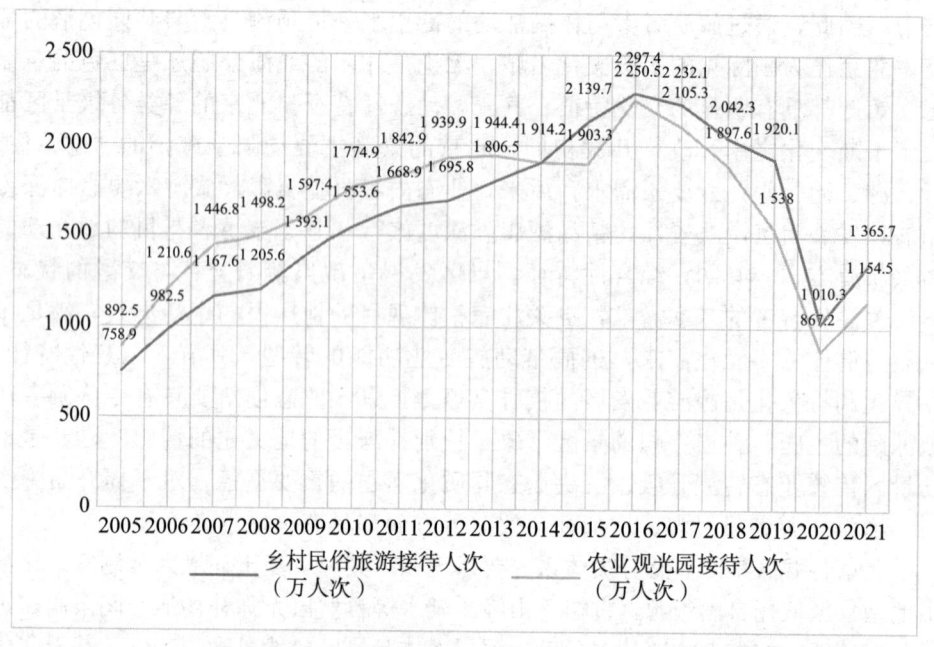

图 4-1　2005—2021 年北京乡村民俗旅游和农业观光园展接待游客人次态势
资料来源：北京市统计局 2021 统计年鉴。

根据上述接待人次数据可知，2014 年前，农业观光园的游客比乡村民俗旅游的游客数量多；但 2014 年后，乡村民俗旅游的接待游客略多于农业观光园游客，且农业观光园的游览人次变化趋势与乡村民俗旅游大致相同，主要表现在：其一，2005—2013 年，二者都经历了 2005—2007 年的大幅增长，其中农业观光园由 892.5 万人次发展至 2007 年的 1 446.8 万人次，乡村民俗旅游由 758.9 万人次发展至 1 167.6 人次。其二，二者在 2008—2016 年共同经历了缓慢小幅上升之后，在 2016—2019 年之后迅速下滑至 5 年前的发展水平，2019 年乡村民俗旅游 1 920.1 万人次，大约与 2014 年游客人次持平；2019 年农业观光园游客与 2014 年游客人次基本持平。其三，在 2020 年之后，2021 年乡村民俗旅游和农业观光园旅游都表现出不同程度的增长态势。

之所以出现 2016—2021 年北京乡村民俗旅游和农业观光园游客人次较少的态势，主要是因为在于没能凸显乡村的生活环境、也没能深度挖掘乡村文化的内涵，以及缺少基于乡村地域特征的主客互动。疫情后，民众更加珍视乡村拥有的优势，游客对于健康更加关注，因而，高于农业园观光、乡村民俗之上的基于深度体验和参与创意活动是未来的发展趋势。北京市 2014—2020 年四、五星级乡村民俗旅游户分区评定数量如图 4-2 所示。

数量：个	2014年评定	2015年评定	2016年评定	2017年评定	2019年评定	2020年评定
昌平区		1	2	2		1
大兴区			3			
怀柔区		8		14	71	10
门头沟区		5	1	3	2	
延庆区	13	1	1	4	24	16
密云区		5	5	1	7	9
平谷区		5		3	1	
房山区				3		21
全域合计	13					

图 4-2　北京市 2014—2020 年四、五星级乡村民俗旅游户分区评定数量
资料来源：北京市文化和旅游局 2020 年资料。

目前，北京市四、五星级民俗旅游户中，怀柔区占比最高，其次是延庆区、密云区等。2014 年仅延庆区的 13 所民俗旅游户评定为四、五星级；而在 2015 年，怀柔区、门头沟区、密云区、平谷区新增星级民俗旅游户均在 5 户以上，昌平区和延庆区也分别新增 1 所民俗旅游户；在 2017 年和 2019 年，怀柔区的民俗旅游户增长均排名第一，可以看出怀柔区民俗旅游潜力巨大；延庆区在经历 2014 年的初步评审位数量第一后，在 2015—2017 年新增 6 所，并无太大变化，但在 2019 年和 2020 年分别评选上 24 所和 16 所，冬奥会场促进了延庆地区民俗旅游的发展，冬奥民俗村的建立，同时促进了延庆区四、五星级民俗旅游户的标准化发展。

2014—2020 年，北京地区四、五星级乡村民宿的发展表现出明显的区域性特征，尤其是 2017—2019 年，怀柔区的四、五星级民俗旅游户（民宿）增长数

倍之多；延庆区表现出较为平稳的发展态势；房山区 2020 年这一年增长较快，满足房山区乡村旅游和提升地区经济的发展需要；大兴区最少，只有 3 户四、五星级乡村民俗旅游户，民俗旅游资源有待于进一步挖掘和补充。

北京城乡的景区景点蕴含着丰富的地方文化、地域民俗、历史典故等，原真的文化自信长期以来符合民众追求和消费心理。但过于追求渲染的实景式演艺形式不一定符合民众的心理需求和认知，从而也难以展示真实的中国文化。真正的高雅艺术应该与大众审美吻合。

2. 休闲服务内涵提升，注重参与性体验

经过体验经济的发展时代，现在已经日渐进入创意旅游时代。旅游目的地的旅游利益相关者努力开发吸引文化旅游者参观的品牌和形象。在这一过程中，首先将目的地的认知放在首位，这样才能保持文化的完整性、经济的持续发展及社会效益的实现。

创意旅游作为国际上近 30 年发展起来的新兴旅游形式，经历了大众旅游、文化旅游的发展，得到国际学术界的关注并付诸实践（Florida & Tinagli，2004；Richards & Wilson，2006）。创意旅游的主要特征是利用当地技能、专长和传统为旅游者提供主动参与实践和学习体验的机会，从而更好地开发创意潜质（Salman & Uygur，2010）。要激发游客的怀旧、新奇和代入感，目的地需要融入更多的生活元素。

如图 4-3 所示，2017—2019 年游客占比最多的景区是城市公园型景区、历史文化观光型景区、现代娱乐型景区。但这 3 年间有新变化：城市公园型景区由 2017 年的 404.6 万人次下降到 2019 年的 349.9 万人次；历史文化观光型景区则在 2018 年上升至 314.3 万人次之后，2019 年又降至 2017 年同期水平；同样下降的还有自然山水型景区，三年来逐年下降，由 2017 年的 35.2 万人次下降至 2019 年的 23.6 万人次；奥运遗产型景区在这期间也缓慢下降。

2017—2019 年，现代娱乐型景区有较大增幅，从 198.7 万人次上升至 228.6 万人次；同样上升的还有民俗型景区和博物馆型景区，民俗型景区从 2017 年的 93 万人次上升至 2019 年的 113.8 万人次；博物馆旅游也呈现上升态势，达到 2019 年的 33.7 万人次；滑雪场景区经历了 2018 年的小幅下降之后又在 2019 年增加到高于 2017 年的水平，达到 12.1 万人次。

同理，从 2022 年北京市春节假日游客人次前十景区游客人次（见图 4-4）中可见，占比最多的为前门大街、南锣鼓巷、王府井，分别占比 23%、18%、17%；其次是旅游休闲街区共计 22%，其中乐多港假日广场 9%、中粮·祥云小镇 8%、北京首创奥莱休闲驿站景区 5%；玉渊潭公园、北海公园、朝阳公园分别占 5%，天坛公园也占 5%。可见，民众对于目的地生活的城市休闲具有越来越多的热情和投入。

北京城市休闲街区和北京休闲公园都是北京旅游休闲空间分布的主要业态。

■ 2019年春节假日综合情况简报　■ 2018年春节假日综合情况简报
■ 2017年春节假日综合情况简报

景区类型	2019	2018	2017
民俗型景区	113.8	104.8	93.0
奥运遗产型景区	4.3	5.4	5.8
滑雪场景区	12.1	9.9	11.7
自然山水型景区	23.6	28.1	35.2
博物馆型景区	33.7	32.5	28.4
现代娱乐型景区	228.6	209.8	198.7
历史文化观光型景区	279.2	314.3	271.2
城市公园型景区	349.9	426.9	404.6

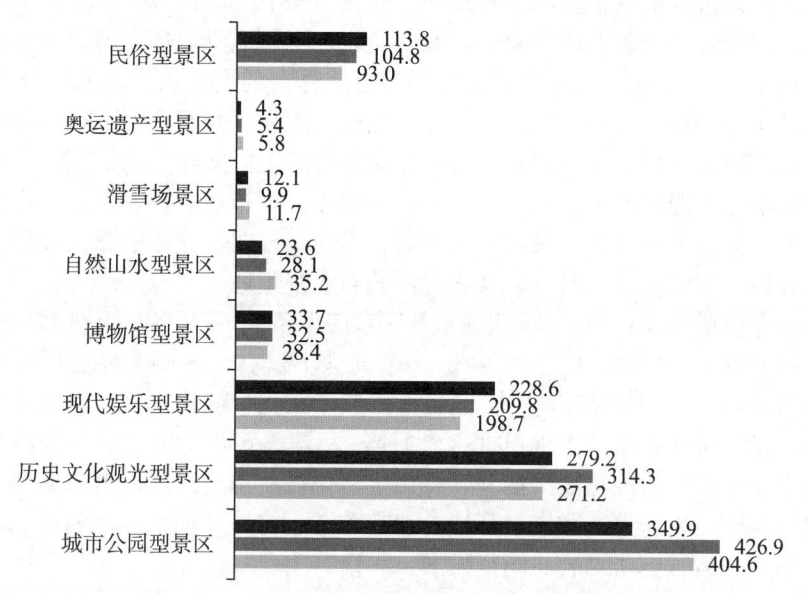

图 4-3　2017—2019 年春节假日游览景区类变化

资料来源：北京市文化和旅游局.

2022年北京市春节假日游客人次（排名前十的景区）：
- 前门大街 23%
- 南锣鼓巷 18%
- 王府井 17%
- 乐多港假日广场 9%
- 其他 9%
- 中粮·祥云小镇 8%
- 天坛公园 5%
- 北京首创奥莱休闲驿站景区 5%
- 北海公园 5%
- 玉渊潭公园 5%
- 朝阳公园 5%

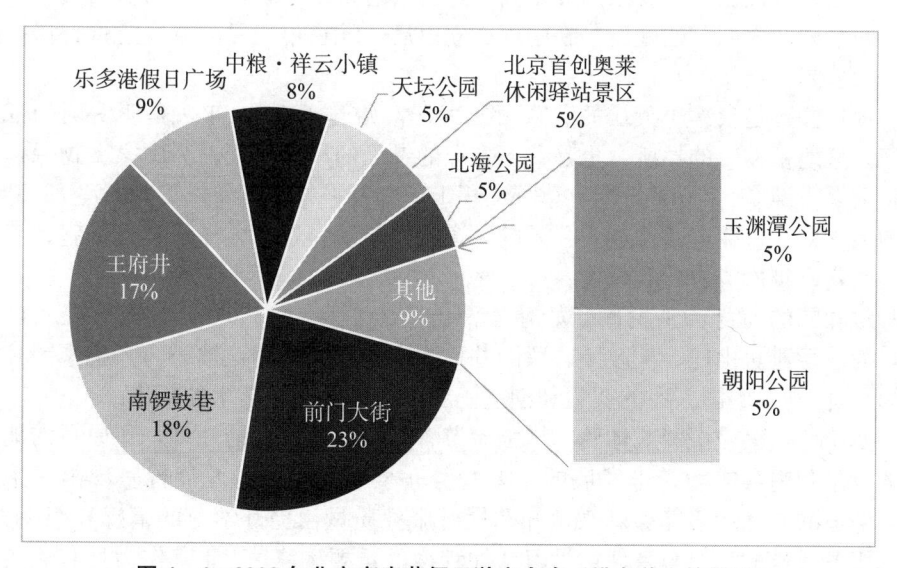

图 4-4　2022 年北京市春节假日游客人次（排名前十的景区）

资料来源：北京市文化和旅游局（春节）.

其中北京城市休闲街区包括前门大街、南锣鼓巷、王府井、大栅栏、南新仓等代表性街区。

大栅栏是国家第六批文物保护单位，位于天安门广场以南，前门大街西侧，是北京市前门外一条著名的商业街，地处老北京中心地段，是中轴线的重要组成部分。自1420年以来，大栅栏逐渐发展为店铺林立的商业街。大栅栏分布着11个行业的36家商店。现在经过整体改造工程，大栅栏已经复原民国初期风貌，清雅的青砖路面和古香古色的建筑店铺形成独特的历史文化空间氛围。北京老字号大多汇集在大栅栏：买鞋内联升、买帽马聚源、买布瑞蚨祥、买表亨得利、买茶张一元、买咸菜六必居、买点心正明斋、小吃青云阁、立体电影大观楼、针头线脑长和厚。大栅栏成为具有大众化特征的商业聚集地。

南新仓位于平安大街"龙头"（东城区东四十条22号），以文化创意为特征，"新的在旧的中，时尚在历史中"。30余家商铺不仅有艺术画廊、会所，还有中外特色风味餐厅、酒吧和茶苑等，还会举办艺术文化、演出文化、美食文化等活动。特别是"皇家粮仓"上演昆曲《牡丹亭》，具有600年历史的非物质文化遗产成为文化休闲旅游的热点。南新仓将历史文化遗产与街区建设有机融合，按照人与自然和谐、人与遗产和谐、环境与遗产和谐、传统与现代和谐的理念，使文物保护与商业运营有机结合、均衡发展、和谐共生。

北京休闲公园是北京旅游休闲空间的主要业态，包括玉渊潭公园、北海公园、朝阳公园、日坛公园、地坛公园、颐和园等代表性公园。

日坛公园位于北京朝阳门外东南，是明清时期古建筑，原为明清两代帝王祭祀大明之神"太阳"的处所。新中国成立以后，北京市人民政府决定将日坛扩建开辟为公园。

地坛公园是仅次于天坛的北京第二大坛，始建于1530年，是明清两朝帝王祭祀"皇地祇神"的场所，也是我国现存的最大的祭地之坛，为国家文物保护单位。公园占地37.4万平方米，草坪面积14.52万平方米，绿化覆盖率达78.8%，园内多古树，古树群落已成为公园的一道独特景观，还有方泽坛、皇祇室、宰牲亭、斋宫、神库等古建筑景观。

颐和园的前身为清漪园，始建于清乾隆十五年（1750年），坐落在北京西郊，与承德避暑山庄、拙政园、留园并称为中国四大名园，被誉为"皇家园林博物馆"，体现了中国人民的智慧和创造，展示出中国造园艺术的精华。

基于此，突破沉浸式体验，增强旅游者与目的地居民的互动，还原目的地真实的场景和内容成为未来发展的主要趋势。全球文化旅游发展曾呈现出繁荣趋势，舒适的服务环境能够刺激感知和提升服务质量，提升学习的情感和想象力，进而服务质量成为参与者评估学习认知程度的重要因素[1]。北京作为具有悠久历

---

[1] KOKKOS A. Transformative learning through aesthetic experience: towards a comprehensive method [J]. Journal of transformative education, 2010, 8 (3).

史和文化的古都，亟须发展基于现代城市文明与厚重文化底蕴相结合的地域优势，实现民众的深度参与。

（二）挖掘主客互动模式，融入目的地生活

北京这座有 800 多年建都史的古都，同时兼具历史文化和现代文明的双重特征。其中有代表性的传统手工艺景区景点有北京陶瓷艺术馆、中华石雕艺术园，文化体验馆有老舍茶馆、滑雪场及酒庄等。

北京陶瓷艺术馆是以艺术传播和文化推广为核心的大型艺术机构，场馆面积 3 500 平方米，旨在打造艺术交流平台，包括陶瓷博物馆、综合展览馆、陶瓷生活馆、陶艺体验中心、陶瓷原创馆、闽龙书院、多功能厅等多个展馆区域。主办古今中外陶瓷及相关艺术品的文化活动，包括收藏、研究、展览陈列、销售、国学传播等；特别是立足艺术场域，以举办展览、提供互动平台的形式，实现较广泛的陶瓷及多种形式的艺术文化交流。

中华石雕艺术园位于北京市房山区大石窝镇，总面积 75 亩，总投资 4 500 万元。整个园区集观光、旅游、服务、接待、会议、娱乐为一体，既可供游人观光、娱乐，又可展示传统精美石雕艺术。国家 4A 级景区云居寺就坐落在园区北边的白带山谷之中，每年可接待游客五百万人次。房山是石文化的故乡，是出名的石雕艺术文化之乡和优质石材的产地，为北京城的建设提供了大量的石材。房山大石窝镇以其独特产物——汉白玉名扬中外，汉白玉被国家编制为石材 001 号，堪称"国宝一号"，早在公元 605 年隋大业时期，大石窝汉白玉就被云居寺用来雕刻石经，历经隋、唐、辽、金、元、明六个朝代，所用石料达一千多吨；故宫、天安门前金水桥、颐和园、天坛、卢沟桥、十三陵等宏伟建筑所用汉白玉石料都取自大石窝；人民大会堂抱柱石、人民英雄纪念碑浮雕、毛主席纪念堂以及近年落成的中华世纪坛题字碑等所采用的汉白玉石材均取自大石窝；另外，大石窝的石材还走出国门、远渡重洋，在异国他乡大放异彩，日本北海道的天华园、新加坡御华园、加拿大枫华园等工程均有出自大石窝的石材。

老舍茶馆建于 1988 年，陈设古朴典雅，京味十足。大厅内整齐排列的八仙桌、靠背椅，屋顶悬挂的宫灯，柜台上展有龙井、乌龙等各种名茶的标牌，以及墙壁上悬挂的书画楹联，有如一座老北京的民俗博物馆。在老舍茶馆可以欣赏到曲艺、戏剧名流的精彩表演，同时品用名茶、宫廷细点和应季北京风味小吃。老舍茶馆开业以来接待了很多中外名人，享有很高的声誉。

北京石京龙滑雪场于 1999 年建成，位于国家生态环境示范区——北京夏都延庆，距北京市区 80 千米，是北京周边地区规模大、设备设施齐全、全国较早采用人工造雪的滑雪场。石京龙滑雪场占地 600 亩，有 10 条雪道，包含 1 条高级道、4 条中级道、4 条初级道和 1 条残疾人专属无障碍雪道，另外还设有道具公园、儿童戏雪乐园和树林野雪区，能够让不同水平的滑雪爱好者在此找寻到滑雪这项户外运动带给人们的乐趣。

北京龙徽葡萄酒博物馆是首家葡萄酒博物馆，是北京市唯一一家讲述北京葡萄酒百年文化及历史发展的葡萄酒博物馆，是北京市工业旅游示范点之一。

北京莱恩堡国际酒庄位于华北平原与太行山交界地带的北京房山，该地区正处于北纬40度左右的"酿酒葡萄种植黄金线"上，温带大陆性气候及独特的山前小气候适宜酿酒葡萄生长。酒庄地理位置优越，自然环境优美，拥有多项成熟的娱乐功能，集酒庄体验、餐饮、家庭聚会、团队建设、会员活动、草坪婚礼、影视拍摄等多种功能，以美景、美食和美酒为承载，让来到莱恩堡的人在自然中享受快乐生活。

探求目的地居民的生活追求，在主人与旅游者的深度交互中，传递当地的文化符号和技能技术。我们应探索旅游者参与艺术、文化、历史等动态活动的模式，以及与目的地居民深度互动的方式。在个性化设计及服务体验中增强主客关系，进而获得持续的社会效益、经济效益和文化效应。

2019年和2021年，前门大街、王府井、南锣鼓巷景区游览人次进入前三名（见图4-5）；王府井大街在疫情前后变化不大，2019年和2021年分别为119.8和110万人次；前门大街景区变化较大，由178.5万人次下降至93.7万人次。

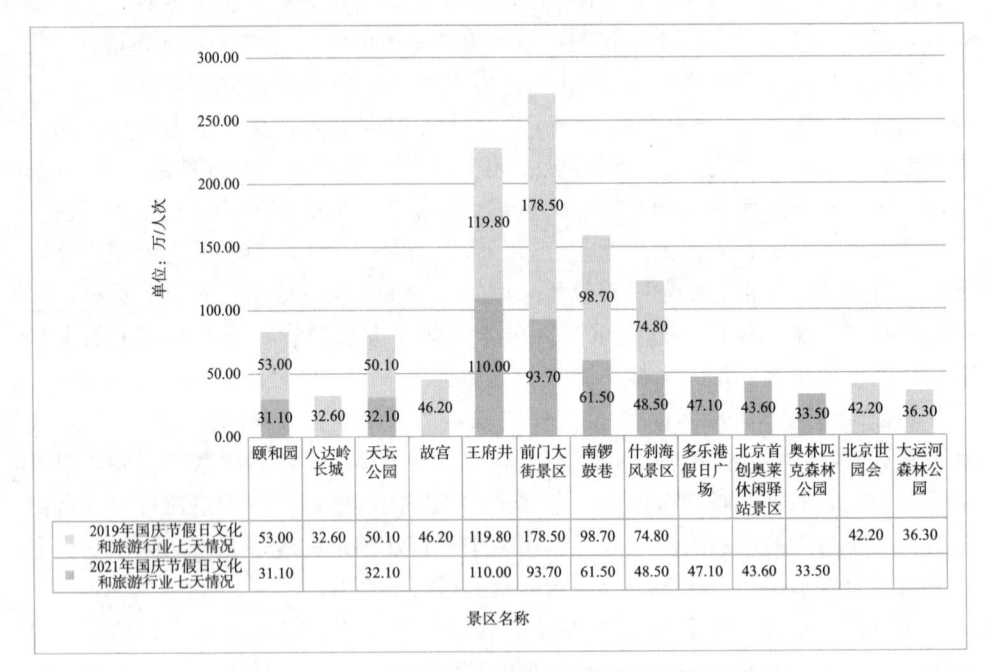

景区名称	颐和园	八达岭长城	天坛公园	故宫	王府井	前门大街景区	南锣鼓巷	什刹海风景区	多乐港假日广场	北京首创奥莱休闲驿站景区	奥林匹克森林公园	北京世园会	大运河森林公园
2019年国庆节假日文化和旅游行业七天情况	53.00	32.60	50.10	46.20	119.80	178.50	98.70	74.80				42.20	36.30
2021年国庆节假日文化和旅游行业七天情况	31.10		32.10		110.00	93.70	61.50	48.50	47.10	43.60	33.50		

图4-5　2021年和2019年国庆前游览前十景区数据

资料来源：北京市文化和旅游局.

特别值得关注的是，2021年跌出2017年游览前十景区的有北京世园会、大运河森林公园、故宫博物院、八达岭长城，尽管部分原因是疫情影响外来游客减少，但同时也体现了北京民众对于旅游休闲街区日益增长的偏好。恰恰也是2021年国庆节，新进入接待游客人次前十的景区有乐多港假日广场、北京首创奥莱休闲驿站景区、奥林匹克森林公园，分别为47.1、43.6、33.5万人次，其中乐多港假日广场、北京首创奥莱休闲驿站景区被定为2021北京市级旅游休闲街区。可见，近几年旅游休闲街区发展趋势良好。

2018—2021年，北京景区排名发生较大变化（见图4-6），主要表现为王府井、乐多港假日广场等民众生活场所的排名向前跃进。北京景区旅游人次排名变化比较大的是乐多港假日广场，从2018年开园时是旅游景区第十的位置，到2021年其旅游人数排名跃升至前五。王府井景区在2018年并未进入前十景区，2019年旅游人数排名上涨至第二名，2021年位列第一。

	前门大街景区	王府井	南锣鼓巷	什刹海风景区	颐和园	故宫	乐多港假日广场	北海公园
2018年国庆节旅游人数排名	1			2	3	4	10	5
2019年国庆节旅游人数排名	1	2	3	4	5			
2021年国庆节旅游人数排名	2	1	3	4			5	

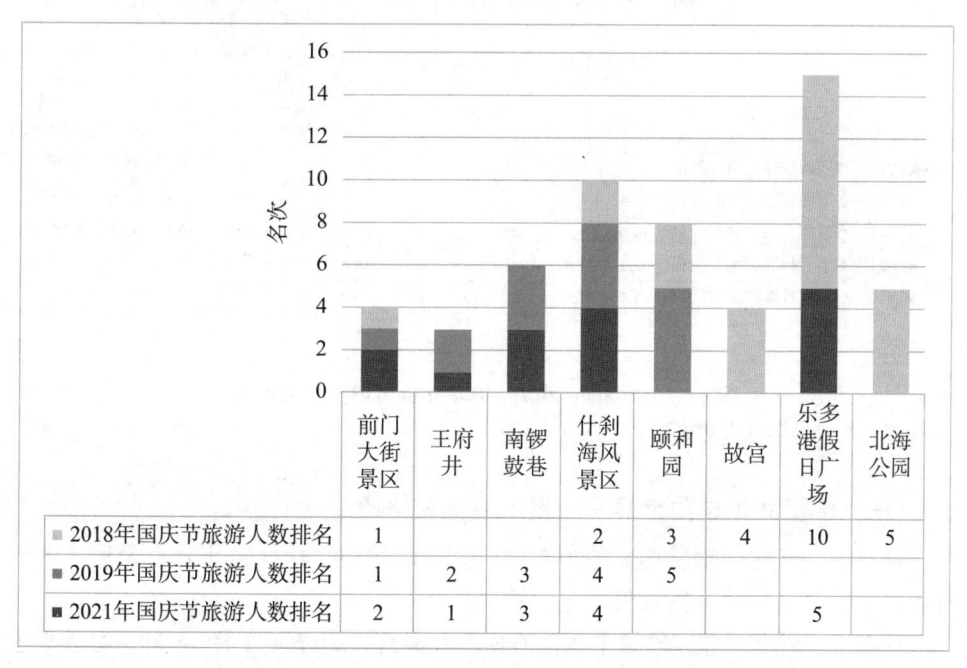

图4-6 2018—2021年国庆节旅游人数前五景区排名

资料来源：北京市文化和旅游局.

文化水平较高的旅游者拥有更高的自我效能、胜任能力和管理能力，从而表现出参与角色创造的能力和共同创造体验的能力，因而文化知识水平直接影响参与度[1]。在2020年后，景区排名发生较大变化，旅游者从2017—2018年春节倾

---

① MEUTER M L, BITNER M J, OSTROM A L, et al. Choosing among alternative service delivery modes: an investigation of customer trial of self-service technologies [J]. Journal of marketing, 2015, 69 (2).

向于故宫博物院、什刹海风景区等历史文化型景区，转变为 2022 年春节倾向于游览前门大街、王府井、南锣鼓巷等生活型景区（见图 4-7）。同时，2021 年北京首创奥莱休闲驿站景区在五年来进入了春节假日景区前五名。

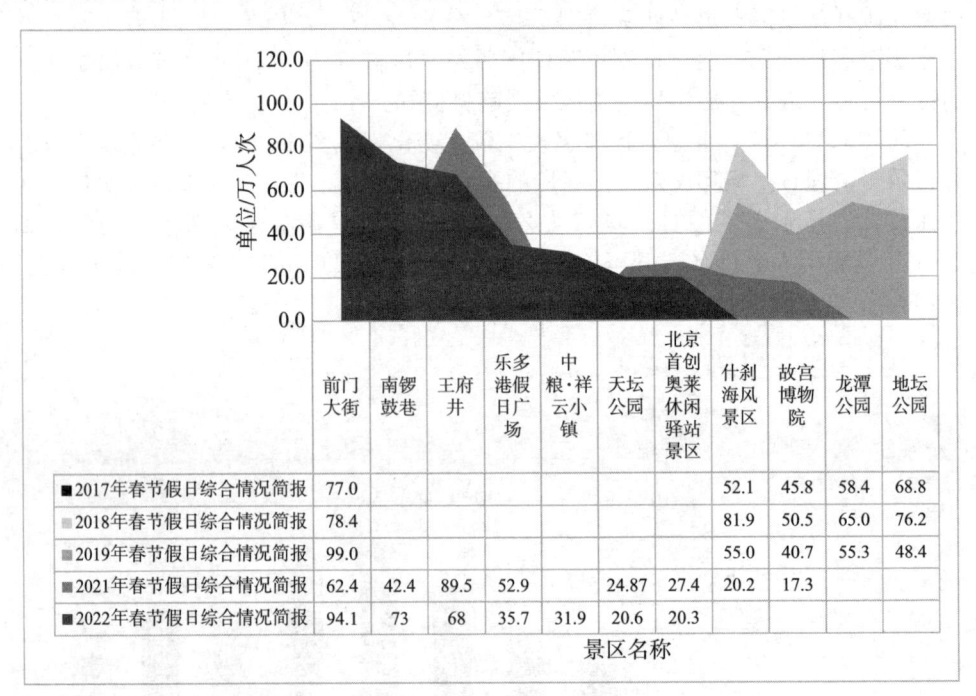

景区名称	前门大街	南锣鼓巷	王府井	乐多港假日广场	中粮·祥云小镇	天坛公园	北京首创奥莱休闲驿站景区	什刹海风景区	故宫博物院	龙潭公园	地坛公园
2017年春节假日综合情况简报	77.0							52.1	45.8	58.4	68.8
2018年春节假日综合情况简报	78.4							81.9	50.5	65.0	76.2
2019年春节假日综合情况简报	99.0							55.0	40.7	55.3	48.4
2021年春节假日综合情况简报	62.4	42.4	89.5	52.9			24.87	27.4	20.2	17.3	
2022年春节假日综合情况简报	94.1	73	68	35.7	31.9	20.6	20.3				

图 4-7　北京市 2017—2022 年春节游览景区排名

资料来源：北京市文化和旅游局。

（三）中国文化走向世界——景泰蓝创意体验

景泰蓝（又称"铜胎掐丝珐琅""珐蓝""嵌珐琅"）已经从北京名片、中国名片成为世界名片，在国际舞台上大放异彩。

景泰蓝"盛世欢歌"珍藏于联合国总部万国宫。2017 年 1 月 18 日，习近平主席在联合国总部万国宫首次发表主旨演讲，阐述构建人类命运共同体这一中国方案，将景泰蓝"盛世欢歌"赠予联合国总部，并亲自正式解读赠礼内涵：盛世欢歌瓶，主题图案是由孔雀、牡丹、玉兰、和平鸽等吉祥元素构成，在中国传统文化中象征着安定祥和、繁荣发展，既富有中华文化底蕴，又承载美好寓意。

典型的旅游目的地在具有代表性文化的同时，有目的地的特色文化，为旅游者提供亲自动手的实践学习机会，旅游者可主动参与和体验，并与目的地居民或从业者共同创造旅游产品，在此过程中激发旅游者的创意潜能。

北京是中国非物质文化遗产景泰蓝的发祥地，景泰蓝这项传统手工艺品已有 600 多年的历史。因在明朝景泰年间盛行，且制作技艺已达到比较成熟的高度，使用珐琅釉多以蓝色为主，故称"景泰蓝"。北京珐琅厂是中国景泰蓝的顶级制造厂，依托自身优势发挥国家级非物质文化遗产生产性保护示范基地、"京珐"艺苑工厂店和北京市离境退税商店、"北京礼物"旗舰店的优势，积极围绕景泰蓝艺术博物馆、景泰蓝技艺互动体验中心在文化传承中的"中枢"作用，为民众和旅游者打造了集艺术性、休闲性、趣味性、交流性等多元化的"老字号夜间文化休闲地"，成为老百姓周六夜间休闲购物、品鉴学习的好去处。旅游者在这里可以参观学习景泰蓝的制作过程，可以在凝蓝掐丝珐琅工作室亲自体验点蓝的步骤，利用想象力自己设计图案，并在老师引导下动手制作出自己的珐琅作品，更加深刻细致地体验珐琅工艺的精美。旅游者在与目的地居民或从业者共同创造旅游产品的过程中激发创意潜能，达到深度体验。

2022年8月20日—9月17日（每周六晚上），在位于北京市东城区永外安乐林路10号的北京市珐琅厂景泰蓝艺术博物馆和体验中心，举行北京市珐琅厂"第四届梦幻景泰蓝夜场文化体验季"活动。京珐景泰蓝、北京市前进鞋厂、北京制帽厂、北京剧装厂等十余家中华老字号、非遗项目、民间工艺等团体共同组织了吸引众多市民光顾的老字号文化夜市。

室外的商品琳琅满目，"银晶蓝"烟灰缸、代表年轻时情怀的"前进鞋厂的鞋""百花牌的蜂蜜"，都是"老北京"物件。

楼内的活动丰富精彩，不同于一般博物馆，夏日夜市中的景泰蓝艺术博物馆面向市民开放，市民全面参观景泰蓝生产制作车间、景泰蓝艺术博物馆、珍宝馆，能够深度了解景泰蓝文化知识。特别是景泰蓝体验中心在夜间开启"梦幻景泰蓝体验会"活动，市民亲手体验作为"大国工匠"的乐趣，更为难得的是，现场有高级技师一对一教学，喜爱景泰蓝的朋友们获得了特别的惊喜。

第三节　葡萄酒旅游创意体验研究

中国葡萄酒旅游与国际葡萄酒旅游相比，尽管起步较晚，但展现出较好的发展态势。2006年被认为是中国最受欢迎的葡萄酒产业之年，2007年葡萄酒产业得到较大规模的扩张，2008年以来葡萄酒旅游继续保持增长的态势。

一、葡萄酒旅游创意体验的兴起与发展

1935年，第一条葡萄酒旅游路线在德国建立，之后欧洲其他葡萄酒产区都追随德国纷纷建立葡萄酒旅游线路。经过80多年的发展，进入21世纪，葡萄酒旅游线路已在大洋洲、北美洲、南美洲等世界相当广泛的范围内展开。新西兰

葡萄酒旅游通道也有六倍的增长（葡萄酒旅游通道，即几个酒庄联合生产与联合营销，为增加酒庄的可进入性而在各个酒庄间建立便捷公路，通过战略协作共同发展葡萄酒旅游）。同样，北美的得克萨斯州和南美的智利等世界上许多地方的葡萄酒旅游业受到普遍关注，获得实质性的增长，成为当地经济的主要贡献者。

由于消费习惯发生变化，全球葡萄酒行业经历转型。除了葡萄园和地区景观的多样性之外，葡萄酒也是一个地区吸引游客的重要因素。葡萄酒是葡萄酒旅游的中心，是文化和美食旅游的交叉点，葡萄酒种植区提供旅游住宿服务，直接有助于葡萄酒文化传承和当地经济发展。

作为世界上游客最多的旅游目的地之一的法国，同时是第二大葡萄酒生产国。葡萄酒旅游目的地需要增强葡萄园的声誉和吸引力，最终提升法国葡萄酒的销售量，包括展示不同地区的多样性的生活方式、文化遗产、旅游景点及高质量葡萄酒独特体验。而将体验作为文化景点的差异化标杆，是为旅游目的地创造价值和竞争力的关键。品牌体验通过博物馆、教育娱乐、认知维度、情感和美学维度等，优化游客寻求真实性的持久记忆。同时，葡萄酒旅游学术研究不仅集中在游客行为方面，更关注葡萄酒旅游体验的本质及边界的定义[1]。葡萄酒旅游是一个复杂的组合系统，葡萄酒游客观赏景观、品尝葡萄酒与美食，学习历史文化和发展人际关系的体验活动。

智利尽管不是葡萄酒的生产国，但却是葡萄酒的产地之一。葡萄酒旅游成为东道国或葡萄酒旅游区的一个主要吸引力。葡萄酒旅游是在旅游目的地开展制酒、品酒、赏酒、葡萄酒节日、特殊的就餐体验、参观酒庄和葡萄园等旅游活动，游客不仅能参与到目的地的旅游活动之中，更能融入当地的民众生活之中，获得各种具有目的地特征的独特的文化和生活方式体验，是一种特殊兴趣旅游。

创意旅游存在于广泛的旅行活动中，而葡萄酒旅游则是其中的一种特殊兴趣的专项旅游，在旅游过程中，游客到葡萄酒旅游区，学习制酒、品酒、烹饪、美食与美酒的搭配等，与当地人一起，在旅游过程中体验当地文化，自己动手酿酒、烹饪等，体验与互动成为其主要特征，使得在葡萄酒旅游过程中，有创造性的游客超越观光层面，进行参与性体验与真实性体验的旅行，置身于诸如酿酒、品酒、烹饪等创意活动并与酒庄酿酒师、管理人员互动互助，形成游客的创意体验。此外，游客在旅游过程中，通过独自从事探索潜能的某一特定活动开发技能从而提升幸福感。可见，葡萄酒旅游作为创意旅游的一个内容，充分体现了创意旅游的特征。

---

[1] HALLER C，HESS-MISSLIN I，MEREAUX J P. Aesthetics and conviviality as key factors in a successful wine tourism experience [J]. International journal of wine business research，2021，33（2）.

二、葡萄酒旅游创意体验影响因素分析

(一) 历史传统与酒庄发展背景

悠久的历史背景增加了"旧世界"("旧世界"在英文研究文献中主要用以代表法国、意大利、西班牙等有着几百年历史的传统葡萄酒酿造国家) 酒庄的旅游吸引力,但西方酒窖文化及葡萄酒文化的传播又增加了酒庄的传统背景。"品牌起源"是葡萄酒旅游的关键卖点,成为吸引游客的一个潜在因素,影响游客的文化体验[①]。例如,西部澳大利亚葡萄酒产业与来自英国、意大利及来自南斯拉夫的欧洲移民紧密相连,用欧洲移民的传统、激情和技能建立了当地的葡萄酒产业。

我国葡萄酒历史悠久。古代中国,由于葡萄酒的稀缺性,仅靠一些边远地区以贡酒的方式向历代皇室进贡葡萄酒,只有皇帝、官员和富商才能在重要的场合享用葡萄酒。唐太宗从西域引入葡萄和葡萄酒酿造技术,葡萄酒也随之盛行,酿造技术发达,风味色泽更佳。唐元两朝达到兴盛,自明朝开始逐渐淡化,直到清末华侨张弼士创建张裕葡萄酿酒公司,近代葡萄酒业开始起步。

中国葡萄酒旅游相对于葡萄酒发展历史悠久的国家和地区而言,处于初期发展阶段。21世纪呈现明显的发展趋势,葡萄酒旅游的发展需要相应的产业规模支撑,目前中国十大葡萄酒产区还未能形成规模化的葡萄园产业及对游客开放的酒庄群,酒庄大多零散分布且处于分散竞争阶段,葡萄酒旅游资源和产品开发有待于进一步完善。如何将葡萄酒旅游品牌创新与中国乡村田园景观及文化历史相结合,成为值得探索的主题。

(二) 葡萄酒旅游区景观环境与设施

葡萄酒旅游者动机表现出多样化特征,霍尔 (Hall, 2000) 等学者将葡萄酒旅游者动机分为两类,其中,品尝和购买葡萄酒是旅游者的基本动机;社交、学习、娱乐是第二或次要动机。葡萄酒旅游区特殊的景观环境、丰富的自然资源、历史遗迹、农业背景等增加了其吸引力。置身葡萄园,旅游者能够欣赏淳朴诗意的葡萄园风光。

葡萄酒酒庄,提升了葡萄酒旅游的核心吸引力,包括葡萄酒博物馆、葡萄酒旅游咨询中心、餐厅、宾馆、超市、休闲娱乐等基础设施,如新西兰葡萄酒酒庄的基础设施促进了葡萄酒旅游的发展 (Alonso, 2009)。

葡萄酒旅游通道,增强了各酒庄之间的合作。国外葡萄酒产区大多建立葡萄

---

① ALONSO A D, NORTHCOTE J. Wine, history, landscape: origin branding in Western Australia [J]. British food journal, 2009, 111 (11).

酒旅游通道，进行联合生产和营销。葡萄酒旅游区的产品（优质品种、当地美食）、活动（品酒、节日）、服务（知识渊博的员工服务、景观环境与设施），葡萄酒旅游者、酒庄管理者和酿酒者的交流互动等，积极影响了葡萄酒旅游者的创意体验。

三、葡萄酒旅游多维创意体验活动

（一）基于文化系统的葡萄酒旅游产品创新

文化系统包括自然环境、土地利用、人际互动等诸多因素，独特的文化地理景观为葡萄酒创意体验提供前提和条件。旅游者在丰富的酒庄体验过程中，不仅亲身感受酒庄和酒窖特征，同时增强了葡萄酒庄园的自然景观审美，以及关于葡萄酒产区文化历史背景生产方法的探究欲望。

知识、技术、信仰和空间，共同成为文化系统的四个支柱。葡萄酒旅游环境下，文化集成产生整体效果，葡萄酒集成包括葡萄栽培与酿酒技术，葡萄酒种植传统，葡萄酒分销系统，葡萄酒消费模式，葡萄酒旅游和葡萄酒景观等诸多内容。"葡萄酒景观"与"人"的交互作用与影响，成为葡萄酒旅游重要的物质背景和文化背景。葡萄酒产区人文地理因素与地势环境因素，不仅为葡萄生长提供必要条件，同时也是葡萄园景观吸引力的重要条件。

（二）葡萄酒旅游教育体验活动

葡萄酒旅游目的地越来越强调从葡萄酒生产上升到旅游者体验，其重点已经从强调生产过程和相关设施，转为关注旅游者的休闲娱乐追求及美学体验。葡萄酒旅游不仅包括参观酒庄和葡萄园，更体现在旅游者旅游过程中所收获的独特体验：正是周围的景观环境、社会环境、地域文化、美食结构、当地葡萄酒风格及独特的休闲活动，使葡萄酒旅游受到更多旅游者的欢迎。

葡萄酒旅游教育体验活动包括品酒与就餐体验、自然体验、艺术体验等活动内容。

其一，酒庄教育活动。比如某酒庄开展的教育活动形式多样，一方面，旅游者通过观看葡萄园、艺术展览探讨酒窖艺术；另一方面，旅游者参加酒庄举办的历史研讨会、葡萄酒酿造研讨会、食品烹饪研讨会等。旅游者在与知名酒庄教师共同品尝和讨论的过程中，深度学习葡萄酒的知识，并进一步了解食品和葡萄酒搭配的奥秘。特别是以社区为基础，旅游者直接参与葡萄的收获、碾碎、冲压、发酵、装瓶等系列过程，实现了葡萄酒旅游教育活动的升华。从产品定位发展到更多审美元素的转变，葡萄酒旅游已成为一种不可复制的独特的表达方式。这种多形式的学习和参与活动，积极影响了旅游者的生活方式。

其二，丰富多彩的节日活动。通过开展节日活动提升葡萄酒旅游目的地的吸引力和葡萄酒旅游的社会价值。

（三）葡萄酒旅游创意体验活动

葡萄酒旅游创意体验活动主要表现为基于当地自然资源，挖掘酒庄的传统文化资源，将葡萄酒旅游者的参与性和互动性融入葡萄酒旅游目的地的民众生活。

比如北美加州纳帕谷是历史悠久的葡萄酒旅游区，提供创意体验活动吸引旅游者。旅游者不仅可以乘坐轿车、飞机及葡萄园上空的热气球在这个地区旅游，还可以在品酒、采购及享受车载音乐会时进行葡萄酒培训；同时还可以通过徒步、骑自行车、划竹筏等方式参观野生动物保护区。

我国辽宁桓龙湖畔的张裕冰酒酒庄，拥有冰葡萄生长的理想环境。2006年12月，辽宁张裕冰酒酒庄迎来了全国各地的特殊客人，近百位客人亲自参与了从采摘、加工到黄金冰酒酿制的全过程，亲身感受到与美酒共融的温情厚谊。

葡萄酒旅游正在从依靠葡萄酒博物馆、酒窖古迹等有形资源转型为生活方式、体验创造等无形资源的拓展。酒庄的吸引力来自旅游目的地居民的日常生活。葡萄酒旅游者在与目的地居民及葡萄酒工作人员的深度互动中，改变消费习惯和生活方式，进而整体增强葡萄酒旅游实力。

第四节　基于创意旅游的研学旅行

旅行的历史就是文化的历史。旅行直接影响着社会文化变迁的过程。中国旅行历史传统表现出文化中心观，同时具有自然环境和文化环境交叠互动的特征。艾瑞克·里德认为"旅行是历史长河中'新事物'的主要源泉"。旅行创造了"异国"与"稀奇"的经验和概念，以及"未知身份的社会存在的独特类型——陌生人"。迁移的动力和旅行活动是促进历史文化和社会变迁的最直接推动力。

研学旅行可实现自然教育、文化传统教育和综合能力培养，在动态的终身教育中实现人的全面成长。

一、研学旅行理论溯源

（一）孔子六艺与中国传统教育

中国古代文献有两种六艺之说。其一，六艺指礼、乐、射、御、书、数（《周礼·地官·大司徒》），六艺是国家规定国民应学的六种基本技能，包括我们今天所说的德、智、体等多方面内容。其二，六艺（六经）即诗、书、礼、乐、易、春秋六部儒家传承的经典。其中"六艺"之"艺"指技艺、才能。

回归传统教育，北宋理学家在道德与哲理的层面创新，表现出"气象"与

"尚理"的基本风格，"忧世"与"乐贫"的价值取向，"闲适"与"平淡"的艺术情趣。将道德视为诗歌创作与哲学建构的基础，"天理"与道德是其创作的源头活水。可见，中国传统文化中的六艺在《周礼》中包含了综合技艺和文化修养。到宋代，随着儒学的发展，与教育的结合回归传统，而且自然融入学术旅行中。

朱熹在前往武夷宫授课的途中登上遥山时（福建省下梅村附近），赞叹梅溪湾和渡津头的景致，对弟子说：吾今兴致所在，便是一兴《诗》，二兴《书》，三兴《礼》，四兴《易》，五兴《春秋》，可谓五兴也。后人依据朱熹之意在遥山顶上修建一座"五兴亭"，与"五经"经典密切相连。今日的下梅村交通发达，公路从山脚经过，不再经过遥山古道，但梅溪水依然逶迤流淌，记载了学术旅行的精彩和文化传统的源远流长。

（二）"格物致知"与家国情怀

"格物致知"出自《礼记·大学》。"格物致知"，即通情以达理的物我感通之道。通过通情以达理，有效实现了情与理的统一。"格物"之"物"在《礼记·大学》中具体体现为与自身相对的家、国、天下。朱熹认为"明明德于天下者，使天下之人皆有以明其明德也"[1]。可见，"天下"者，天下之人也。同理，"国"者，国之人也；"家"者，家之人也。表达了中国文化中以修身为本的家国情怀。

家国情怀中"情"与"理"的统一，以修身为本，实现家国情怀。离情而言理，则一切道德法则、治平律例必沦为抽象教条，无法拥有强劲的实践动力；任情而不通理，则一切道德、社会活动必沦为师心自用，无从形成普遍的道德准则。

道德伦理中"情"与"义"的统一。人伦道德以情义和礼义为出发点和归宿，情感是道德的出发点。有情才有理，无情必无理。"凡人情为可悦也"意味着唯有"真情"才是道德生活的原动力。程朱理学将通过格物致知获得的知识，作为儒学道德实践的补充，具有向事物求索的客观理性精神，拓展了传统格致论的边界，宋代科学家强调对外物的探究，表现出实证主义的精神。

（三）"知行合一"的理论与实践

在中国历史上，王阳明提出的"知行合一"学说具有较大影响力。王阳明认为"知是行的主意，行是知的工夫；知是行之始，行是知之成"。"学""问""思""辨""行"等都属于同一进程的不同侧面。

首先，"学"中蕴含着"行"，"学"即寻求能够达成此事之意，蕴含实现各种现实行为的活动，在一定程度上"学"即"行"。其次，"问""思""辨"则特指诸多现实行为活动中的思辨活动，其中，"问"指寻求解决有关此事的困惑疑

---

[1] 朱熹. 朱子全书：第6册 [M]. 上海：上海古籍出版社，2010.

难,"思"则指寻求通达此事的道理,"辨"指寻求精究此事的细节。"笃行"则是将"学"的进程敦笃地进行下去。然而,不论"学"的进程如何,都必须由同一个"做事"的意向来推动,否则,"学"的进程必然被打断或误入歧途。而"做事"之意向的发端,便是心对"做事"之必要性的知觉。"知""行"是同一事的两个侧面,如鸟之双翼,不可分割。

(四)卢梭的自然教育观

卢梭的自然教育思想主张遵从自然法则的人本管理理念,教育遵循自然的原则是其社会政治和哲学观点的具体体现。人性本善,教育应顺应学生的内在欲望而行动,顺应人的天性需求;反之,如果受到社会的干涉,学生则有可能产生不自由、不平等之感,所以在学生的理解力尚未发展完备之前,要让学生回返自然,到自然环境中去看、去听,在自然环境中自由发展,并提升认知能力。

教育要发展学生天生的禀赋,顺应学生内在天性需要的教育即"自然教育"。因而,最自然的教育,就是最好的教育。卢梭认为,人类的最高理想是自然人的生活,教育的目的就是要使人成为自然人。[①] 所谓自然人,就是自然状态的人,是绝对自由幸福与善良的人。由于他主张以学生为本位进行教育,遵循自然原则,因而大力主张给予学生自由,重视学生生活的权利,培养真正的自然人。

卢梭主张基于自然理念的教育,就是以学生为本位的全民教育和基础教育。原有环境对教育的作用很大,人类在万物有序的秩序感中有其固定的位置。基于自然理念的管理要关注学生的需要,促使每个学生最大可能地实现自身的价值,即自然的原则,基于"平等""欣赏""乐观""发展"的态度,进而实现全面的科学的教育。

(五)"大旅行"及其社会影响

"大旅行"(grand tour)源于法语,意指"长时间、大范围的旅行"。理查德·拉塞尔斯(Richard Lassels)在《意大利之旅》中首先使用"大旅行"一词。"大旅行"兴起于16世纪中后期,经过17世纪的发展,18世纪发展到高峰,特别在资本主义最发达的英国社会生活中占有重要地位。同时,以"大旅行"为代表的旅行文化得到多方面的发展。英国社会精英所依附的中心都位于英国领土之外,这种空间上的分离促使国外旅行发展成为他们文化的一部分。[②] 哲学和科学思想的发展强化了上层社会旅行的愿望。

相比于意大利、法国等欧洲大陆国家的文化与艺术,英国处于边缘地带。到欧洲大陆学习古典知识、艺术、建筑、技能的"大旅行"成为一种文化教育活动。英国人"大旅行"的目的地是法国、尼德兰、意大利和德意志,经过巴黎、

[①] 普拉特纳. 卢梭的自然状态[M]. 尚新建,余灵灵,译. 北京:华夏出版社,2008.
[②] 科恩. 旅游社会学纵论[M]. 巫宁,马聪玲,陈立平,译. 天津:南开大学出版社,2007.

阿姆斯特丹、布鲁塞尔、汉堡、维也纳、威尼斯、佛罗伦萨、罗马和那不勒斯等中心城市。以"大旅行"为代表的旅行文化呈现出明显的地域特色。

16—19世纪的"大旅行"具有鲜明特色。主要表现在"大旅行"的客源主要来自特定区域的社会阶层，集中在城镇、庄园及大中小学。位于乡村的庄园成为非正式教育的场所，在这里，各种书籍、旅行游记等在不同的社交圈传播。旅游与现代性的关系是旅游社会学的核心问题之一。[①]

古代遗迹以及具有重要价值的艺术和建筑名胜的地理位置也是影响"大旅行"线路的空间分布模式的重要文化因素。直到18世纪晚期，主要的古代遗迹都位于意大利、罗马及其周边地区，"大旅行"旅游者重点游览古代遗迹。

旅行从一开始就包含哲学、历史、文化、心理、审美、地理和社会等多方面的内容。旅游是重要的社会、文化现象，文化因素是影响"大旅行"线路空间分布模式的重要因素。教育和社会文化需求的变迁对"大旅行"线路的分布模式产生了明显的影响。[②] 其中，大学教育重视实用知识和社会技能训练是"大旅行"的重要动机，提供语言、科学、舞蹈、剑术、外交等多方面知识和技能的文化培训机构得到关注，进而成为旅行者主要的汇集地。巴黎和凡尔赛因兼具教育和经历相结合的功能而成为"大旅行"的重要目的地。

二、研学旅行的内涵与特征

（一）研学旅行的内涵

1. 研学旅行的定义

研学旅行是以教育为首要目的、集学习与旅行为一体的社会实践活动。研学旅行又有狭义和广义之分，狭义的研学旅行是指由学校组织、学生参与，以学习知识、了解社会、培养人格为主要目的的校外考察参观和体验实践活动；广义上是指一切出于求知需求的旅游者的旅游活动，以研究性、探究性学习为目的的专项旅游，是旅游者出于自然探索和文化求知需要而开展的旅游活动。现代教育日益注重素质培养，旅游的教育价值日益凸显，教育部等部委提出了通过旅游助推中小学生素质教育的政策。

不同时期关于研学旅行的定义有所不同，但都以旅行的教育意义为核心和出发点。自古以来，研学旅行先后有学术旅行、教育旅游、大游学、游学等不同概念。中国古代的研学旅行是通过异地旅行获得知识、体验文化、拜师求学以及开展文人之间的学术旅行活动，如孔子周游列国、徐霞客考察旅行等。国外研学旅行兼具游学、求知、观赏和游乐的性质，通过旅行方式实现教育目的。

[①] 王宁. 旅游、现代性与"好恶交织"：旅游社会学的理论探索 [J]. 社会学研究，1999 (6).
[②] 付有强. 17—19世纪英国人"大旅行"的特征分析 [J]. 贵州社会科学，2012 (3).

2. 旅行与教育交融

研学旅行是由学校根据区域特色、学生年龄特点和各学科教学需要,组织学生通过集体旅行方式走出校园,在与课堂完全不同的生活中拓宽视野、丰富知识,亲近自然和文化的活动。研学旅行继承和发展了传统游学"读万卷书,行万里路"的教育理念和人文精神,成为素质教育的新内容和新方式,通过旅游活动推动的、与教育融合渗透形成的新业态,不仅为旅游业发展自身拓展空间,也为教育事业发展创造了新的形式和路径,同时也提升了大中小学生的自理能力、创新精神和实践能力。将研学旅行作为教学要求,让学生体验社会,学习自然研学旅行文化知识,提高跨文化理解能力,将研学旅行作为社会课堂发挥重要作用。同时,在生活劳动体验中,在学习劳动技能的过程中,培养勤俭节约、团队协作及社会责任感等美德。

研学旅行包括社会研学旅行和学校研学旅行。二者在学习动机、游学目的地、兴趣选择、旅行目的等方面表现不同。社会研学旅行表现为多层次、多样化,比如增长见闻、民族认同、情感交流和休闲放松等。学校研学旅行的主要特征是学习知识、培养兴趣能力、愉悦身心、开阔视野、陶冶情操、健全人格等。研学旅行对旅游者的认知、情感、行为意向水平等方面都产生积极影响。

3. 在研学旅行中成长

中华优秀传统文化和中国共产党红色旅游资源是研学旅行的重要资源。在研学旅行中可感悟文化之美,增强文化自信,培育青少年群体的家国情怀,持续提升国民的综合素质。新时代研学旅行必须坚持国之大者的战略导向,万不可只是将其当作一门生意来做,也不可任由资本的意志和市场的力量把研学旅行导入无锚之境。从人的全面发展出发,万物皆可研学。从城市到乡村、从工厂到学校、从戏剧场到菜市场,祖国的每一寸土地、每一秒时光,都构成研学旅行的时空场景。

在旅行中可感受和学习中国传统文化,在参与楹联、书法、绘画、陶瓷、刺绣、戏剧、雕刻、工艺、美食、服饰等中国传统文化的创作和表演活动中,深刻感受中华传统文化的源远流长,体会文化作品中蕴含的古代智慧、文化内涵,体验中华优秀传统文化自身蕴含的绵延不绝的生命力,增强文化自信。

(二)研学旅行的特征

旅游是社会教育的重要组成部分,具有德育、智育、体育、美育和环境教育等方面的功能。研学旅游作为个体的学习情境,具有愉悦性、演变性和社会导向性等特征。[1] 基于教育学视角,包括研学旅行内涵、构成要素、影响因素、推进措施等方面内容。研学旅行作为教育的重要组成部分,对学生的学识、认知及养

---

[1] 白长虹,王红玉. 旅游式学习:理论回顾与研究议程[J]. 南开管理评论,2018,21(2).

成教育都具有重要意义。

1. 文化性特征

旅行，人类自童年时期就已经开始探索，拓展生存与生活的空间，无论以怎样的方式和途径，都或多或少与"文化"相随。在所经历的诸多与旅行相关的活动中（如迁徙、游牧、漂泊、商贸、征伐、差役、出访乃至地理大发现、移民等），虽然还不是今天所认知的科学意义上的旅行，但旅行活动却根植于人类文化创造的发展与进步中，根植于对完善人格的追求中。

中国独特的旅行踪迹体现了独特的文化传统。中国古代旅行的参加者是帝王将相、文人墨客等，包括帝王巡游、文人旅行、科学考察等不同旅行方式。中国古代旅行的历史，就是文化创造与传播的历史。文化的传播基于两种方式：一种方式为孔子、孟子、朱熹等先贤通过旅行活动传播文化；另一种方式为旅行者向目的地进行文化传播。孔子周游列国，"登泰山而小天下"；屈原被贬而有"路漫漫其修远兮，吾将上下而求索"的卓越追求。商旅文化、礼乐文化、地理文化、审美文化等旅游文化的客体，都是古人通过旅行的途径创造；同时，古人在旅行中自然形成了旅游文化资源客体的内容，当今旅游者一直在致力于追踪古人的游迹。

旅行与文化密不可分，旅行本身就是一种文化交流。我国古代旅行活动形式众多，异彩纷呈。司马迁游历全国而撰写的《史记》成为经典，《徐霞客游记》中记录的"景点"更是今天的"经典"。"读万卷书，行万里路"深深影响了各个时代的读书人。旅行与人类的生活和追求密切相关。同样，读书与旅行密不可分。在地研学是传承中华民族传统文化和提升国民素质的场景支撑，自古以来就是中华民族的优良传统。读万卷书在先，行万里路在后。教育是人才培养、知识传承和文化创造的主渠道。[①]

2. 自然性特征

研学旅行的核心价值在于教育功能的实现，即研学旅行对旅游者产生的教育意义和影响。研学旅行承载着基础教育阶段素质教育的重任。与传统修学旅行相比较，研学旅行具有新的时代教育特征，主要体现在：

其一，研学旅行活动中学生投入大自然，学习新知识。正如卢梭在《爱弥儿》所说："大自然希望儿童在成人以前就要像儿童的样子。"教育要顺应自然成长规律，研学旅行将"学"与"游"融合一体，重新回到最初意义的学习方式。在"学"与"游"的融合活动中，学生个体从大自然、从大社会获得信息素养和心灵感悟。

其二，在旅游旅行中践行自然教育。"建设生态文明，关系人民福祉，关乎

---

① 戴斌. 书生意气的研学，家国天下的旅行[N]. 中国文化报. 2021-11-13.

民族未来"。研学旅行具有开展生态教育的天然优势。研学旅行有助于学生全方位地认知自然的丰富性、多样性、开放性,激发热爱之情;敬畏自然,增强环保意识;承担社会责任。

3. 体验性特征

陶行知先生坚持"教学做合一",倡导研学旅行,积极推动"新安旅行团"。研学旅行活动强调学生广泛参加各项社会实践活动,倡导学生亲近自然,倡导学生走进社会,强调青少年在真实的客观环境中自我体验、自我感悟、自我成长。在研学旅行活动中,学生通过真实的体验,可以获得快乐、增长知识、训练技能、增长才能。

研学旅行将"学"与"行"结合在一起,在社会实践中进行探求、进行体验、进行求真,使得理论知识和社会实践相互印证,去伪存真,探求真知。让学生走进名胜风景、人文遗址、科技馆、博物馆、现代农业示范园等与学校生活截然不同的新环境,参与过程本身不仅是一种情感体验,更是一种分享与合作的体验。

三、研学旅行的理论价值和实践意义

(一)研学旅行的理论价值

研学旅行具有多层面的理论价值和实践意义。从国家层面,研学旅行是培育学生践行社会主义核心价值观的重要载体,也是拓展文化旅游发展空间的重要举措。从学校层面,研学旅行是深化基础教育课程改革的重要途径,是推进实施素质教育的重要阵地,是学校教育与校外教育相结合的重要组成部分。从学生层面,研学旅行是进一步促进学生全面发展的重要方式。

研学旅行经过多年的发展,已经具有新的特征。从观光旅游发展到具有专业性特征的教育和文化旅行,体现在研学内容、教育模式、研学项目等方面的转变,研学旅行辅助学校教育,具有终身教育和全面教育的重要特征。

(二)研学旅行的实践意义

其一,促进人的全面发展,研学旅行的核心主要体现在促进人的全面发展,在研学旅行中促进学生全面成长。研学首先表现为体验活动。体验作为一种心理现象,研学旅行者到全新的环境中会自然产生一种即时的新奇体验。这种体验恰恰是中国传统文化中所阐述的"知行合一"思想。包含着生活、情感、意志、观念等多方面内容,"不登高山,不知天之高也;不临深溪,不知地之厚也",只要亲临此地才可以获得。同时,旅行中学生所耳闻目睹的万事万物,不仅能增长知识,同时更是道德认知的拓展,进而到人生意义的领悟与提升。

在研学旅行中增进多方面的交互。在旅行中,必然近距离地接触人、自然、社会等彼此交融的有机整体,在走近大自然和融入社会的过程中,研学旅行提供了与自然和社会交互的机会。比如在与自然的交互中,发现大自然之美,进而提高审美力,思考人与自然的和谐,进一步产生保护自然的意识并付诸行动。与社会的交互中更是异彩纷呈,包括衣食住行、琴棋书画等方方面面:穿戴和学习制作民族服饰、品尝和亲手制作美食、参与民俗活动以体验不同地域不同民族文化,只有这样才能深层次了解目的地真实的风土人情和价值观念。特别是与非物质文化传人交流,了解当地特色文化遗产,爱乡爱国情感得以升华,进一步为文化的传承和传播做努力。

在这个过程中,我们获得多方面的教育成效。研学旅行可以丰富教学内容,为学生提供多元价值观认知和学习机会,实现德育源于生活、德育回归生活,实现养成教育,学生获得多元化发展。

人的全面发展是人类对自身发展的最高追求。人的全面发展是历史的概念,与社会发展是一致的。现代大工业生产要求劳动者的全面发展,并为之创造了条件。新的科学技术革命对人的发展提出了新的要求。终身学习是人的全面发展的主要途径[1]。孔子"若臧武仲之知,公绰之不欲,卞庄子之勇,冉求之艺,文之以礼乐,亦可以为成人矣"(《论语·宪问》)。当时的教育内容"礼、乐、射、御、书、数"("六艺")就是想培养"智、仁、勇"全面发展的人。希腊重视和谐教育,希腊人认为,美就是和谐,或者说和谐本身就是美。希腊人所理解的人,不仅要求其心灵美,而且要求其躯体美,心灵美和躯体美的统一才真正体现了和谐,才真正达到了人的完美性[2]。

马克思主义关于人的全面发展思想体现其本质内涵。历史上许多思想家、教育家都曾追求过人的全面发展。马克思把人的全面发展和社会发展联系起来,科学地阐明了人的全面发展的本质及其发展的物质基础和条件。如何才能促进人的全面发展?只有通过教育与学习。"科学技术革命使得知识与训练有了全新的意义,使人类在思想上和行为上获得许多全新的内容和方法,并且是第一次真正具有普遍意义的革命。"[3] 教育和学习已经不限于学校,而是学校教育与社会教育结合、正规教育与非正规教育结合、正式教育与非正式教育结合的多种形式。信息技术、远程教育、互联网都给学习者提供了随时随处学习的条件。

其二,终身学习——动态的全面发展。全面发展包括脑力、体力、思想和行动诸多方面。终身教育体系中,无论是常识的获得,还是价值观和人格的建立,相对于制式教育,家庭、社会和自然都比我们想象的要重要得多。青少年时代所

---

[1] 顾明远. 终身学习与人的全面发展[J]. 北京师范大学学报(社会科学版),2008(6).
[2] 滕大春,戴本博. 外国教育通史:第1卷[M]. 济南:山东教育出版社,1989.
[3] 联合国教科文组织国际教育发展委员会. 学会生存:教育世界的今天和明天[M]. 北京:教育科学出版社,2000.

阅读的书、所体验的文化，以及旅行中所接触的人和事，对个体综合素质的提升无疑具有"扣好第一粒扣子"的重要作用。全球范围都以构建国民终身教育体系为导向。全面建成小康社会的中国，全面开启社会主义现代化国家建设新征程的中国，必须坚持有中国特色的新时代研学旅行指导思想：以青少年群体为重点，构建全体国民的终身研学体系；既不能游而不学，把研学旅游变成观光旅游，也不能学而不游，简单地把课堂教学场景搬到校园之外；既要强调研学参与者的科学精神、环境保护和公民意识，更要涵养广大青少年家国天下的大格局、大情怀。① 研学旅行帮助旅游者认识自然、体验文化、接受多样性，对旅游者的心理结构、行为模式产生重要影响。社会文明建设与研学旅游相互促进，具有重要的社会价值与科学意义。

---

① 戴斌. 书生意气的研学，家国天下的旅行. 中国文化报，2021-11-13.

第五章
京津冀区域历史文化村镇保护与传承

本章选取被中华人民共和国住房和城乡建设部、国家文物局评选的历史文化名村名镇，综合分析历史文化镇的自然景观、遗产景观及古镇街巷中现存的商铺、错落有序的民居，综合分析古镇周边的自然村等物质因素，历史文化村镇的非物质文化遗产因素，以及历史文化村镇的原住民、新居民的生活、居住、工作的原真性状态，将山、水、树木、道路、建筑等静态要素，与生活方式等动态要素相交融，进而在京津冀协同发展的大背景下，将文化传统与生态环境有机结合，构建联系历史、现在与未来的历史文化名村名镇时空发展战略。

第一节　物质文化资源类型与保护利用

一、京津冀区域文化资源整合

（一）建筑文化

1. 蔚县暖泉古镇

暖泉古镇位于河北省蔚县最西端，东距蔚县城 12 千米，西与山西广灵县接壤，是以农耕为主的典型北方古镇。暖泉古镇历史悠久，文化底蕴深厚，文物古迹众多，旅游资源丰富，传统民俗文化独具特色，古镇以神奇的泉水、繁荣的集市、精美的古建筑及独具特色的民俗文化和风味小吃而闻名。

古镇的"三堡六巷十八庄"，形成于明清时期，村堡、街巷、民居等建筑格局保存完整。暖泉古镇区内古建筑群集中有序，保存完好；单体建筑工艺精湛，风格迥异，彰显了历史文化价值。

暖泉古镇八个古村堡均保存完好，其中"三堡"（中小堡、西古堡、北官堡）历史尤为久远。北官堡始建于明嘉靖年间，是明代驻军屯兵之处。堡内古粮仓、古寺庙分布其间，板筑的堡墙、高大的歇山顶堡楼，雄伟庄严，无不透露出一种坚关严堡的军事气息。与中小堡仅有一巷之隔的西古堡，又称为"寨堡"，是集"古城堡、古寺庙、古戏楼、古民居"四大古建奇观为一体的典型北方古堡，被誉为"中国第一堡"，西古堡已被批准为第六批国家级重点文物。

暖泉古镇有保存完好的村、堡、街、巷，街巷两侧则分布着大量的古民居，古民居宅院有 180 余所，其中规模较大的九连环、四连环式套院有 6 所，包括东西楼房院、董家祠堂、苍竹轩等，九进九出、四进四出、多个院落相互贯通，形成一个整体，总称为"连环"。民居布局严谨，选材考究，砖雕木刻精致，歇山起脊屋顶，文化气氛浓厚，反映了古镇的神秘与繁荣。

暖泉古镇地藏寺及周围古建筑布局灵活、结构复杂，殿宇高低错落有致，充分显示了古代高超的建筑艺术。华严寺位于镇内东市街上，为国家级重点文物保护单位，殿内保存有民间彩绘，有狮子滚绣珠、花卉、白鹿等图案。千年道观——老君观始建于金代泰和年间，是河北省以北地区现存最为完整的道观之一，是金国四太子金兀术的前哨行辕。

2. 永年县①广府古城

广府古城集古城、水城、太极城于一体，既有平遥城之"城"，又有白洋淀

---

① 2016 年 9 月，邯郸市撤县设区，永年县改为永年区。

之"水",更有杨式、武式太极拳之风骨,是我国北方一带罕见的历史名城。

广府古城历史悠久,文化底蕴深厚。广平府习惯称为广府;广平府古城,习惯称为广府古城、广府城,或称永年古城。广平府西依太行,地理位置特殊,自古为兵家必争之地。明清时期,广平府为古冀南大地三府(广平府、大名府、顺德府)之一,也是今邯郸市乃至河北省一座重要的历史文化名城。广府城位于永年县境东南部永年洼地之中心。城四围环水,碧波荡漾,孤城岛立,气势雄伟,自建城以后,多为政治、经济、军事、文化中心。广府城作为一座历史名城,其特殊的水系环境以及自己独特的城池风格,是区别于其他名城的显著特征。

清光绪版《广平府志》记载:池深一丈五尺,阔三丈。但清光绪版《永年县志》则载:池,旧深一丈,阔十二丈。关于池的记载虽然说法不一,但可以肯定广府城外的护城河具有相当规模。永年县境内古时仅有洺河、漳河、小沙河三条季节性河流,倘遇旱年,河水断流时有发生,护城河也随之干涸。当时滏阳河属漳河水系,不流经此地。直到金、元时期才开始引水注入城壕。

另据《元史·卷六十五》载:至元五年(1268年),洺磁路言,"洺州城中,井泉咸苦,居民食用,多体疾,且死者众。请疏涤旧渠,置坝闸引滏水分灌洺州城壕,以济民用。岁二次放闸,且不妨漕事。"中书省准其言。即元代年间,为灌注城壕曾疏浚(洺河)故道,在旱或缺水时节引滏水分灌城壕或济民用,且每年只两次。明成化十一年(1475年),滏阳河才正式分离漳河水系,作为一条独立河流从广府婉流过境。滏阳河从境内穿流而过,为广平府的发展创造了有利条件。自此,广府人便在滏阳河上建闸引水注壕灌田,造福当地百姓。

广府古城的主要空间格局呈现出护城河、古城墙环绕下的古代方形城池格局的特征。作为府县合一的古城,城内古建筑主要有府署、县署、府学、县学、府城隍庙、县城隍庙、府文庙、县文庙、武衙门、武庙、天皇庙、万寿宫、大佛寺、魁星阁、紫山书院、文昌阁、养济院、义仓、大仙楼、窦建德墓等。光绪二十八年(1902年),又成立了河北省立第十三中学。

城外古建筑,旧有演武厅、社稷坛、先农坛、莲亭(清晖书院)、九龙庙、东岳庙、甘露寺、山川坛、吕公祠、毛遂墓、露泽园、廉颇墓等。府署位于古城中央北部,正对南大街,东西两侧各为东、西宫墙街,署前有"三辅襟喉"牌坊,是由照壁、大门、仪门、戒石亭、大堂、二堂、三堂、东四堂、西四堂、东客厅、西客厅、东科房、西科房、花园等官署和官宅组成的大型院落。

广府古城悠久的历史和特殊的人文地理环境,形成了古城独特厚重的文化积淀。古城虽历经岁月的洗礼,但其历史风貌犹存。

广府古城完美体现了我国古城墙营造技术。春秋时期已为曲梁侯国的曲梁城,当时为土城,距今已2 600多年的历史。明代时将原来的土城修建为砖城。现存以明代为主体的广府古城，保存基本完好，城墙高 12 米，宽 8 米，周长 4.5 千米。古城除南、北瓮城及城楼、角楼等建筑已毁外，东、西瓮城和墙体及护城河等基本保存完好。广府古城墙作为中国传统古城的军事防御设施，其瓮城、角楼、马面、雉堞、城门洞、城门、千斤闸、城门楼、马道都有保存或遗迹存在，反映不同年代城墙建造技术的元代的夯土城墙、明代的青砖城墙保留基本完好。

如今的广府古城之所以称为水城，主要是依托古城外围宽广的护城河，以及古城周边大面积的湿地环境。文献记载，广府古城作为水城的历史可谓久远。据《宋史·郭进传》载，周（后周）显德年间（954—960 年），"官洺州团练使"，"进尝于城四面植柳，壕中种荷芰蒲蔰，后益繁茂"。由此可知，早在五代后周时期，广府古城一带已是柳树成荫，荷花满塘，呈现出一派水乡景象。元至元五年（1268 年），洺州路奏请"引滏（滏阳河）水分灌洺州城壕，以济民用"；明成化年间知府李进浚池引水，种荷植柳；嘉靖年间知府陈俎、崔大德增修护城河，并在滏阳河上建闸引水注城壕，开渠凿井灌田，古老的西八闸灌区，被誉为"稻田千顷"的水乡。

清代时又多有增修和疏浚，使广府古城一带被誉为北国小江南。清乾隆十七年（1752 年），直隶总督方观承治蝗放粮过此地，夜宿莲亭，眺望古城，为古城美景所动，夜不能眠，题诗一首，至今勒石犹存："稻引千畦苇岸通，行来襟袖满荷风。曲梁城下香如海，初日楼边水近东。拟放扁舟尘影外，便安一榻露光中。帷堂患气全消处，清兴鸥鱼得暂同。"该诗真实细腻地再现了广府古城一带的水乡风貌。如今，环绕古城之外长 5 千米的护城河保留较好，经过疏浚后的护城河宽近 100 米，河深达 2.5 米，城河两旁绿柳成荫，护城河水波荡漾。天晴的日子，风和景明，那青灰色的城墙倒影在护城河水面上，使人仿佛又看到了当年的古代城池风貌，产生悠悠遐想。

广府古城位于永年洼的中心，这里地势低洼，北高南低，水能自流，陆面平均海拔 41 米（为县境内最低凹处），现洼地面积达 4.6 万亩。永年洼常年积水，水质优良，水生物繁多，是天然的养殖场。水生动物主要有各种鲤科、鳅科、鲇科鱼类，以及鸬鹚、黑鹳、苍鹭、野鸭等水鸟。野生植物有 40 多科、100 多种，特别是湿地植物类型更为丰富，主要有金鱼藻、蒲草、水竹、芦苇、芦草、菖蒲、车前子等。灌木主要有枸杞、荆条、紫穗槐、白蜡等。在此区域自然形成了浅植稻苇、深种荷蒲的独特人文景观，成为北方极少见的湿地洼淀风貌特征，这与北方普遍的温带半干旱地带形成鲜明反差。每当骄阳西坠时，渔舟唱晚，碧波荡漾，鸳鸯交颈，鱼鳞跳纵，一派和谐生态景象，使人流连忘返。永年洼在提升区域生态功能、古城文化传承、丰富旅游体验与创意内容等方面发挥着重要作用。

（二）运河文化

1. 运河沿岸城市的兴起

永济渠的开通，促进了运河两岸经济的发展，在沿岸陆续兴起了一批著名的城镇，形成了一条密集的城市带，由于它通达南北，漕运发达，成为北方地区与京都齐名的繁华都会，《隋书》卷三十称"魏郡、清河，天公无奈何"。这些城市最突出的特点是多因水运码头或桥渡功能而发展，并随运河而兴衰，邯郸东部的兴衰与运河有着密切的关系。

东汉官渡之战后，袁军退守邺城，凭借其城防坚固、粮草充足之优势，与曹操形成了南北对峙的局面。曹操为统一北方、雄踞中原，兵临邺城。为了保障粮草的运输，便在黄河与邺城之间开凿了白沟，这样运送粮草的船队可以从许都（今河南许昌市）经白沟入洹水（今河南安阳境内）而直达邺城。后又利用漳水泛滥，引水淹城，攻下邺城。曹操攻占邺城以后，大兴土木，兴建了邺北城，随之后赵、冉魏、前燕、东魏、北齐又先后在此建都。后赵、东魏、北齐时又营建了邺南城，使邺城的规模不断扩大，邺城也因为白沟和漳河的滋养成为六朝古都，是我国古代因运河而生、因运河而繁荣的早期城市之一。

隋大业四年（608年），随着永济渠的开通，邺城被焚，邺城以东的魏州城崛起，从而取代了邺城区域中心城市的地位。魏州城即后来的大名府城，位于今大名县东北大街乡一带。隋唐时期，魏州得运河之利、漕运之优势，开始崛起，使这里商旅云集，江淮货物充斥于市，成为利用大运河发展商贾的城市之一。

永济渠修通之后，最早在这里利用永济渠发展商贸的是魏州刺史李灵龟。李灵龟为唐高祖的孙子，唐高宗永徽年间（约652年），他为吸引客商，将永济渠水引入新市，给当地百姓和商户带来了便利。唐玄宗开元二十八年（740年）九月，魏州刺史卢晖又将永济渠引入城西，在运河两岸建楼百余间，储存江淮运来的大米、沧州运来的食盐等货物，然后销往各地。邯郸、邢州（今邢台）各地的粮食也从陆路运到魏州等运河沿岸，再装船运到洛阳，以魏州为中心的航运业使其迅速繁荣起来。天宝年间，诗人李白游历魏州，曾赞叹道："魏都接燕赵，美女夸芙蓉。淇水流碧玉，舟车日奔冲。青楼夹两岸，万室喧歌钟。天下称豪贵，游此每相逢。"

"安史之乱"后，唐朝地方形成了藩镇割据局面。魏州成为魏博节度使治所，人口多达几十万户。由于魏州控据魏桥水路枢纽，地位重要，经济基础雄厚，其实力很快跃居河北诸镇之首。田承嗣任魏博节度使时，统领魏、博、贝、卫、澶、相六州。魏博始终不受朝廷节制，甚至形成了与朝廷分庭抗礼之势。魏博节度使驸马都尉田悦称"魏王"，置百官，抗唐命，改魏州为大名府，以府为都。唐德宗建中三年（782年），马燧、李怀光与朱滔等战于魏州城下，决开永济渠水入王莽河故道，断绝了官军粮道及归路，马燧退保魏县（今大名西北，原治永济渠南），双方隔渠水列营相拒，互争魏桥，场面极为惨烈。

北宋初年，契丹集重兵于北方，对北宋王朝构成了极大的威胁。当时宰相吕夷简主张迎敌北上，构筑北方防线，将大名府建成边陲重镇。宋仁宗采纳了吕夷简的建议，于庆历二年（1042年）将大名府升为陪都，钦定大名府为北京。在吕夷简的亲自主持下，耗资巨万，修建外城，增建宫城，成为保卫京都汴梁的一道铜墙铁壁。魏州城的建造除受军事防御思想的驱使外，也考虑到永济渠水运之便对城市的影响，从城南两座城门分别命名为"广运门"和"登槽门"即可得到印证，在今大街乡东门口卫运河岸畔立有"御凿卫运河纪念碑"。

2. 大名府航运历史遗迹

近700年的运河史中，留下了航运历史遗迹。据民国《大名县志》记载，大名有八处渡口，分别是岔河渡口、龙王庙甘庄渡口、曹道口渡口、赵站渡口、苑湾渡口、东门口渡口、善乐营渡口、顺道店渡口。

山西会馆位于河北省大名县金中村，西距卫河东堤200米。该会馆始建于清代中后期，为当时山西旅居大名的富商大贾接客迎仕、联谊集会和焚香祭奠的场所。会馆占地面积约1 500平方米，建筑格局坐南面北，现存门楼居中，院落南端存五间主房，中间三门为近年改装，顶部瓦面翻修，其北存有左右对称的东西厢房各三间。该会馆早年为一组气势恢宏的建筑群，现房屋破损严重，围墙坍塌。

龙王庙曾是大名的商业重镇，三省水陆码头，运河两岸，船桅林立，货物堆积如山，四方商贾云集。规模较大的货场有：河东为杂货场；河西甘庄南北各有一货场，北货场主要存放煤炭、石料、土产，南货场主要堆放食盐、瓷器等。龙王庙故址尚存，明成化七年（1471年）"大名县重修龙王庙碑记"上完整记录了龙王庙寺院及运河上水旱码头七百年的兴衰史。

冠厂码头在运河东岸、金滩镇北，是依托河运兴起的村落。曾经是山东冠县、莘县、朝城县①的漕运货场。此处还流传着72座砖窑的说法。据查，砖窑呈南北排列，绵延约1千米，现村内遍布陶质灰砖，多为半块，少数完整，另发现有铭文砖，上印"成化十八年月日朝城县窑造"字样，砖尺寸大小不一，最大的长50厘米、宽25厘米、厚14厘米。应是明代时各县为京都的营建而烧造的砖，由此通过卫河至天津转运京城。

窑厂村紧邻卫河东堤，因烧制贡砖和生活器皿而得名。现发现陶窑址多处，村民砌墙所用早年烧制的大型灰砖较多，曾在建房过程中出土了"魏国公祠堂砖"铭文砖。

金滩镇码头是通往京城和天津的船泊码头，载有数万斤货物的船只停泊在码

---

① 1953年，朝城县与观城县合并，建立观朝县。1956年，观朝县被撤销，朝城县的建制改成朝城镇，隶属于莘县。

头,每日帆影往来,镇中商号会馆林立,商客如云。

3. 馆陶的兴起

馆陶古属冀州,有着优越的陆路和水路交通条件。尤其是曹操开挖白沟之后,馆陶一带航运更加兴盛。明朝从南京移都北京后,卫运河漕运再度兴盛。永乐二年(1404年),明朝政府在今馆陶镇设陶山水驿,各州县的贡粮等物品通过卫运河运抵北京。当时在漳、卫河汇合处,设有皇粮装卸点,岸上库房林立,今馆陶县王桥乡徐万仓村名盖出于此。徐万仓村还是漳、卫河的汇合处,1942年漳水在徐万仓村注入卫河,汇流前卫河为东西向,漳河为南北向,也是王莽河的故道,两河汇合后向北流去,始有"卫运河"之名。

清代馆陶县从南向北,在卫河沿岸共置南馆陶、黄花台、滩上等12个铺舍。设有驸马渡、清泉渡等10处渡口。因为航运便利,馆陶的商贸活动一直比较繁荣,明清时期北馆陶、南馆陶均有山西会馆,闻名遐迩。

馆陶县境内的永济县,县治在今馆陶县陈路桥村附近,隋运河开通后,这里架有一座"永济桥",因漕运兴旺,来往客商住店买卖渐渐形成市廛聚落,称"张桥店""张桥行市"。唐大历七年(772年)魏博节度使田承嗣于张桥行市设县,由于永济渠穿县而过,故名永济县,宋熙宁五年(1072年)被并入馆陶县。

永济桥为当时的水路枢纽。由于桥渡的军事交通地位比较重要,很多重要事件都发生在这里。据《馆陶县志》载,康熙帝南巡时,途经馆陶清凉寺(今丁圈村西),"驻跸于此,改名兴龙寺"。当时的卫运河漕运繁忙,商船云集,呈现出一派繁荣的景象。

魏县与馆陶县同属河北省邯郸市,历史上,二者自西汉至魏晋南北朝时期先后隶属于"魏郡"或其后改称的"魏州"。魏县古称"洹水"或"洹水古城"(今旧魏县村),因位于洹水流域而得名。曹魏"遏淇水入白沟"与洹水合流后,开始兴起。北周建德六年(577年)在此设"洹水县";永济渠开通后,随着漕运的发展而更加兴旺;宋熙宁六年(1073年),洹水县并入成安县,魏县县治随之迁至于此(旧魏县村);直至明洪武三年(1370年),又迁往五姓店(今魏县魏城镇)。可见,"洹水"(今旧魏县村)作为县治所在地,延续了近八百年之久。据《大名府志》记载,当时设有回隆、双井、泊口、闫家渡等渡口。其中,回隆镇"临卫滨,通四邑",双井镇"枕卫河西岸,通舟楫之利",都见证了这里的水陆交通盛况。

运河漕运的繁荣和经济的发展,催生和哺育了一批城镇。邯郸东南的邺城、大名府及馆陶等因运河而兴,也因运河改道而逐步衰落,现邺城遗址、大名府遗址已被列入全国重点文物保护单位,它们在中国历史上和大运河的历史上书写下了不朽的篇章。

4. 丰富的运河文化遗产

运河的开凿不仅沟通了南北物质上的交流,也带来了运河沿线文化的发展与繁荣。在农耕社会，以相对固定的地域从事生产活动，而运河的长线形和流动性，使各种地域文化相互融合，兼收并蓄，为城市注入了开放的信息和动力，也塑造了城市的人文品质。

历史上的邯郸运河之畔曾孕育了享有盛誉的建安文学，同时运河两岸的风土人情和优美的景色，也吸引了大批的文人墨客，留下了不少诗文佳作，如唐代李白的《魏郡别苏明府因北游》、明代王世贞的《月夜发大名谢茂秦顾季狂追会卫河舟中作》等。

运河两岸口头与非物质文化遗产极为丰厚，有魏县土织土布、冀南皮影、四股弦。另外还有与运河文化有关的歌谣、谚语、运河号子、诗词楹联、民间传说、俗语、歇后语、笑话等。

运河不仅是燕赵大地上的一条母亲河，也是一条生态河、文化河。我们相信，随着大运河的保护与申遗，邯郸和全国其他运河城市一样，一定会像流淌不息的运河一样创造出新的辉煌。

二、基于"天人合一"的传统民居

自古以来，广大民众受"天人合一"思想的影响，仰观天文、俯察地理，近取诸身、远取诸物，通过实践思考和感悟来设计自己的住宅，其营建都是因地制宜、就近取材，财力、地位间的各种差异，造就了丰富多样的传统民居，在艺术、技术、环境方面都表现出不同的水平。

（一）河北涉县偏城村

河北传统民居以四合院为主，根据居民的身份和财力有官商之家和平民之家之分；根据建筑材料不同有石头房、土坯房、砖瓦房之别。官商之家多为砖瓦建设，平民之家多为土坯、石头建设。虽然房屋大体格局相同，但在细节和局部上又有着不同的表现形式。

涉县偏城村具有官商之家的特点。偏城村民居建筑以典型北方四合院为基本形式，院子大小、风格有所不同。"将军第""进士府"均为一进三院的串联式院落布置，纵深方向用筑墙开门的方式区分前后两院，既起到分隔作用又保证两院之间的紧密联系，做到分而不隔；依据地形高差组织院落，丰富空间层次。一进宅中两个或三个院子通常不在同一水平面，利用台阶、楼梯联系各平台，使之相互融合与联系，这样做既减少土方量，节约了建造成本，又方便院内排水系统的设置，同时层层抬高的地势增强了院落威严的气势。

偏城村位于晋冀两省交界处，自古以来为战略要塞，有"秦晋之要冲、燕赵之名邑"之誉，现为偏城镇政府所在地。辖区面积 6.71 平方千米，700 余户，2 300 多人。偏城村东南西北四面环山，东有卧虎山，南有凤凰山，西有龙岗山，北有立虎山。植被茂密，柏树、油松、灌木藤本植物及野生草药丛生，生态环境良好。偏城村建在两山夹一沟的狭长地带，地势自西北向东南方向倾斜，呈弧状阶梯式排列。民居建在方整的高岗之上，四周用石头筑成高达 10 米的寨墙，现存 48 个院落，是北方少有的典型的寨子式四合院建筑。此村 2008 年被住建部与国家文物局评为第四批"中国历史文化名村"。

刘家寨民居总体布局及形态特征体现了道教思想，"莲花"图形被广泛使用在建筑装饰中，庄园建设群的"四巷""八卦"堪谓荷花之内四瓣、外八瓣，贯穿南北的道路轴线与东西向的主轴线交叉处，产生 90 厘米的错位，模拟"阴阳鱼"图案，蕴含道教"阴中有阳，阳中有阴""太极生两仪，两仪生四象，四象生八卦"之寓意。

刘家寨民居反映了偏城地区的历史与地域特征，尽管功能、用途、大小、风格各不相同，但都表现了沉稳、细致、质朴的特征。现存 80% 以上建筑为清代至民国初年建造，全部是砖石土木结构。四周均以石筑成 10 米高的寨墙，设有东、南、北 3 个城门，为北方少有的典型寨子式建筑。院落布置对称，形成合院式居住体系，主房位于院落尽端，通常为五至七开间，靠内部木质楼梯联系上下两层，主、次房的门窗全部朝向院内，每户居民都有良好的独立性和私密性。

以偏城刘家寨为主的历史文化区片，重点是历史、文物遗址、遗迹等历史文化资源。其建筑规模宏大，如刘家寨村至今仍保留着庞大的古建筑群，金末元初直至明、清的建筑发展脉络清晰。刘家寨地处晋冀两省交界地带，始建于宋末元初。寨留三门、四街、八巷道，是河北省北部历史最悠久、规模最大、保留最完整的一处城堡式民居建筑。

偏城村内的民居建筑等级森严，特别是在大门的建筑上区分明显。官宦之家的门称官宦门，建筑威严，雕梁画栋；家中妇女主要是威望较高的长者，当家做主之人住的房子的大门为垂花门；商贾之家的门为如意门；一般平民的门称男子门。

始建于宋末元初的偏城村古村落是河北省北部历史最悠久、规模最大、保留最完整的一处城堡式民居建筑，民居单体建筑工艺精湛、风格迥异，不仅体现了中原区域文化特色，同时彰显了中国传统建筑精髓和先人的智慧。

其一，中华文化传承。偏城村核心保护区内随处可见的石质门楣楹联、木质匾额、木刻、砖雕、石雕等都记载着"明德、格物、致知、诚意、正心、修身、齐家、治国、平天下"的儒学传统，诗书传家是刘氏家族熏陶后代的主要方式。武德骑尉府偏门寓意厚而不愚、遵本固根，体现刘氏祖先对家族待人处世、为民居官的道德要求和行为准则。道光二十年（1840 年）重修的东井和龙王庙碑记载了偏城刘家乐善好施、造福乡里的善举。

历史上偏城村百姓崇奉佛教，建起四座庙宇，村南三仙圣母祠重修于清乾隆年间，正殿供奉观音菩萨；村北圣寿寺始建于北齐天保年间，与涉县娲皇宫同时代建造，规模庞大；村东是关爷庙；村正中是龙王庙，清光绪年间重修，记录了偏城当年的辉煌。

其二，革命历史传承。偏城村是中国共产党较早开辟的抗日根据地之一，八路军民运工作队于1938年1月进驻偏城地区开展工作。偏城俗称"宇庄沟"，是抗日战争中太行山革命根据地的腹地，"舍一州，丢一县，不舍宇庄一条线；舍一县，丢一州，不舍宇庄一道沟"。中国共产党领导的牺盟游击队、新华游击队两支地方武装和偏城村自卫队曾在这里进行体能训练及军事训练。这里是反击1942年日军大扫荡的主战场，偏城军民英勇顽强抗击日军，为民族解放事业做出重要贡献。

其三，医药发明传承。抗日战争和解放战争时期，中医老先生就地取材，为中共中央北方局、晋冀鲁豫边区政府、八路军一二九师司令部党政军干部战士医伤治病，防治疟疾等各种传染病，增强战斗力。八路军一二九师卫生部组织编辑《太行山药物》手册，成功研制"柴胡注射液"和"苍术油注射液"，1943年3月7日《解放日报》（华北版）刊登《医学界的新贡献——利华药厂发明注射液》的报道。今天涉县野生柴胡仍是制定《中华人民共和国药典》的标准药材，开创了传统药物现代制剂的先例，填补了世界制药史的空白。

（二）北京门头沟斋堂镇灵水村

北京西部门头沟区斋堂镇灵水村，因村子里出现过举人刘懋恒、刘增广，被当地人冠以"举人村"。灵水村地处清水河流域，建筑风格别具特色，房子高大，进深长，保暖效果好，村子目前一共有72口井和36口碾子，15棵古树。2017年10月左右，灵水村进行大规模的修缮活动，但并非"修旧如旧"，而是将很多清代建筑推倒后重新翻盖，村落原有面貌破坏较大。

灵水村的知府院落是一座五进大院的明代建筑，位于村子的中轴线上，是这个村子最有价值的民居，但已将原五进院落改造成三进。刘懋恒的宅院前门七间七檩，后院九间九檩，第四进的门楼为元代建筑，门楼上雕刻着"鱼碰头"，代表着将有大人物出现。

灵水村的抗战历史也非常辉煌。这里曾经是河北省宛平县第八区，俗称"老八区"，是平西根据地的第一个根据地。灵水村的很多古建筑中都蕴含着许多故事。

北京市门头沟区民俗文化协会杨德林会长认为，老房子修缮应该"修旧如旧"，每个村庄都有自己的精华、文化和灵魂。灵水村的精华就是三套五进的四合院。主张房屋修缮需要遵循三原则：其一，修旧如旧；其二，保住精华；其三，保护周边的古朴风光。而公司的介入往往容易忽视细节，希望文化人推动旅游发展，建议将大院打造成灵水村的文化符号。

（三）探索发展民宿的新方式

河北暖泉古镇街道两旁的商铺主要从事餐饮和服装业，建议将古镇内的商铺重新布局，将剪纸店、餐饮店建在游客聚集的街道旁，将那些为村民提供基本生活供给的店铺搬到村子里面，这些店铺的光顾者多为当地的村民，也是游客愿意光顾的地方，所以将店铺搬到原住民聚集的地方，让那些吸引游客带来经济收益的旅游资源占据地理优势，同时有助于增强游客与原住民的互动，并融入原住民生活。

修缮后的建筑添加本地特色元素进行装修，从而可以开发成民宿。民宿中也可加入剪纸等多样的体验元素，以此来招揽游客。对民宿的主人有一定的要求，首先要亲切友善，以尽地主之谊，让游客体验到宾至如归的感觉；其次要掌握一定的技能，比如剪纸、特色菜、方言或者民歌等。保存原貌的建筑可以通过适当的保护措施来让游客进行参观。在每年的民俗节日，可以在村子财神庙、龙王庙中举行相应活动，主要吸引京津冀地区的游客来参与。对村落中的特色民居需加大开发力度，从而使其成为一个村落的符号。

相比于起步较早、发展较为成熟的爨底下村，灵水村旅游基本上还处在初期阶段，公共设施还不够齐全，旅游并没有带动当地经济的发展。爨底下村基础设施齐全，文化气息较浓，景区的装饰与主题也比较和谐，古建筑只是进行简单的修缮，维持着原貌，旅游增加了当地的收入，提高了当地村民的生活质量，也增加了他们的文化自豪感。从旅游资源丰富度而言，灵水村的刘氏宅院、谭氏宅院等，其建筑的规模、精美程度、宅院文化价值等都具有优势，灵水村在从农家乐向精致民宿升级转型方面，仍具有较大的发展潜力。这里环境清新、宁静秀美，至今依然保留着浓郁的原生态魅力。不仅是《爸爸去哪儿》的取景地，更因"举人村"的文化符号及"秋粥节"等传统民俗而闻名。

基于古村的生态与文化资源，灵水村应进一步挖掘诸如举人文化的历史渊源、"秋粥节"独特的集体过节方式等文化资源，为游客提供更加规范和精致的服务体验。同时，将中华民族积极进取、谦和宽容、互谅互让等传统美德融入民宿的主客交流和互动之中，主客双方在这个过程中共同感受和谐之美、共生共融，共同铺设可持续的文化与旅游融合发展之路。

爨底下村和灵水村地理位置相近，文化特色相似，民居风格差异小，但二者的发展模式不同。首先，爨底下村早在20世纪90年代就开始重视和发展旅游业，村干部牵头，政府干预较少，村民都开始重视旅游对经济的推动作用，将个体发展转化成协同发展，将竞争更多向合作转变。其次，爨底下村基本上保留了古建筑的原貌和特色，古村落的开发由政府、文化专家和中标公司共同组织，三者达成的目标一致，即在保护古村落原貌的基础上，进行适度的旅游开发，获取经济利益，提高原住民的生活质量。爨底下村的精品民宿依山而建，巧妙融入周边环境与传统建筑风格，特别注重在住宿中融合古村文化内涵与现代便利设施。民宿内专门设置了展示古村历史、传统器物和非遗技艺的空间，并为游客提供调酒体验、主题文创活动以及特色手工艺互动课程。通过这一系列文化与创意的结合，旅客能够深度感受古村深厚的历史文化底蕴，并将这里作为城市之外的创新之所和"家外之家"。

三、中国革命历史文化资源传承

（一）红色根据地精品旅游线路

武安、涉县地处太行深处，作为中国革命根据地，在现代历史上写下了光辉的一页。1937年8月，作为国民革命军第八路军的主力师之一的一二九师东渡黄河，创建了以涉县为中心的抗日根据地，并于1941年在涉县靳家会建立了晋冀鲁豫边区政府。解放战争时期，晋冀鲁豫中央局、晋冀鲁豫军区、晋冀鲁豫边区政府先后移驻邯郸、武安冶陶等区域。长生口、神头岭、响堂铺、邯郸战役等一系列战斗战役都在邯郸附近打响，《人民日报》在邯郸创刊。

位于晋冀鲁豫四省交界处的邯郸，是华北的南大门。北望京畿，南眺黄河，西依太行，东据平原，在春秋战国时期就是危机四伏、烽火连绵的"四战之地"，在抗日战争和解放战争时期则是南北呼应、东西交汇的"四达之城"。邯郸具有光荣的革命历史和革命传统。邯郸红色文化展现了邯郸人民在中国共产党领导下，为争取民族独立、国家解放而浴血奋斗的伟大历程。

邯郸是革命老区，拥有丰富的红色旅游资源，曾是华北地区重要的革命根据地，现存多处革命旧址和纪念场馆。近年来，邯郸市相关部门着力挖掘红色文化内涵，陆续推出多条红色旅游精品线路，积极推动红色旅游事业的发展，弘扬革命精神，有效带动了区域经济的持续增长。

（二）中国共产党和人民军队旧址

涉县古称沙侯国、崇州，素有"秦晋之要冲，燕赵之名邑"之誉，境内地形复杂，地势险要，进可攻，退可守，又位于晋冀豫三省交界处，历来为兵家必争之地。抗战时期，110多个党、政、军、财、文等机关单位长期驻扎在涉县，留下的多达300余处的红色遗址，如一二九师司令部旧址、政治部旧址、晋冀鲁豫边区政府旧址、晋冀鲁豫边区临时参议会旧址、冀南银行总行旧址、《新华日报》社旧址、陕北新华广播电台旧址、晋冀鲁豫抗日殉国烈士公墓等，现已有多处成为重要的爱国主义教育基地。近年来，涉县整合一二九师司令部旧址、左权抗日殉国公墓、晋冀豫边区政府等红色旅游景点，推出了以"抗战红色游""边区政府红色游"等为主题的多条线路，并结合自身区位优势，与邻近的山西麻田八路军总部、河南红旗渠等全国著名的红色景区联合，共同打造精品红色旅游网络。

一二九师司令部旧址位于涉县赤岸村，占地面积1 834.1平方米，由具有北方风格的农家四合院和一个防空洞组成，是全国重点文物保护单位。1940年6月，一二九师师部进驻涉县常乐村，12月，进驻赤岸村，直到1945年10月20日离开，刘伯承、邓小平在这里生活战斗了整整5个年头，度过了抗日战争最艰苦的岁月。

冶陶村属武安市冶陶镇。中共晋冀鲁豫中央局旧址在冶陶村中心一座独立的砖砌四合院内，晋冀鲁豫军区旧址在冶陶村上街黄家大院内。中央局所在地是一座银灰色的院落，始建于19世纪30年代，原是冶陶村以吴树堂、杨耀祖、张麟臣等人为首集资兴建的"学堂"，冶陶村人又称它为"大学堂"，现为全国文物保护单位。

第二节　文化技艺传承与创新发展

一、磁州窑文化技艺及影响

（一）陶瓷文化异彩纷呈

先民审美意识的觉醒。磁州下潘汪彩陶是新石器中期的文化特征。据碳14测定，仰韶文化的年代为公元前4515年—公元前2460年。它主要分布于河南、陕西、山西、甘肃东部和河北省的南部。此期彩陶文化遗存在曾地属古磁州的漳河、滏阳河、洺河中上游流域密集存在，主要有位于漳河北岸，与磁州窑中心窑场之一的观台窑隔河相望的磁县下潘汪遗址、下七垣遗址、界段营遗址；滏阳河流域与磁州窑彭城窑场相邻的峰峰矿区义西遗址、邯郸百家村遗址；洺河流域与磁山文化遗址相邻的西万年二区遗址、城二庄遗址、赵窑遗址和属于仰韶文化与龙山文化之间过渡文化的东万年遗址[1]，以及永年台口遗址、石北口遗址等。

涧沟黑陶，新石器时代晚期制陶工艺的杰作。涧沟遗址，位于邯郸市涧沟村涧河东岸，遗址包括龙山文化、商、周、汉等多层文化堆积，其中以龙山文化堆积分布最广。黑陶是新石器晚期文化遗存的基本特征，它以山东龙山文化为代表，以蛋壳黑陶为最高成就，是继承了仰韶文化的因素发展而来的。据碳14测定，龙山文化的年代约为公元前2310年—公元前1810年[2]。与仰韶文化时期的制陶方式不同，涧沟遗址出土的几座陶窑并未聚集在一起，而是单个散布于居址中，这一现象反映了龙山文化晚期由于生产力的进一步发展而引起的生产关系的某些变革，即制陶业由过去的氏族集体生产逐渐转变为被有经验的家族所掌握。陶器烧制方式体现了社会分工的新变化。

---

[1] 乔登云. 邯郸考古文集 [M]. 北京：新华出版社，2004.
[2] 中国硅酸盐学会. 中国陶瓷史 [M]. 北京：文物出版社，1997.

观台窑艺，宋元民窑工艺的璀璨瑰宝。宋代是我国陶瓷发展史上的全面繁荣时期，窑场遍布，名窑林立，名瓷辈出，开创了我国陶瓷美学的新境界。磁州窑正是在此时以其厚重的历史积淀、众多的工艺创造、独特的艺术风格，形成了"以其装饰审美文化作为质的规定内涵"[1]的磁州窑文化，成为与汝、官、哥、定、钧五大官窑并驾齐驱的一代名窑。此后，磁州窑历经金、元、明、清，延续至今，成为中国乃至世界陶瓷烧造历史悠久、影响广泛的民间窑场之一。

大量考古调查表明，宋、金、元时期的磁州窑主要有两处制瓷中心：一处在滏阳河流域，以今邯郸市峰峰矿区的临水和彭城为中心，窑场密布于滏阳河两岸的临水、南头、盐店、二里沟、南河沟、张家楼、富田、常范、炉上等处；另一处在漳河流域，以今磁县观台镇为中心，包括冶子、东艾口、申家庄、观兵台、南莲花、荣华寨等窑场。这两处窑场相距25千米，均处于太行山麓含煤向斜的地质构造层上，出产陶瓷烧造所需的大青土、黑绘颜料"斑花石"（高铁黏土岩）、黑釉原料原生黄土、白化妆土白碱、白色透明釉质原料长石质釉石及易于开采的煤炭，还有滏阳河、漳河充足的水源和便利的水运条件，十分适合窑业的发展。因此，经过北齐、隋唐的发展，磁州窑业得以在这里走向鼎盛。观台窑址位于漳河出山口右岸，距磁县县城40千米，隔河与冶子窑相望，向南2.5千米为东艾口窑。

上下八千年，几度创辉煌。在古磁州这片神奇的土地上，陶瓷文明薪火相传，一脉相承。我们的祖先用他们坚定的信念、顽强的意志，用他们的聪明才智、灵巧的双手，谱写出了一部波澜壮阔的华夏陶瓷文明发展的恢宏史诗，创造了令中国骄傲、世界惊叹的磁州窑文化。

（二）展现民间陶瓷艺术

磁州窑不仅以其古老久远的烧造历史著称于世，更以其多姿多彩的艺术创造享誉中外。

第一，磁州窑器物造型典雅。一件好的陶瓷器物造型应是实用功能与视觉美感的统一体。磁州窑作为古代民间窑场，历史上一直以生产民众日常生活用瓷为主体。因此，其所烧造的瓷器首先以满足人们的使用功能，即以器物的实用性为前提。古代磁州窑的匠师们正是在器物制作的过程中努力追求实用功能的同时，巧妙地将器物主体的重心部位上下移动，使器物的轮廓形成一条有弹性的曲线，并使器物从盛体的最大直径处竭力向上、足部收敛，使其与主体形成强烈对比，从而使器物构成一种饱满而不臃肿、挺拔秀丽而又雍容大方的体态，在"变化"中产生美的形式和法则。磁州窑的匠师们依据不同的功能需要，根据不同的物质材料进行工艺加工，体现了匠人的高超才艺和审美能力。品种各异的物品都保持

---

[1] 蔡子谔. 磁州窑审美文化研究 [M]. 北京：中国文联出版社，2001.

着流畅的曲线，呈现在主要功能部位上，构成磁州窑器物的程式化造型特征。

第二，磁州窑器物雅俗共赏。磁州窑的艺术魅力还表现为其丰富多彩的装饰技法，种类有 60 种之多[①]。按釉色、彩料和装饰技法的不同，磁州窑装饰技法可分成三大类别：第一类是以刀具为主要工具的剔花、刻花、划花装饰。如白地剔花、白地划花、白地篦划花、白地黑彩划花、珍珠地刻划花、白地剔划填黑、白地剔刻填白、白地黑剔花、黑釉剔花、绿釉剔花、绿釉划花、绿釉黑剔花等。第二类以毛笔为工具，使用不同颜料的绘画、文字装饰。如白地黑花、白地红绿彩、白地褐彩、绿地黑花、翠蓝地黑彩、黑地铁锈花等，这是磁州窑最具特色和成就的装饰技法。第三类是高温色釉和低温色釉装饰。如黑釉、白釉、化妆白釉、饴釉、黄釉、绿釉、褐釉、翠蓝釉等。磁州窑匠师们采用这些不同材料和装饰技法，集宋代瓷器装饰之大成，创造出了众多不同风格的艺术杰作。

第三，彰显磁窑文化魅力。剔、刻、划花装饰是磁州窑具有代表性的装饰技法，其充分利用磁州窑胎质、化妆土及釉彩的不同特性，经过剔、刻、划等技法对瓷器进行装饰，以黑白、明暗、粗细、凹凸等多般变化和鲜明对比，给人以强烈的视觉冲击和艺术享受。白地刻剔划花是在磁州窑灰、褐色胎体上施一层白化妆土浆，在未干时以竹、木等工具迅速刻划出花纹图案，并用扁铲状工具将花纹以外的白化妆土剔掉，然后施透明釉浆烧制而成。这种刻划装饰出于匠师们以"刀"代笔之功，在刻划中挥洒自如，形成纹饰内外色彩对比，较深的胎色更加衬托出白色的主题图案纹饰。器物的纹饰具有浮雕感，体现出陶瓷文化精湛的艺术成就。

磁州窑的白地黑花"白釉釉下黑彩"生动展现世间百态，源于其受宋金时期磁州窑匠师文人绘画和书法影响，开创了具有磁州窑典型风格的装饰方法，并历代相传，经久不衰。这种白底黑彩装饰具有我国传统水墨画的艺术效果，把绘画传统与制瓷工艺巧妙结合形成新的综合艺术。这一创新突破了宋代以单色釉装饰瓷器的局限，开拓了中国陶瓷美学的新境界，是磁州窑匠师对我国陶瓷装饰艺术的重要贡献。

磁州窑历史悠久，装饰题材丰富，技艺高超，深受民众的喜爱，同时享誉国际。

（三）磁州窑技法传播与文化影响

宋代陶瓷发展的一个显著特征是"窑系"的产生，即根据各地窑场产品工艺、釉色、造型和装饰的异同，在全国形成了北方的定窑系、钧窑系、磁州窑系、耀州窑系和南方的龙泉窑系、景德镇窑系、越窑系、建窑系等八大窑系。磁

[①] 马忠理在《磁州窑的装饰品种及其流行时代》一文中将磁州窑的装饰技法分为 58 种。2002 年临水三工区宋金元窑址发现印花白瓷和绞胎、绞釉瓷，从而使磁州窑的装饰技术达到了 60 种以上。

州窑以独树一帜的彩绘艺术、装饰技法成为宋金元时期我国北方最大的制瓷中心；磁州窑也在与其他窑场的相互学习和借鉴中，进一步促进了自身的发展。

磁州窑书法装饰艺术达到新的高度，提升了审美品位和生活品位。磁州窑器物表面的文字"符号"，体现了磁州窑民间书法家在书法艺术和装饰艺术方面的卓越贡献。文字装饰艺术不仅美化了器物，同时还传播了文明，增强了民族凝聚力。比如北宋篦划纹瓷枕，枕面上"风花雪月"是匠师用篦梳状的特殊工具"书写"而出，如飘动着的透明丝带，犹似汉代以漆刷写的"飞白书"。明代汤显祖在《邯郸记》中专门描写吕洞宾用来度化卢生的"磁枕"："这枕呵，不是藤穿刺绣锦编牙，又没甚玉砌香雕体势佳。呀！原来是磁州烧出莹无瑕，却怎生两头漏出通明罅，莫不是睡起矇瞪眼挫花。"① 磁州瓷枕盛极一时，广为人知。磁州窑书法大多是普通工匠和文人雅士广泛参与的"无意之书"，磁州窑匠师"天机自然之妙笔"，推动了绘画书法艺术在各阶层的普及。

陶瓷文化体现了中国文人的情怀和创造，今日的创意旅游，同样强调旅游者的广泛参与和互动，将成为新时期推动陶瓷创新的有效途径之一。

第一，文人雅士展现才华。宋代科举制度高度发达，同样体现在绘画考试中。经过绘画书法训练的文人雅士到磁州窑从事创作，将历史故事、传奇寓言乃至生活中的花、草、虫、鱼、动物等都通过绘画图案表现出来，与磁州窑质朴简约的工艺相结合，形成了简笔写意的表达方式和装饰风格，诞生了功力深厚的民间作品。

第二，博采众长，雅俗共赏。磁州窑的民间书法及绘画装饰，不仅体现了生活场景、家居陈设、饮食起居、风俗习惯等全方位的社会生活，而且表达了不同社会阶层的生活态度、思想感情、所思所盼、喜怒哀乐。特别是磁州窑匠师自创的诗词、警句和谚语都成为研究民间文学和民俗文化重要的学术研究资源。如"蜂飞花下舞，鹤引水边行""楼台侧畔杨花舞，帘幕中间燕子飞""远水碧千里，夕阳红半楼""白云过岭七八片，红树满溪三四花""水风轻，蘋花渐老，月露冷，梧叶飘黄"等诗词佳句。在一件金代卧婴形枕上，写有仿唐张继《枫桥夜泊》中的诗句："叶落猿啼霜满天，江边渔夫对愁眠"，将诗中的"月落"改为"叶落"、"乌啼"改为"猿啼"、"渔火"改为"渔夫"，这样的模仿和创意生动贴切、通俗易懂，源于生活观察又有自我感悟。

峰峰矿区三工区临水窑址出土的一方八角形金代瓷枕上书有"惜花春起早，爱月夜眠迟"，赞美生活的同时表现了人与自然和谐相处的"天人合一"理念。峰峰矿区文保所藏椭圆形枕上的"细草烟深暮雨收，牧童归去倒骑牛"，展现了一幅在蒙蒙细雨中，牧童头戴斗笠，身披蓑衣，倒骑在牛背之上，悠然暮归的写

---

① 汤显祖. 邯郸记［M］. 北京：中华书局，1960.

意作品，抒发了磁州窑工匠对家乡的真挚感情。

磁州窑艺术展现和赞美社会生活。表现老人世界，如"人生百岁七十多""皤然一老翁"等；描写羁旅生活，如"常忆离家日""长江风送千里客，孤馆雨留思乡人"等；描写爱情，如"月明满院晴如昼""小院帘幔风轻""无情玉蝴蝶，春尽一梦飞"等；表达宗教生活，如"道院迎仙客""明知空手去"等；描写了农家生活，如"春人饮春酒，春杖打春牛""一架青黄瓜，满园白黑豆""村落家家酒，园林处处花"等。磁州窑作品题材广泛、形式多样、表现不同历史风貌的创作，展现了政治、战争、经济、社会、文化生活，犹如一幅民间文学史的《清明上河图》。

磁州窑在中国及世界陶瓷发展史上具有重要地位，主要源于以下几方面：第一，传统文化对磁州窑艺术的影响。"穷则独善其身，达则兼济天下"是"隐士"阶层的思想基础，磁州窑在绘画、书法、装饰艺术上的成就，源于具有高尚人格及艺术修养的文人雅士的广泛参与。孟子"我善养吾浩然之气"之"养气"学说影响了后世的文论、诗论、书论、画论，也深刻影响了磁州窑绘画、书法写意风格的形成。磁州窑绘画中有大量讽喻、明志及劝世之作，表现了儒家思想"成教化，助人伦"在磁州窑艺术创作中的功用。磁州窑器物的造型结构、装饰色彩等都与百姓所需密切结合，融入百姓的生活和习俗。第二，磁州窑在兼收并蓄中丰富装饰技法。瓷器装饰始见于河南的密县窑，白地黑绘和书法装饰则受唐宋文人绘画和书法艺术的影响，缠枝忍冬纹、缠枝莲纹等则吸收了响堂山石窟雕刻中的佛教题材。《宋史·地理志》记载古相州（今安阳市）曾以暗花牡丹纱进贡皇宫，暗花是一种花纹颜色与织绣质地颜色一致的丝织品，与磁州窑装饰中的白底划花技法效果极为类似。第三，磁州窑在借鉴前人及外地瓷器装饰技艺中不断提高，形成独特风格进而构建了独特的民窑体系。陶瓷艺术是土与火的艺术。古代窑艺的每一点进步都要付出难以想象的艰辛，甚至是生命的代价。磁州窑器物以生动的构图、流畅的线条表达了浓郁的生活气息、乐观向上的人生态度、热爱生活的美好情怀。千年磁州窑的气质体现了民族性格、民族精神和传统美德。

二、太极文化：参与目的地生活

（一）流动的音乐：太极文化

广府古城集古城池、洼淀、太极于一体，是我国北方独一无二的历史名城。作为太极传承的圣地，广府古城是杨式太极拳和武式太极拳的发源地。自杨露禅起，历代太极拳名师辈出，在太极拳向全国乃至海外传播的过程中起到了重要作用。

武禹襄故居位于永年广府古城东街，体现了我国古代劳动人民的传统风格和建筑艺术,是现存比较完整的古民居建筑和珍贵的历史文物。杨露禅故居位于永年广府古城南关外,《永年县志》记载:杨福魁,字禄禅(又字露禅),河北永年广府镇南关人,生于清嘉庆四年(1799 年),逝于清同治十一年(1872 年)。故居始建于清末,原建筑为倒座五间、上房、配房、演武厅等,1991 年在原基址上按照原建筑复修。

太极学说是太极文化的内核,源于中国古老的哲学思想。"太极"意为"至极",太极即派生万事万物的本原。"易有太极,是生两仪,两仪生四象,四象生八卦"(《易·系辞上》)。"太极"哲学源于古人对天地日月交替运行规律的观察和认识,万物循环往复乃至无穷。中国传统儒家、道家思想在其形成过程中,吸收继承了太极的哲学思想。基于太极学说的文化意识,体现在中国人社会文化生活的方方面面,太极拳是这种文化思想在武术健身运动方面的典型体现。

作为拳术动作本身的太极拳拳法,原本只是中国门类众多的近身搏击术中的一种,早期曾被称为"长拳""绵拳""十三势""软手"等。拳法的套路来源于三个方面:动作上综合吸收了明代拳法名家之长,意念上结合古代道家导引吐纳之术,机理上则运用中国古代医学的阴阳五行经络学说。太极拳综合吸收历代象形拳法,结合古代中医经络学及五行学说而创立,蕴含丰富的传统文化和深厚的哲学思想。太极拳源于河南温县陈家沟,永年广府的杨式太极拳和武式太极拳完成了从古老的太极拳到现代太极拳的转变,并走出国门走向世界。

(二)太极拳与民众生活

太极拳融合了我国古代的易经哲理,儒家、道家、兵家传统及中医养生的理论,将中华民族辨证的理论思维与武术、艺术等融会贯通。太极拳以"行云流水、连绵不断"著称,让练习者亲身体会到音乐的韵律、哲学的内涵,受到社会各界的广泛赞誉。

广府以后的太极拳发生了深刻的转变,具体如下:

首先,这种转变表现在太极拳的功能定位上——由搏击打斗为主转变为以强体健身为主。太极拳因其本身固有的文化含量和更为突出的健身功能,在这一转型过程中最先脱颖而出,最早实现了成功转型。这一转型在陈家沟的陈长兴时代就已经露出端倪,在他的弟子杨露禅于北京教拳时正式开始,这又与京城独特的人文环境有关。显而易见,传统武术进入现代社会后遇到的问题,在北京的上层文化圈中认识、感知得更早、更深刻。同时,由于这一阶层人们的职业、生活特点,他们更需要有人为之量身打造一种更适合的健身方式。以授拳为职业的杨露禅,正是敏锐地看到了这种"市场"需求,于是立即开始了对传统太极拳的适应性增删改造。他大胆抛弃那些单纯为搏击而设计的动作,依据传统中医、经络学说,增添更符合健身需要的动作,从而大大增强了拳术疏经活络、调和气血、营养脏腑、强筋壮骨方面的功效。这一进程也并非一蹴而就,是历经三代人、几十年的努力才大体完成。

其次，这种转变表现在太极拳传承由口口相传转变为注重理性总结和文字传承。新的认识和创造加速了人类对客观世界的认知。举人武禹襄有深厚的文化功底，勤于实践总结，善于理论提升，他将个人学拳练拳的经验升华为理论，编撰流传于世的《太极拳解》等著述，首次以"太极"明确命名，将太极拳技法上升到理论层次。太极文化还不断向其他领域拓展，广府城中华医药文化独具特色。位于城中的数百年老号"太和堂"远近闻名，是当时黄河以北一带集医、药于一体的权威医疗中心。在太极拳由河南向广府传播的过程中，这座"太和堂"起到了"药引子"一样的独特作用。

三、成语典故：文化网络体系

（一）成语典故：中国古老的文化现象

成语典故文化是中国最古老的文化现象之一，是与现代文化渊源关系十分密切的一种文化，也是一种较为复杂的文化体系。邯郸成语典故文化是这个文化系统的重要组成部分，并以其丰富的内容、突出的特点成为中华民族成语典故文化中最为耀眼的一颗明珠。邯郸作为"成语典故之都"，在"润物细无声"的情境中，呈现无限的生机。大量的邯郸成语典故产生于悠久的历史时期，尤其是战国和两汉时期，以后逐渐呈现减少的趋势。

邯郸成语典故随着邯郸历史的发展而发展，并形成了一个较为系统的体系。

1. 政治因素影响

邯郸的记载散见于中国历史典籍中，并在不同时期展现出不同的色彩。《竹书纪年》记载："自盘庚徙殷至纣灭二百七十三年，更不徙都。纣时稍大其邑，南距朝歌，北据邯郸及沙丘，皆为离宫别馆。"以此来推算，邯郸至少已经有了三千多年的建城史。在这漫长的岁月中，风云变幻，朝代更迭，对邯郸成语典故文化的形成产生了深远的影响。

春秋后期，晋国内部的新旧贵族斗争激烈，以公室为代表的旧贵族急剧没落，以韩、赵、魏、范、中行氏、智氏为代表的新贵族迅速崛起，晋国的疆域几乎被新兴贵族瓜分殆尽。经过长期的斗争，最终赵襄子立国，时间为公元前476年，史学界一般把这个时间看作赵国历史的开始，形成了战国初年赵国政治的基本格局。公元前403年，随着周威烈王宣布韩、赵、魏三家为诸侯，赵国的发展进入了一个新的历史时期。公元前386年，赵国迁都邯郸，逐步发展为一个东方强国。成侯、肃侯时期，赵国继续开疆扩土，经过一系列战争和与其他诸侯交换土地，使赵国逐步连成一个整体，政权日益巩固。

赵武灵王是中国历史上的一位著名人物，更是赵国历史上一位有作为的君主。在赵武灵王统治时期，赵国进行了胡服骑射改革，消灭了心腹之患中山国，向北方扩地千里，使赵国南北连成一片，实力大增。《战国策·秦策三》载："中山之地，方五百里，赵独擅之，功成、名立、利附，则天下莫能害。"不仅如此，赵武灵王为了防止北方少数民族的入侵，还修筑了赵长城，在赵国的北部筑起了一道抵御外族入侵的防线。沙丘宫变后，赵惠文王在其余荫下，继续励精图治，发愤图强，东伐强齐，西败强秦，终于使赵国成为东方军事实力最为强大的国家。

赵国存亡期间是赵文化形成与发展的时期，也是邯郸成语典故大量孕育的时期，涌现了廉颇负荆请罪、赵括纸上谈兵、蔺相如不辱使命完璧归赵、毛遂自荐等成语典故。邯郸历史上厚重的成语典故大都产生于这一历史时期。作为一个城市或地区历史发展的特殊记忆形式，邯郸成语典故具有原生态文化的文字化石作用，承载着的是厚重的赵国历史。这种文化像镶嵌在邯郸历史文化长河中的珍珠，年代愈久，愈显得珍贵，闪烁着中国历史文化的光辉。

秦汉之际，邯郸失去了一个独立国家的政治形式，只是一个区域概念上的政治中心。公元前222年，秦灭赵国后设置邯郸郡。西汉时期，邯郸是地方封国赵国或邯郸郡所在地。光武帝刘秀建立东汉后，继续设置赵国，并以邯郸为都城，下辖邯郸、易阳、襄国、柏人、中丘五县，其间经历了刘良、刘栩、刘商、刘宏、刘乾、刘豫、刘赦、刘珪八个赵王。建安十八年（213年），曹操正式废除赵国，迁赵王刘珪为博陵王，从此赵国绝封，邯郸成为魏统治下的普通一县。秦汉之际的邯郸在政治上仍不失为一个区域的政治中心。政治与军事斗争既是历史演变的承载物，也是产生成语典故的土壤。

汉末、三国之际，邯郸的区域政治中心地位趋于衰落，代之而起的是距邯郸城三十余千米的邺城。曹魏时期邺城作为袁氏、曹氏集团的统治中心，其政治地位举足轻重，形成了以"三曹""七子"为代表的庞大的邺下文人集团。他们战时随军，归来习文作诗，留下了大量诗作，文风悲怆苍凉，骏爽刚健，形成了建安年间的文学主流，被后人称为建安风骨，丰富了中国文学的宝库，同时，也为邯郸成语典故体系的形成做出了历史性的贡献。"老骥伏枥，志在千里"表现出了曹操的豪迈情怀，"曹冲称象"表现出了邺城少年的天资和聪颖。十六国与南北朝时期，后赵、冉魏、前燕、东魏、北齐又相继在邺城建都，使邺城再次成为黄河以北地区的政治、经济、军事、文化中心，并享有"六朝古都"的美誉。尽管这些王朝历时较短，但作为一种国家政治形式，还是留下了历史的印记，也留下了一些见诸青史的人文故事，"惊慌失措""无所畏惧""分道扬镳""腹背受敌"等邯郸成语典故都出现于这一历史时期。

2. 经济因素影响

邯郸的社会经济状况可以追溯到遥远的历史时期。早在人类社会的早期阶段,这里便有了人类活动的痕迹,涉县新桥旧石器遗址和武安磁山文化遗址即为这一时期的重要代表。此外,在辽阔的邯郸周边区域,还有不少见证远古先民劳动和生活场景的遗址。在与大自然的交融与抗衡中,邯郸先民创造了灿烂的文化。

邯郸自古以来就是农业发达的地区之一。《周礼·职方氏》记载"冀州有黍稷"可为佐证。这条史料说明,作为冀州平原的重要组成部分,邯郸应该是农业富庶的地区之一。《国语·晋语九》载:"邯郸之仓库实",证明在春秋末年,邯郸的农业和手工业发展达到了一定水平。同样,邯郸一带也历来有重桑蚕之利的传统,《诗》三百篇中尤以《鄘》《卫》诸国风中言桑事者为多。"氓之蚩蚩,抱布贸丝"(《诗经·卫风·氓》),记录了卫国普遍养蚕、纺丝的情况,当时邯郸就隶属于卫国。到战国时期,从荀子作的《蚕赋》中可以看出,当时不仅养蚕技术有了明显进步,而且区域日渐扩大,连地处边陲的代地也"田畜而事蚕",可见赵国丝织业之发达。

荀子的农本理论丰富了邯郸成语典故文化的内容。大量的出土文物证明,战国时期赵国的农业生产已经发展到了一个新阶段,其显著标志是铁制生产工具已在生产中广泛使用,并采用牛耕,开始兴修水利。据《荀子·王制》记载,当时政府还设置了专门负责兴修水利的官员"司空"。在生产中开始重视深耕、中锄和施肥等技术。为了充分利用地力,赵国还采用了复种制,使粮食生产量大幅提升。在此基础上,荀子在他的著作中提出了"开源节流""强本节用"的理论体系。荀子认为,人可以战胜自然,如果"强本而节用,则天不能贫""本荒而用侈,则天不能使之富",而"政令不明,举错(措)不时,本事不理"(《荀子·天论》)同样为人祸,进而表达了荀子"治国必先治人",以实现政治清明和治理有序的思想。

赵国农业的发展还表现在粮食作物的多样性上,当时主要农作物有粟、黍、麦、高粱、菽等。仅以粟为例,在磁山文化遗址中,在1976年到1978年发掘的88个窖穴中都有粟的堆积,体积约为109m³。苏秦在游说赵肃侯时,也谈到赵国"粟支十年",其农业发展水平可见一斑。

赵国的畜牧业本身有着悠久的传统。《战国策·楚策》记载的"车千乘,骑万匹",可谓真实地反映了赵国畜牧业发展的情况。《史记·廉颇蔺相如列传》附《李牧传》也称李牧在代地"大纵畜牧,人民满野"。

列国中赵国的手工业发展占有重要的位置。国都邯郸是重要的冶铁中心,不仅有着丰富的矿产资源,而且也有着较为精湛的冶铁技术。尤其是磁县下潘汪遗址中出土的模铁镬范,更代表了赵国冶铁技术的先进水平。此外,赵国的铸铜业、制陶业、酿酒业、玉石业等,都保持着战国时期较高的水平,呈现一派兴旺的景象。

独特的地理位置和相对宽松的经济政策,使赵国的商业在社会经济中占有相当的比重。仅从货币种类讲,赵国的货币就有青铜铸币体系、黄金体系和布币体系等,充分体现出赵国商品经济的繁荣。与此相适应,赵国的度量衡制度也较健全。度量衡器的日趋规范,是交换经济日益发达、人们对交换产品愈加认真对待的表现,对商业的繁荣起到了积极的推动作用。

货币体系及度量衡制度的健全,极大地促进了赵国商业的发展。赵人商业意识的浓厚及商业都市的形成则是赵国商业繁荣的另外两个基本特征。《史记·货殖列传》说:"齐、赵设智巧,仰机利""民俗懁急,仰机利而食",这说明工于心计、投机取巧、唯利是图已成为赵国商人的社会价值观念,其商业意识和经商之风较之于列国更为浓厚。这不仅使商品交换日益活跃,也使赵国出现了一些名噪一时的大商人,见于史籍的巨富有郭纵和卓氏,他们都是以冶铁致富的大商人,本身经商也富比王侯,"家累千金"。由此而出现的成语典故成为古代邯郸文明的重要组成部分。

邯郸城在春秋时代已经形成,战国时期作为赵国都城的邯郸已是"都城万雉,百里周回"。邯郸城人口为 30 万上下,到汉平帝元始年间,邯郸的人口在 40 多万,可见当时的邯郸城规模已经相当大。

3. 文化艺术因素影响

源远流长的文化传统是邯郸文化发展的基础,历代名人的丰硕成果又在不停地锻造着后来人,这是邯郸成语典故文化不断发展的源泉。任何一种文化的形成和发展并取得较大的成就,都与其对传统文化的继承与开拓是分不开的。在这一点上,邯郸成语典故文化有着自身发展的优势。

汉字是中华文化的最基本因素。把孤立的单音节的字排列组合起来就有了词组,就有了成语,就有了文献,就成了历史。黄河中下游地区是人类文明的发祥地之一。从远古时代起,这里便诞生了灿烂的文化。从文字的源流讲,甲骨文、金文莫不起源于这一地区。

从中国文学史的角度来讲,中国古代韵语一般以《诗经》为发端。在《风》《雅》《颂》三部分中,《卫风》在《风》中占有一定的比例。《卫风·淇奥》《卫风·硕人》《卫风·氓》《卫风·伯兮》《卫风·木瓜》等,都有成语典故出现。从地域上讲,这些成语典故反映的文化应该是邯郸成语典故文化的最初源头。

邯郸的成语典故文化因素还涉及其他方面。战国秦汉之际,邯郸一带的音乐舞蹈普遍盛行,人们善于演奏和歌唱,歌、舞、诗有着广泛的社会基础。男子的"慷慨悲歌"与女子的"弹琴跕躧"同样具有无限的魅力。在司马迁的笔下,赵国可谓是美女如云,歌舞并驰,弹词高亢,音韵悠扬,这已被多种史料所证明。当时邯郸城中聚集了不少专门从事歌舞演唱的职业艺人。其中的一些文化因素对邯郸成语典故的形成产生了深远的影响。

曹魏时期，曹操对清商乐的提倡，开创了邯郸文化发展史上的又一个新局面。《兰陵王入阵曲》成为中国古代乐舞艺术的经典，体现了英雄主义和古代音乐文化的成就。

邯郸学校教育制度的建立，是邯郸成语典故文化得以传承发展的另一个重要因素。我国的学校教育源远流长。商代甲骨文中就有关于商代学校的记载，而且还证明此时已设立大学。西周学校大体分为国学和乡学两类。春秋战国时期，学校教育的特点是由官方的官学教育转移到民间的私学教育。这一时期邯郸私学兴起。汉武帝采纳董仲舒"抑黜百家，立学校之官"的建议，官学和私学等各类学校重新兴起。魏晋南北朝时期，战争频繁，社会动荡，继儒学之后，玄学、佛学、道学继而兴起。隋唐是中国封建社会的鼎盛时期，政治、经济、文化空前繁荣，教育事业也达到了前所未有的水平，形成了中央与地方、官学与私学、经学教育与实科教育、养士与取士等高度结合的健全、完备的教育体制。这一时期邯郸教育发展迅速，学风渐浓，人才辈出，是我国教育高度发展的地区之一。

(二) 交通网络体系成就文化网络

从历史上看，邯郸地域辽阔，地形条件复杂多样，自然生态环境适宜，是人类文明开发较早的地区之一。进入战国后，赵国的疆域达到了包括邯郸在内的历史上的最大范围，据沈长云先生等编著的《赵国史稿》描述：赵国西部越黄河与秦为邻，南有漳河与魏国为邻，东有清河与齐为界，北有易水与燕接壤，西北傍阴山筑长城与匈奴、林胡、楼烦接界，疆域包括今河北省整个太行山东麓以及相邻的广大平原，山西省中部、北部、东部地区，陕西的北部，以及内蒙古包头市以西土默特、乌拉山和乌兰察布市卓资县以北的广大地区。辽阔的地域为赵国政治、经济、军事、文化的发展打下了牢固的基础。

就自然环境而言，赵国的疆域包括四大地形区：以太行山为界，东部为河北平原，西部为山西高原，此外还有冀北、冀西北山地和内蒙古高原两个地区。在这一地域内，河流、湖泊纵横，自然资源丰富，是我国古代文化发展比较快的地区，有着良好的人文基础。战国时期赵国处于"四战之地"，与之接壤的有魏、韩、齐、燕、中山等国，其西部还有楼烦、林胡等少数民族，北方也有东胡及其他少数民族。面对列国间日益激烈的兼并战争，环顾四周的包围形势，赵国这个"中央之国"只有奋发努力，才能够生存。赵国的区域地理环境直接影响到赵地的民风，逐步形成了一种雄健尚武的典型气质。赵地少温柔敦厚之长者而多慷慨悲歌之士。"自全晋之时固已患其剽悍，而武灵王益厉之，其谣俗犹有赵之风也。"(《史记·货殖列传》) 这种地缘因素对赵国文化的形成有着深远的影响。

以赵都邯郸为中心的网状交通体系为赵国军事上的征战提供了便利条件，同时也为其经济发展打下了坚实的基础，邯郸之所以成为当时的经济都会，与其发达的交通是有着密切关系的。不仅如此，发达的交通还为赵国和周边国家进行文化交流创造了条件，促进了文化的发展。

赵国的这种地缘因素一方面形成了赵国的战争因素，另一方面也使得赵国四通八达，形成了另一种意义上的交通网络中心。太行东麓的大道纵贯南北，"北通燕涿，南达郑卫"，是战国时期一条繁忙的商路；以晋阳为中心的南北大道，是赵国与北方少数民族和中原地区进行经济、文化交往的一条交通纽带。横穿东西的道路有三条：第一条是由今天山西黎城的壶口往西到达新田等地，往东经邯郸到达齐都临淄等地；第二条是横穿中山国东西的道路，向东延伸到齐国，向西连接秦国等地；第三条由代地出发，经原阳到达云中、九原，这条道路是赵国北疆的一条交通要道，是联系赵国北土东西以及沟通中原地区的一条纽带。

邯郸成语典故的地域因素并不限于邯郸市区，而是涵盖今天邯郸境内的十多个县、市、区。在历史的发展中，邯郸与周边地区始终存在着千丝万缕的联系，邯郸周边地区尽管不属于邯郸的地域范畴，但同为政治、经济、军事、文化的共同体，两千多年中，这些县、市、区与邯郸的历史文化融会贯通，长期渗透，已经成为一个不可分割的实体。这种共同体进一步扩大了邯郸成语典故文化的区域范围，为邯郸成语典故文化的最终形成奠定了基础。

（三）邯郸成语典故特点及意义

人类社会的发展史，是文化和文明的进化史。文化存在于社会之中，社会存在于文化之中。文化深藏于社会的每一个细胞中，人类文化的外化就是人类社会，文化和社会的发展是一致的。邯郸成语典故文化的形成与发展也证明了这一道理。邯郸成语作为邯郸文化的典型代表，具有如下特点：

第一，条目众多，内容丰富。纷繁的邯郸历史是衍生和传承成语文化的基础。邯郸成语典故文化散见于多种形式的文化记载中，数量多、内容丰富。郝在朝编著的《邯郸成语典故集》中收录了1 584条，内容涉及邯郸的政治、经济、军事、文化、科技、风俗、人物等诸方面，集邯郸古今成语典故研究之大成，深刻诠释了邯郸史和中国文化史。

第二，使用广泛，通俗易懂。这是邯郸成语典故文化的又一个典型特征，也是现今大众文化的一个典型特征。当下语境下的"大众"，是指能够消费得起大众文化的主体。在这种语境下，邯郸的这种成语典故文化广为传颂，许多成语具有鲜活的生命力，"毛遂自荐""负荆请罪""黄粱美梦"广泛使用在日常生活中。

第三，邯郸成语典故文化作为一种大众文化，被作为文化产业、媒体文化、消费文化、视听文化、商业娱乐文化等加以界定和理解，表征着一种新的生活方式和使用方式，从而使得这种文化有了更广泛的社会内容。

第四，彰显时代，传承性强。"胡服骑射""围魏救赵""纸上谈兵""完璧归赵"等一系列成语典故无不隐掩着战争的风云，从而把一幅幅金戈铁马、枕戈待旦的历史场景在人们的眼前展现了出来。这种成语典故文化，既是对赵国历史文化的浓缩，又体现着时代的鲜明特征，并对社会的发展产生积极的作用。

第五，寓意深刻，教育性强。一个群体或一个社会的生存和发展，在很大程度上有赖于它所拥有的文化。邯郸成语典故文化寓意深刻，哲理性强，不少成语典故已经成为人们行为和思想的座右铭，有着强烈的教育意义和鼓舞作用。"毛遂自荐"鼓励人们要敢于张扬个性，突破自我；"将相和"则说明无论在什么情况下，都要把国家利益放在第一位，正如林则徐所说"苟利国家生死以，岂因祸福避趋之"。这些成语典故都表达了丰富多彩的中国文化内涵。

邯郸不仅拥有博大的精神文化，还藏有丰富的物质文化。文化遗存是邯郸历史的见证。相传建于战国时期的丛台至今仍然屹立于邯郸的都市中，营造出了一种历史的沧桑感。赵武灵王的胡服骑射改革、梅良玉与陈杏元的丛台诀别，仿佛就在眼前。由此及彼，学步桥仍然横亘在沁河之上，雕栏玉砌，风景依然，是邯郸市内一道亮丽的风景线。清风吹过，桥下的流水泛起阵阵涟漪。人们在工作之余信步而来，享受着横贯时空的恬淡。邯郸周边存有许多遗迹聚落，永年的黄粱梦吕仙祠，似乎在告诉人们邯郸道长、黄粱梦短；涉县的娲皇宫在诉说着抟土造人、女娲补天的故事；临漳的铜雀台上又响起了清商音乐、建安诗篇……由此而对应的邯郸成语典故文化凝结着历史的真实，使人浮想联翩，流连忘返。

邯郸的成语典故文化是中国历史文化的重要组成部分，祖祖辈辈的邯郸人铸就了邯郸文化的灵魂。

第三节　区域发展与原住民生活方式传承

一、传统村落区域保护原则与策略

（一）传统村落区域保护原则与方式

为了深入挖掘和整理涉县传统村落的历史、文化、物质内涵，并给予合理的保护和适度的发展，依据《中华人民共和国城乡规划法》《中华人民共和国文物保护法》《关于切实加强中国传统村落保护发展工作的指导意见》及其他相关法规条例，根据涉县传统村落保护区的特点，合理划定核心保护范围；确定建设控制地带和环境协调区。对不同区划内建筑的保护、整治、改造提出相应的规划要求，以保证对古村落历史风貌的严格保护和有效传承。

传统村落区域应该遵循的保护原则为：第一，整体保护原则。比如河北涉县偏城村等传统村落不仅有较为丰富的建筑遗存，而且各村庄周围山体环绕，有大量的梯田、山地，要整体保护这些自然环境，保持村庄独特的山水环境。第二，保持街巷景观连续性的原则。对传统村落街巷两侧与历史风貌不协调的建筑进行整治，重点是屋顶形式、外墙立面材料和颜色，以恢复街巷景观的连续性，保持街巷格局和历史风貌。第三，居民生产生活延续性原则。在保持传统村落保护区农林产业的同时，积极对文化遗产进行展示利用和发展旅游，繁荣村庄经济，促进村庄人口和生产生活的稳定性。第四，全面保护与重点保护相结合原则。在全面保护传统村落保护区物质文化遗产和非物质文化遗产的同时，对保护区的整体环境、周边山体、古河道、民居院落、有特色的历史街巷进行重点保护。

针对不同的资源，采取不同的保护方式，主要表现在：第一，自然资源的保护。自然环境要素是指传统村落内部与外围有特征的地形、地貌、山体和自然景观。涉县传统村落主要分布在漳河两岸和太行山深处。百里清漳河流经百余华里，滋养着沿岸的村庄。王金庄村分布着 2 万余亩山场，山峦起伏，树木茂密，种植着成片的花椒树木，秋收时节远观似火；赤岸村两侧山坡上绿植种类繁多，还分布着 3 000 亩松树林；偏城村有连绵百余千米的茂盛植被，景色宜人；固新村 4 000 余亩林地上种植着柏树、松树等，放眼望去满目绿意。第二，历史环境要素的保护。这主要包括传统村落内古树、古池、碑刻、窑洞、水井等能体现古村传统特色和典型特征的构筑物。如岭底村的古商道、固新村的 25 眼古井、沙河村的百孔窑洞等。第三，非物质文化遗产的保护。比如拥有地方特色的传统节日保护，通过保护众多作为民俗祭祀等活动场所的寺庙殿宇，规范由此衍生出的相关商业行为，传承延续传统节日。沙河村女娲行宫就是女娲祭典的承载体。第四，民间艺术的保护。对剪纸、荆编、踩高台等民间艺术进行整理和保护，特别是为传承人提供政策保障和资金支持。

（二）传统村落区域环境保护

传统村落自然风光优美，环境保护必须与周边的自然环境相协调。

1. 保护传统村落的自然特色

涉县位于太行山东麓，属深山区，古称"秦晋之要冲，燕赵之名邑"，是风光壮美之地。

第一，踞山为屏。太行余脉盘亘涉县全境，地势自西北向东南缓慢倾斜，地形复杂，境内峰峦叠嶂，峡谷纵横，峭壁陡立，山间河谷纵横交织，盆地点缀其间。全县 2/3 的村庄居于半山腰，1/3 的村庄坐落在山脚河谷。韩王山、五指山、符山、羊大垴等 350 座山峰海拔在千米以上。最高点为西北部羊大垴，海拔 1 562.9 米；最低点为合漳乡太仓一带漳河河床，海拔 203 米。雄关险隘，形成难攻易守的天然屏障，为历代兵家必争之地。从楚汉相争，淮阴侯韩信屯兵，到三国被曹魏占有；从唐末李克用据之，到八路军开辟抗日根据地，都说明这里战略地位的重要。涉县人祖祖辈辈依托大山，休养生息，靠山吃山，改造自然，创造生存条件，使大山梯田层层，林茂粮丰。

第二，涉水而得名。涉县自古以来"首苦乏水"，世世代代"种地望天收，吃水贵如油"，受尽了"大旱、大饥、饿死甚众"之苦。但境内有漳河及其支流清、浊漳河，流经县境113千米。千百年来，人们从事劳作，相互往来，都离不开跋山涉水，久而久之，这里因涉水而得名。自古以来，两岸人民靠水治水，变水患为水利。早在清末民初，涉县就修建了原固渠、白芟渠，八路军进驻涉县后又兴建了漳南渠。新中国成立后，涉县把解决山区饮水困难视为重大任务，又开辟了漳北渠、漳西渠；现在深山区的深井、水窖、水池星罗棋布，解决了近10万人的饮水困难，百姓称"水"是涉县的命脉。

2. 水陆两线发展脉络

涉县的诸多传统村落位于太行山深处的古商道和漳河两岸，出行方便。人们逐水而居、移民避难是涉县村落形成和发展的主要原因。固新镇固新村在一百年前一直称"故县"，这里位于漳河西岸，河川中部。这里西通山西、南至河南，地处交通要道，为世代商贾云集之地。在这条与清漳河并行的古道上还出现了赤岸、原曲、固新、连泉、卸甲、温和等古村落。岭底村是古商道路经之地，是晋东南外出的主要途经地，邯长线（邯郸—长治）上的木井村、偏城村都在古时的交通要道上。

传统村落年代久远，遗存丰富，涉县历史源远流长，一部分村庄是有县即有村庄，甚至比县治时间还要久远，有的历史长达千年以上。在漫长的发展过程中，许多历史遗址和遗迹、习俗技艺经过代代相传都很好地传承了下来。始建于北齐的固新村，千年古槐至今枝繁叶茂。始建于元朝时期的王金庄，村里的"人造梯田"独具特色，汲取了传统农耕的智慧。沙河村有"华夏始祖——女娲"娘家之说，因为所有的地方都喊女娲为奶奶，唯独该村称女娲为老姑。宋代形成村落的木井村仰韶文化遗存丰富，传说女娲伏羲推磨成婚之地的磨池村的建筑、民风习俗和自然风貌，都富含着浓郁的女娲文化气息。

3. 传统村落保护策略

传统村落保护要与生态环境保护相结合，巩固和扩大生态优势，大力推动产业生态化、生态产业化、生产绿色化、生活低碳化，使蓝天常在、绿水长流、青山永驻。主要表现在：第一，实行严格的水源地保护政策，开展清漳河等河流绿色生态廊道治理。严禁向传统村落的河道及其两岸倾倒垃圾。污水分流，不得将垃圾随便倒入河渠，加强村域内街巷林木的管理，保持田园风光。第二，保护风貌协调区内的山体、山势、绿化和自然景观，禁止开山挖石，逐步恢复因挖矿对自然环境造成的破坏，保护现有农田自然景观，并利用庄稼地的统一管理，增加夏季和秋季周边庄稼地的景色，但不得随意开山垦荒。要保护建筑四周的自然环境特色，保护村建筑依山而建的形式。第三，在保护的同时增加绿化，大力开展荒山绿化、城区绿化、园区绿化、道路绿化。绿化设置应遵循自然天成、随意错落的原则，不可模仿城市的行道树式布置，应与古村自然风貌协调，突出古村自然的田园气息，营造出宜人的人居环境。

　　基于创意旅游与农业发展相结合，促进农业增效、农民增收。围绕当地特色种养殖业，加快农村土地流转，鼓励规模化经营。发展农产品精深加工，提高农业产业化水平。同时，打造百里清漳河农业休闲旅游观光带。发展设施农业、观光农业、体验农业等。利用良好的生态环境、优美的田园风光和古老的传统村落，大力发展以生态休闲、观光采摘和民俗体验为主要内容的乡村旅游。鼓励和支持各乡村充分利用山林沟谷、湿地水面和临城靠厂等优势，发展以养生、养老和度假为主要内容的休闲度假养生项目。

　　历史建筑是传统村落历史文化的承载体。首先，将历史建筑建档，在对传统村落保护区内的历史建筑物、构筑物进行普查的基础上，对历史建筑和环境要素按照价值特色进行划分，建立传统村落历史建筑档案，记录每一处历史建筑的基本信息，之后进行建筑分类保护与整治。为了切实保护传统村落富有地方特色的历史风貌，在对建筑年代、风貌、质量、高度、色彩、屋顶形制等分析的基础上，充分考虑村落现状和可操作性，坚持分类保护，尽量"不动"的规划理念，提出各村内不同类建筑的保护与整治模式。根据涉县传统村落保护区的情况，以院落为单位，分别采取修缮、改善、保留、整治改造等不同的保护与整治模式。建立传统村落网站或网页，将反映村庄历史沿革、自然地理、历史建筑、历史环境要素、历史街巷、传统格局及其整体自然环境的文字、照片上传到互联网上，提升古村落的国内外知名度。

二、民风民俗与民间技艺动态传承

（一）民风民俗与非物质文化遗产保护

　　民风民俗与非物质文化遗产是历史的印记。涉县的女娲祭典、涉县赛戏为国家级非物质文化遗产；涉县寺庙音乐、台村上刀山、更乐元宵花会、涉县平调落子等为省级非物质文化遗产。西戌道教音乐、井店丧葬习俗（哭街）、王堡荆编柳编技术、庄上石雕工艺、台村泥塑陶艺为市级非物质文化遗产。胡峪扛桩、南岗机械木偶、固新高抬、西达上刀山、索堡南街舞狮、九节犁、跑旱船、西坡药王庙点花山、王金庄牙疳药、营子街治疮秘方、西安居口疮药、活水垴疗蛇咬秘方、古脑磁石丸秘方、涉县漳河两岸水磨、黄岩接骨疗法、会里接骨灵秘方、西戌土法彩绘技艺、常乐土方烧酒技术、涉县开锁习俗、张家庄地黄糕炮制术、王金庄抿节饭、张家庄花灯制作技术、布艺虎、张家庄风箱制作工艺、神头神鼓、索堡字灯、杨家将的传说、爬虎小调、娲皇笙乐、四股弦、涉县串拳、娲皇九曲等为县级非物质文化遗产。

河北鼓吹乐始于明代中叶，至今已有四百多年的历史。其源于庙堂祭祀音乐，演奏以唢呐为主，兼以笙、竹笛、哑笛、管子、二胡和锣鼓等配合，曲调优美，深受大众喜爱。永年鼓吹乐的曲牌多达二百支，主要有《十样景》《抬花轿》《满江红》《刘备过江》《将军令》等。

永年小曲主要流传于永年东北部的歧辛寨、曲陌、南北正里、正西等村，人们多称"正里小曲"。据北正里村土地庙石碑记载，明代隆庆年间，每逢阴历三月三庙会，各种社火活动空前，其中小曲为主要活动形式。永年小曲是一种民间歌舞，其风格独特，腔调优美多变，有一百多个曲目，主要有《四辈上工》《哭五更》《武王造反》《送情人》等。每个曲目都表现一个完整的故事，既叙事又抒情，表演细腻，边打花边伴唱，场内外舞、唱配合，浑然一体，完美协调。

洺州抬花桌形成于清代末年。桌上摆上或插上鲜花，桌的两旁绑上轿杆，由四人、八人、十六人或更多的人抬着前行。花桌行进过程中，锣鼓打击和唢呐吹奏开路，抬花桌者和着锣鼓和唢呐的节奏花步行走，优美和谐，表演风趣，技艺高超而别具风格。特别是花桌腾空跳最具特色，抬花桌能手的技艺高超，令花桌的小抬杆前端约两公分处顶在抬者的肩上，八个人一股劲，不能出丝毫差错，只要一人喊："腾空，跳！"八人同时将肩向上一耸，花桌便离肩腾空跳起半尺多高，然后再稳落于八个抬者的肩上，当花桌抬到最高潮时，百支蜡烛火焰闪耀，千朵奇花上下翻飞，令观众目不暇接。

冀南扇鼓舞，俗称打扇鼓，是民间庙会敬神的舞蹈。打扇鼓必须具备两件道具：一是扇鼓；二是马鞭。扇鼓也称云牌鼓，由直径约25厘米的圆铁环，蒙上羊皮制成，鼓面彩绘花草等图案。鼓把是30厘米长的铁棍，下端有三瓣铛，一晃能发出响声，因其整体形状像团扇，故名扇鼓。扇鼓舞名目较多，情节完整，庙会上常打的扇鼓舞节目有《接总兵》《接天兵天将》《杨家将》等。其中《接总兵》是最常见的，每出都有较完整的故事情节，扇鼓舞动作多变，舞姿丰富。平日为家务重负所拖累、性格内向的农村妇女来到庙会上，一拿起扇鼓和马鞭，便把家务重负和一切烦恼、顾虑全部抛弃，忘情地打起扇鼓。可以说，赶庙会打扇鼓是广府及周边地区农村妇女的狂欢节。

踩鼓，兴起于明代中期，原为一种民间祭祀性舞蹈，后演变为群众自娱自乐的广场表演节目。表演者在以鼓为主的打击乐队伴奏下，双脚踩着不断变换节奏的鼓点而舞动。表演时，通常有两名男童角色身着绿色中式短裤，赤膊在两排鼓的中间舞动，颇具特色的动感场面，表达了劳动人民对美好生活的向往和追求。

（二）原住民生活方式与非物质文化遗产传承

暖泉古镇的打树花远近闻名，是吸引外来游客的重要旅游资源，整个村子的发展规划就是围绕这个重要的元素而展开的。街道的设计与建设古色古香，整体风格和谐统一。旅游纪念品方面大胆创新，艺术家设计制作的工艺品特色鲜明，打树花的明信片、冰箱贴、扑克牌、铁质的各种摆件，能够激发游客的购买欲望。每年打树花表演都有固定的时间，一般安排在节假日和民俗节日。暖泉镇打树花是重要的非物质文化遗产。访谈表明，只有大约一成的村民参与打树花等旅游业活动并从中受益。村民旅游参与度低是这个镇旅游业的突出问题。

暖泉古镇的剪纸店较多，但剪纸店需要做一些转型，游客已经不满足于"买回家去"，很多人都渴望可以亲身体验其制作过程，如果店铺中增加体验专区，由专家进行指导会更有意义和价值。

暖泉古镇小吃很具特色，但是街道交通秩序的维护和摊点卫生状况有待整改。暖泉古镇的街道内乱停车的现象比较严重。暖泉古镇售卖特色粽子、凉粉和豆腐干的摊点卫生状况欠佳，分布散乱。如果在暖泉古镇单独开辟一条小街，让售卖特色小吃的商家入驻，并加强食物的卫生整改，会使得古镇发展更加科学、有序，进而吸引更多游客。

(三) 完整性保护与动态传承

刘家寨村文化站站长主张"需要吸引外资来帮助开发，但前提一定是保留其原貌"。刘家寨已有不少民居做了翻新，造成整个村庄的建筑风格不协调。如何处理这些翻新的建筑是需要关注的问题。

针对蔚县古村落，应采取保护开发的模式。蔚县古村落最吸引人的地方是其独特的建筑格局、与众不同的建筑风格。明清建筑可以通过一半修缮、一半保存原貌的方式来进行，修缮的建筑不能脱离建筑群的整体风格。交通设施的建设极为重要，交通不便成为限制旅游业发展的主要因素。开通旅游专线巴士或者旅游专线公交，停靠站只是景点，这样既可以为游客的出行提供便利，也在无形之中成为一种宣传手段。

在去往蔚县的高速公路上，广告牌多是"张家口"而很少见到有"蔚县"，蔚县的宣传应该突破蔚县而到河北省、京津冀，乃至于全国各地。宋家庄的一处民居曾经是《甲方乙方》的拍摄地，那一句"地主家也没有余粮啊"令人印象深刻，然而这么好的影视文化资源竟然没有被利用起来，民居外面没有任何宣传牌，只是在听到民居主人介绍之后才得知。乌镇凭借《似水年华》大力推动了旅游产业的发展，蔚县也可以通过《甲方乙方》为更多的人所知晓。

京津冀发展区域内的历史文化古镇旅游资源丰富，有着良好的区位优势和发展契机。京津冀历史文化古镇协同发展，具有较强的可塑性和竞争力。

第六章
江浙沪历史文化村镇联合申遗与平衡发展

江南古镇地理位置优越，文化传统悠久，不仅水陆相通，而且文脉相连，具有显著的地域文化特征。2015年，13个古镇联合申遗，在苏州签署《江南水乡古镇联合申报世界文化遗产协定》。目前，周庄、甪直、同里、沙溪、锦溪、震泽、黎里、千灯、凤凰、惠山、乌镇、西塘、朱家角、浦东新区新场、南浔、新市等古镇作为申遗体系的重要组成部分，共同构成申遗的完整框架。江南古镇水网聚落的空间布局特征，体现了两千年来劳动人民在改造自然和适应自然中形成的人与自然的和谐发展，进而见证了中华民族开放、包容、多元的文化传统。

根据初步的调研与科研探索，历史文化古镇在发展过程中表现为不同的发展特征，分别处于保护利用与可持续发展阶段、古镇商业化进程与探索阶段、原真性保护与创新性传承阶段。其中江苏省苏州市吴江区黎里镇、江苏省苏州市吴江区同里镇、江苏省苏州市吴中区甪直镇具有保护利用与可持续发展的特征；江苏省昆山市周庄镇、浙江省嘉善县西塘镇、上海市青浦区朱家角镇在古镇商业化进程与探索中各具特色；江苏省昆山市锦溪镇、江苏省苏州市吴中区东山镇、江苏省张家港市凤凰镇具有原真性保护与创新性传承的特征。

2018年，江南古镇守望者联盟正式成立。各位守望者在某种程度上代表了古镇的风格和精神气质。

第一节　江苏省苏州市吴江区黎里镇[①]

黎里镇守望者

　　守望庐主李海珉先生，团结一批古镇保护的守望者、志愿者，共同守望黎里古镇。1994年调柳亚子纪念馆任副馆长，兼黎里镇文保所长，副研究馆员，中国南社研究中心研究员，吴文化三古组专委会成员、吴江区文物保护委员会专家组成员。主攻江南古镇、南社文化及书画文物研究。2006年为恢复黎里镇建制呼吁奔走，7年后黎里镇恢复并申报为中国历史文化名镇。2011年被黎里古镇聘为顾问。1995年起积极与江南历史文化名镇守望者联络，经二十多年酝酿，2018年建立江南古镇守望者联盟。2020年至2023年分别在黎里、周庄、浒关大阳山等地举行四次雅集，发表宣言，抱团守望。出版《柳亚子》《古镇黎里》《黎里古镇建筑编》《黎里古镇文保文控文保点荟萃》等专著20余种，约600万字。

　　黎里古镇被住建部和国家文物局评为第六批历史文化名镇。2019年1月，住建部和国家文物局公布了第七批中国历史文化名镇名村，要求"以习近平新时代中国特色社会主义思想为指导，认真贯彻落实党的十九大和十九届二中、三中全会精神，把中国历史文化名镇名村保护与改善镇村人居环境和弘扬中华优秀传统文化有机结合"。

一、地理位置与历史沿革

　　黎里古镇位于苏州市吴江区东南部，东临上海，北通苏州，南与浙江嘉兴相邻。黎里古镇东西向市河长1 980米，南北向市河长500多米，二者十字相交，民众沿河而居，临水成街，古镇区面积0.69平方千米，拥有明清民国建筑约97 000平方米。黎里古镇区人口稠密，最多时聚居着一万多人。清代，黎里镇排定了周、陈、李、蒯、汝、陆、徐、蔡八大姓，每个姓都有深宅大院，一般为五进至六进，最多达九进。每个姓都有弄堂，全镇保留弄堂115条，其中暗弄堂90条，超过百米的有11条，堪称江南古镇之最。黎里古驳岸3 800多米，横跨着十多座古桥，保存着250余座河埠头，镶嵌着350多颗缆船石。

　　黎里作为集市有近900年历史。2 500多年前，黎里是吴越争战之地，先民留下的"御儿溇""鬼头潭"等地名，深深地烙上吴越争霸的历史印记。黎里唐

[①] 本节由李海珉撰写。

朝成村,其中最大的村庄梨花村,因为村官黎逢吉治水惠民,改称黎花村;北宋黎里形成东西两个相当规模的村落;建炎年间,赵宋南渡,黎里人口激增,村庄升格为集市,明代成化、弘治年间,成为吴江巨镇。

黎里古镇历史悠久,具有科学和艺术价值。黎里、同里、震泽和平望,是吴江最有历史文化底蕴的四个古镇。新中国成立后,黎里等四个古镇,加上松陵、盛泽和芦墟,成为吴江七大镇。2014年2月,黎里镇被批准为中国历史文化名镇,2015年3月,黎里镇增补进入世界文化遗产江南古镇申遗名录。

黎里有各级文保文控单位33处。柳亚子旧居为全国重点文物保护单位,鸿寿堂、洛雅草堂和周宫傅祠为江苏省文保单位,还有东圣堂、禊湖道院、端本园、周寿恩堂(南社通信旧址)、徐达源故居、退一步处、蒯厅、李厅等市保市控单位30余处。此外还有文物普查点20多处。

柳亚子旧居是全国重点文保单位,原是清乾隆工部尚书周元理的私宅,本名赐福堂,前后六进再加一个五亩园。太平天国时期,慕王谭绍光驻扎于此,作为慕王的行宫,他修缮时增加的龙凤瓦当,至今保留完好。1922年,赐福堂由南社创始人柳亚子典租,这里就成了南社社员集会议事的重要场所。

周宫傅祠为江苏省文保单位,在南新街庙桥弄内,是清乾隆六十年(1795年)为祭祀工部尚书周元理而建的专祠,六进,朝南的前三进为乾隆派员代皇致祭的专祠,后三进是周氏家祠兼义学。周宫傅祠占地面积841.32平方米。御祭专祠三进和家祠一进基本保存,祠内有乾隆上谕祭周元理碑一块,还有一石龟。这里不仅是周氏一族祭祖的场所,五六两进晚清民国年间还作为祭孔处所,御祭、家祭和祭孔三祭合一,这在江南是绝无仅有的,对研究我国古代建筑及祭祀礼仪具有参考价值。

鸿寿堂、洛雅草堂也是江苏省文保单位。鸿寿堂院弄深深,自南而北共九进,保存完好的有五进,其中第三进为明代建筑鸿寿堂,厅堂内18个楠木圆台体柱础,六百多年来依然完好。第五进洛雅草堂,五开间两厢楼,一个相当雅致的四合院,"洛雅草堂"四字匾额为苏州嘉庆七年(1802年)状元吴廷琛手书。

宋咸淳元年(1265年),黎里建起了全真道院,后增建棂星门,目前保留下来的棂星门石柱东侧刻有"癸酉至顺闰三月吉日""干缘蒋达胜,工匠韩文显立"等文字,癸酉至顺是1333年,这是黎里有明确纪年的古建筑遗存。

禊湖道院,原名昭灵侯庙,俗名城隍庙,始建于明嘉靖年间,清康熙九年(1670年)重建,咸丰年间毁于兵燹,同治年间再建。禊湖道院的道士能诗善文,精通音乐、书法、绘画,喜培植花木盆景,爱好收藏,擅长医术。禊湖道院的存在提高了黎里的文化品位。禊湖道院总面积517.59平方米。1998年,黎里镇政府拨款整修城隍殿、元神殿和财神殿,修复夫人殿等建筑,开挖禊湖,修筑石驳岸,基本恢复了禊湖道院的全貌。

端本园是黎里第二大姓陈家的后花园，清乾隆年间由宁波知府陈鹤鸣建造。此园临水而筑，有曲桥、荷池、假山、伴月廊、半山亭、双桂楼、平波轩等，植有金银二桂，种有名花异草，当时列为吴江名园。陈鹤鸣的五个子侄凭科举相继走上仕途，二儿子陈绚文更是冲破了满汉不准通婚的禁律，因此黎里民众称陈宅为"郡马府"。

周寿恩堂，又名南社通讯处，原为周元理任清直隶总督时所建，原建筑东西两路、前后六进，正厅"寿恩堂"三字匾额为乾隆亲笔所书。1898年柳亚子随父母迁居于此。1909年，柳亚子等人创建南社，寿恩堂作为南社通讯处、编辑部。1915年柳亚子等组织南社的支社"酒社"，这里也成了酒社同人的活动场所。柳亚子居住寿恩堂24年，在此编辑《南社丛刻》，留下了大量珍贵的历史资料。

徐达源故居，清乾嘉年间翰林院待诏徐达源的住宅。徐达源著作等身，嘉庆十年（1805年），徐达源编撰了《黎里志》16卷，记录黎里800多年的历史，这是黎里第一部志书。徐达源与夫人吴琼仙双双拜袁枚为师，还与刘墉、洪亮吉、顾元熙等20多位著名人物诗文唱酬，他将这些诗文刻成"紫藤花馆藏石"，藏石31方，现在完好保存在南浔小莲庄碑廊内。

退一步处，清代著名爱国将领张曜所建，四楼四底一座船厅，船厅上有"退一步处"匾额，厅外庭院内安置着二颗硕大的缆船石，这是张曜"人生在世不称意，明朝散发弄扁舟"的象征物。建造退一步处仅仅一年，张曜得朝廷征召，随左宗棠前往新疆抗击沙俄，立下战功，授协办新疆军务之职。后来历任海军帮办，广西、山东巡抚等职。

以上这些文保文控单位以及文普点，都有历史、有典故，更有民间传说。

南宋以来，黎里古镇人文荟萃，人才辈出，有状元1人，进士26人，举人61人，秀才更多。

南宋时有赵磻老、魏宪和魏志，有特奏名状元魏汝贤；元代有组织义勇保卫黎里全镇平安的汝尚质；明代有凭外交安抚安南国的太常寺少卿凌信，著名女画家汝文淑及其夫君毛以燧；清代有工部尚书周元理，卷入杨乃武小白菜案的浙江按察使蒯士芗，编写《黎里志》和《黎里续志》的徐达源和蔡丙圻，爱国将领张曜等。近现代著名人物更多，1903年创办吴江第一所女学的倪寿芝，袁世凯复辟时宣布吴江独立的殷佩六，爱国诗人南社主帅柳亚子，中国第一代影星殷明珠，国际大法官倪正㻐，中共吴江早期妇女领袖张应春，"是医国手"（孙中山语）金诵盘，水利专家汝贤，农学家倪慰农，翻译出版家蒯斯曛，教育家柳无忌，竹刻家徐孝穆，南社、新南社社员蔡寅、毛啸岑、朱剑芒等也有着相当的知名度。

二、黎里古镇文化特色

江南古镇大同小异，黎里古镇的出彩亮点主要表现在以下方面。

（一）颇具特色的黎里弄堂

黎里的弄堂至今保留115条（暗弄90条、明弄25条），弄堂的名称极富民间色彩，多数以姓氏冠名，称为"某家弄"。黎里镇的八大姓，每个姓都有弄堂，以姓氏命名的弄堂共计72条。最长的弄堂135.7米，最宽的暗弄东蔡家弄1.6米，最窄的只有0.7米。

黎里的弄堂讲究步步高。第一进的陪弄最低，第二进稍高，以后次第升高。这步步高既是口彩，更是实用的需要。江南水乡，泄水非常重要，每当黄梅天或雷阵雨天，阴沟排水的畅与不畅，会直接影响到人们的生活质量。陪弄步步高，下面的阴沟泄水就畅快。暗弄的门称为键门，常常是用厚厚的柏木制成，厚度二至三寸，考究一点的会钉上水磨砖或包上铁皮，后面横上二道门闩，很粗，开门时，塞进一边的墙洞里，关门时拉出来，架在左右两边的墙洞里。一进有一道门，再加前后门，六进深的弄堂，可以多达七道门。暗弄不见阳光，很少有窗户，白天主要靠天窗和墙壁上的花墙洞采光。暗弄的墙壁上每隔一二丈开一个灯龛，呈"介"字形或者桃子形状，点上灯盏或蜡烛，用以照明。

黎里的弄堂、卧室都以暗为主，这早已是一种风俗。古人相信"银不露白，暗可藏财"。在动荡的社会里，常常有小偷甚至强盗光顾，敞亮的房屋，内部的结构路径、进出的通道，以及主人家拥有的器用财物等都会暴露，遭遇失财还是小事，弄不好身家性命都将发生危险。大多数弄堂总要拐上几个弯，而且是直角转弯。黎里有句老话："两头直通，人财两空。"这种说法虽然有些夸张，却有一定的道理。一条弄堂假如直通通的，前后门一开，阴风扑面，伤人是必然的，最要命的是两头直通，在不安宁的社会，小偷强盗冲破前门或后门，就可以直闯进来。让弄堂多拐几个弯，拐弯处再设石库门，用大块的麻石制作门框，安上厚厚的铁门，别说小偷，就是强盗也攻不进来。因为拐了弯了，强盗就不能用大木柱将弄堂门撞开了。这样的弄堂，这样的防卫措施，自明清至民国，多少存心不良者，面对一个个关卡，只能望而却步。抗日战争时期，日本兵面对幽暗的弄堂，轻易不敢进入。

弄堂除了可防偷防盗之外，还有隔音、防火的作用。两个院落之间有了弄堂，互相间就少了干扰。两姓之间设下弄堂，加上高高的风火墙的作用，一方失火，就不会殃及邻家。

弄堂是先民们成功的生活实践。暗弄堂也称"陪弄""备弄"。陪弄、备弄，都有辅助性建筑的意思。不过，《中国建筑史》上写的是"避弄"。封建时代的等级制度特别森严，下人不得走正门登堂入室，尤其是主家有红白喜事，走正门的只有主人一家和尊贵的客人，下人只能走避弄。因此，一个"避"字，道出了主仆分道、尊卑有别的封建礼制。

陪弄幽深、幽暗又幽静，展示了江南人性格的一个侧面，秘密不事张扬，或多或少藏有隐私。弄堂为狭长建筑，近于封闭，隐而不露，正是水乡人的性格在建筑中的表现。

江南古镇的弄堂，问世于南宋，流行于明清两代，民国以后逐渐稀少。现代的江南水乡，需要的不再是窄窄的弄堂，而是宽广的道路。黎里的弄堂是特定历史时期的产物，它完整地承载着历史的信息，反映着水乡人民成功的建筑实践。黎里的弄堂，堪称江南古镇之最。

(二) 市河驳岸、河埠上的缆船石

老黎里人都将缆船石称作"象鼻眼"。全镇的驳岸、河埠与石桥上有多达350块缆船石。系缆停船、预报水位是缆船石的主要作用。先民们爱美求美，他们在实用的基础上，在缆船石上又雕琢出很多纹饰。黎里的缆船石至少保存着40多种纹饰，有动物的——象鼻、犀角、河蚌、蝙蝠、猴子、麋鹿和蚕宝宝；有植物的——蕉叶、桃子、佛手、菊花等；有表吉祥的——如意、定胜、经幢；有宝剑、葫芦、扇子、横笛、花篮、渔鼓、荷花、宝板等暗八仙，法螺、莲花、盘长等佛八宝；还有铁锚、金锭，甚至出现了民国肇造时的五色旗，反对袁世凯复辟的酒爵。更有几种事物或动物组合而成的，比如瓶生三戟、瓶生蜂猴、如意得鹿、刘海耍金蟾等。这小小的缆船石，是解读江南古镇的密码。

通过解读这个密码，人们可以感受到黎里百姓热爱家乡的情结。黎里镇西，一方缆船石上雕刻着一尾鲈鱼。吴江垂虹桥一带盛产一种四腮鲈鱼，肉质细腻，味道鲜美。西晋时期吴江著名文学家张翰爱吃家乡的鲈鱼，吴江也就得了"鲈乡"的美称。在柳亚子旧居对岸，有一朵硕大的梨花，因为黎里最早是由梨花村发展而来的。

解读缆船石这个密码，可以认识明清两代江南古镇的三大经济板块，黎里古镇原来属于粮食经济板块上的一个重镇。黎里鼎丰桥畔的一座淌水式河桥，东边一方缆船石雕刻着一支稻禾，抽出两条长长的稻穗，我们祖先称之为"嘉禾"；西边一方刻的是万年青。站在鼎丰桥畔，望着嘉禾与万年青，不由得会想起老前辈常常念叨的"种田人万万年"这么一句老话。

在黎里镇中心街北侧，有一方葫芦吐蝙蝠缆船石，上面一个葫芦，葫芦嘴里吐出一只蝙蝠，正竭尽全力地向高处奋飞。昔日的种田人靠天吃饭，每年发水时节，水位在葫芦之下，合镇百姓笑逐颜开，水面碰到了葫芦，人们开始担忧，大水漫过了葫芦，大半农田会变成汪洋，假如连奋力高飞的蝙蝠也淹没了，那么今年的庄稼必定颗粒无收。由此，黎里有了一句凄苦的农谚："蝙蝠没掉，没蝠，没福！"这一方葫芦吐蝙蝠，黎里百姓称之为的"忧欢石"。

解读缆船石，我们可以感受到那时读书人对科举出仕的期盼。同科举密切相关的缆船石，黎里最多见的要数"瓶生三戟"。瓶生三戟是一幅优美的图画：一个造型独特的花瓶，上面插着三支戟，谐音"平升三级"。封建时代的读书人，考上秀才升一级，考上举人升一级，考中进士又升一级。雕刻"瓶生三戟"的，一般都是富有的人家，长辈们指望儿孙能够顺利走上科举之路。

黎里缆船石的纹饰大多是追求吉祥长寿、富贵荣华的图案，似乎都是世俗的心态，其实只要仔细寻觅，还可以找到仙鹤与菊花。

黎里市河西头杨家桥一侧，就有一方仙鹤形象的缆船石，栩栩如生；不远处的河埠边上，比较冷清的地方，一方缆船石上刻有一朵硕大的菊花。这两方缆船石是不随世俗的读书人所刻。据说，这两方缆船石后面隐藏着两位隐者，不考科举，不愿出仕，仙鹤自命清高，菊花更是隐逸的标记。

令人耳目为之一新的刻有酒爵和五色旗的缆船石，是黎里的先知先觉者冲破封建藩篱的表现。

1912年，黎里镇有一段驳岸重新修筑，那里需要安置一方缆船石。顾悼秋正好居住在市河对岸，他有感于民国肇造，精心设计了五色旗缆船石图案，找到了南社主帅柳亚子，柳亚子非常赞同，二人一起请石匠师傅认真雕刻，于是五色旗缆船石诞生了。两位先进知识分子，凭借这小小的一方缆船石，明确赞成五族共和。

1914年，袁世凯妄图登上皇帝宝座。南社社员顾悼秋会同柳亚子等人组建南社支社，取名"酒社"，日夜豪饮，醉醺醺之中，狂歌怒号，吟诗撰文，痛骂倒行逆施的袁世凯，预言袁氏必将被钉在历史的耻辱柱上。顾悼秋生性好酒，家中藏有一对青铜酒爵，为了让历史作证，为了酒社他年的纪念，他专门请了石匠，仿照他收藏的青铜酒爵，雕刻了两方酒爵缆船石。

五色旗、酒爵，烙下了改朝换代的历史印记，烙下了黎里人的政治觉悟。

数千年来，江南古镇，小木船始终是主要的交通工具，直到二十世纪五六十年代，黎里民众籴米卖柴，送往迎来，仍然使用大船小舟。水乡的缆船石就如北方的拴马桩一样重要，一样实用。

三、黎里古镇的名人文化

（一）历史上的名人文化

黎里东半镇的东圣堂，道南桥西南的花园浜，这两个地方都与一位乡贤赵磻老有关。始建于南宋的东圣堂，就是专为纪念赵磻老而建的。

据《吴江志》《吴江县续志》《吴江县志》《黎里志》《黎里续志》《两宋词人

丛考·赵磻老考》可知，赵磻老，字渭师，号拙庵，山东东平人，曾任临安知府、权工部侍郎和秘阁修撰。由于临安府招兵出了舞弊事件，他受到牵连遭贬谪饶州任知州。当时年已57岁的赵磻老退隐来到黎里，隐居在一条无名小浜底头，建造了一座宅园。无名小浜就有了花园浜之名。明代初年，黎里首次确定黎川八景，赵磻老的宅园以"拙庵故居"列入第三景。

　　赵磻老来到黎里，干了三件对黎里影响深远的大事。第一，调停黎里本土居民与北方移民的矛盾，黎里由村升格为乡。南宋初年，黎里东西两边各有一个颇具规模的村庄：镇西梨花村、镇东何家浜。靖康以后，北方移民一千余人在两村之间占地建屋，形成第三方势力。为了土地河道的占有与利用，三方矛盾争斗频发。赵磻老来到黎里后，会集三方代表，倾听各方意见，再到实地踏勘调查，最后拿出了方案，上报吴江县令，黎里升村为乡，里正之上，选拔一位乡司，统管全乡。第二，整治市河，整顿街道，使得黎里初具集镇的市容市貌。第三，营建黎里第一个私家花园，也是吴江最早的花园，传播文化。赵磻老擅长填词，《全宋词》中录有赵磻老的18阕词，另有《拙庵杂著》30卷、《拙庵外集》4卷。在赵磻老的引领下，黎里的富家子弟开始重视读书，把诗词文章作为立身行事的重要元素，其中多数因考科举而进入仕途，一些淡泊功名的文化人，有的吟诗撰文，有的编写地方史志，有的凭琴棋书画自娱。

　　赵磻老去世后，黎里百姓披麻戴孝为他送葬。为了使后世子孙铭记他的功德，人们专门为他建造了圣堂，堂中安放赵磻老一尊坐像。

　　南宋初立，北民南移，使得相当多的村落迅速扩大。由村庄升格为乡镇，往往滞后一段时间。在这个时段里，时势的选择与民意的酝酿，必然会走出至少一位既能够调停各方，又能向县里说得上话的人物。由于文献资料的缺失，江南绝大多数市镇都无法考证出这样的人物。黎里赵磻老的事迹，因为宋史及地方志书的记载，因为黎里的东圣堂及花园浜，也因为黎里百姓的口耳相传，幸运地留存了下来，这对于江南市镇的研究具有非同寻常的意义。

（二）近现代南社文化

　　柳亚子是南社的统帅，南社是中国近代规模最大、人数最多、影响最为深远的先进文化团体之一。1990年11月13日，中国南社与柳亚子研究会成立；2009年，苏州山塘街建成南社纪念馆，成立中国南社研究中心；国际上也有南社学会。黎里除了柳亚子纪念馆，还有周寿恩堂，这是柳亚子设立的中国南社通讯处及《南社丛刻》编辑部，又是同盟会、南社社友的活动基地，留下了大量历史资料；周宫傅祠，这是柳亚子和新南社社员毛啸岑创办编发《新黎里报》的编辑部，在这里柳亚子等南社社员宣传新思潮，鼓吹新文化；禊湖道院及金镜湖，柳亚子领导的酒社，南社的一个支社，反对袁世凯复辟的活动场所。另外好几位南社的社友的住宅，都是南社社员聚会喝酒议论国家大事的地方。柳亚子是南社的三个发起人之一,又是引领南社不断发展壮大的领导人,可以说,没有柳亚子就没有南社。

南社文化是一个高雅的平台,这个平台的"根"在柳亚子,在黎里。

四、非物质文化遗产传承

黎里古镇的非遗项目独具特色,种种技艺都同民众生活密切相关。这些技艺中,手工制作技术有陈巧君的老式杆秤制作,周富林的竹编,倪金海及其徒弟建造桥梁、垒筑河桥、雕刻缆船石的石作;美食传承有李永兴酱鸭、生禄斋苏式月饼、张记饴糖及其糖画等;艺术作品有拓马张木刻套印。最为突出的是失传多年的"中秋显宝"。据李海珉先生挖掘研究,"中秋显宝"始于元代,定型于明代,繁盛于清代及民国,那时富家大户、商家庙宇,在中秋时节展示种种名贵书画、玉器、名砚、印章、官服等,还有宾主互动,显技显艺。1930年起,黎里著名农学家倪慰农开始展示他的农副产品及科技产品。显宝分为私家显宝和公家显宝两种,公家显宝远近闻名的场所是设为社坛的东圣堂。每年确定一个专题,汇集各家珍藏于此显宝,因此显宝又称供宝、赛宝、斗宝。新中国成立后,中秋显宝中断。一个甲子后的2010年,吴江档案局首先恢复中秋显宝,李海珉与黎里众多收藏爱好者积极投身其中。三年后,黎里古镇与档案局联手举办中秋显宝。2014年,中秋显宝被确定为苏州市非物质文化遗产,挖掘这一风俗的李海珉被确定为中秋显宝的传承人。2017年,黎里古镇将中秋显宝确定为一个节日。自2022年开始,中秋显宝引来长三角古镇的众多参与者,各路收藏艺术品、文物古董的收藏家汇聚黎里,晒宝、比拼、交流。截至2023年,中秋显宝已经连续坚持十余年,每年都确定一两个专题,让各藏家将宝物显出来,供大家观赏、交流,推介书画文物和科技艺术。正如《苏州日报》采访记者所说:"黎里显宝会,民间的世博会"。

五、古镇保护利用与可持续发展

现在部分江南古镇有过度商业化趋势。黎里古镇提出了"宜居、宜业、宜旅"六字方针。当前卖门票观光旅游的热度已经过去,应当考虑历史文化深度旅游,更需要休闲养老、体验慢生活的安居。黎里古镇将安居、度假、养老、休闲放在首位,其次是宜业,也就是安居后的乐业,旅游观光显然不是黎里古镇的重点。

宜居,首先是保留原住民。古镇除了街面以及纳入旅游观光的景点的居民需要动迁外,现在古镇区内保留的原住民约有3 000人,这些原住民不能再动迁了，再动迁就成空镇了。还应当设法动员原住民的后裔回归古镇，否则缺乏原住民的古镇听不到乡音土语、看不到原住民的生活习俗，就不只是空镇，而且将会成为死镇。黎里古镇，一百多条弄堂内部的住宅，外貌宜旧，内部设施必须更新，既要保留慢生活的宁静，又要让居民能享受现代化的生活。其次，开发民居客栈，供上海、苏州及其他城市民众前来休闲度假，体验江南水乡宁静的慢生活。目前我国已经进入老龄化社会，平均4个人中就有一名60岁以上的老人，上海、苏州等城市的养老设施不足。黎里古镇可提供敬老养老的场所。这里不仅有度假式的休闲养老，而且也可供旅居者租赁甚至购买古镇民居后长期在此生活。

宜业，首先是挖掘本地富有特色的餐饮、手工艺品、作坊工场，引进其他特色行业。其次是优先考虑本土居民，特别是本土居民的后裔来古镇传承前辈的种种技艺，或者自创新业。

宜旅，黎里古镇不卖大门票，敞门入镇，吸引观光旅游，吸引消费。

黎里，一个保留着明清两代的生活遗存，积淀着深厚历史文化的江南古镇。

第二节　江苏省苏州市吴江区同里镇①

同里镇守望者

蒋鉴清先生于1981年担任退思园修复办公室主任，他兢兢业业，耗时八年，成功修复了退思园。接着他又主持修复了"三堂"（崇本堂、嘉荫堂、耕乐堂）"三桥"（太平桥、长庆桥、吉利桥）。蒋鉴清先生对修旧如旧有着深刻领会，请当地知情老前辈参加座谈，请古建园林专家陈从周指导施工，做到不出一处败笔。为确保质量，他坚持"迈小步，不停步"，循序渐进、久久为功；他"花小钱，办大事"，精打细算，务实认真。他坚持每天记修复日记，为后人留下了宝贵的资料。

同里镇被住建部和国家文物局评为第一批历史文化名镇。同里镇位于江苏省苏州市吴江区城区的东部，北距苏州18千米，东距上海80千米，为国家5A级旅游风景区、中国十大历史文化名镇、中国十大魅力名镇，拥有"全国首批20个国家重点公园""中国十大影视基地""中国人居范例奖""国家卫生镇""中国最佳规划城市"等多项国家级荣誉称号。其核心景区退思园是苏州古典园林艺术的典型代表，是全国文保单位，被列入"世界文化遗产"名录，同里因此成为江

---

① 本节由凌刚强、徐宏慧撰写。

南水乡古镇中唯一的世界文化遗产所在地。

同里历史悠久，文化底蕴深厚。根据史料记载，同里建镇于一千多年前的北宋，历史上先后出状元1人、进士42人、举人93人。为了使古镇文化生动地展示在世人面前，从20世纪80年代开始，同里古镇陆续修复开放了退思园、崇本堂、嘉荫堂、"三桥"、明清街、罗星洲、珍珠塔景园、松石悟园、同里湿地公园等大小景点20余处。

一、在保护中发展

蒋鉴清先生是同里古镇"一园三堂三桥"修复的主要责任者，为修复古镇建筑作出了卓越贡献。这里的"一园"指退思园；"三堂"指崇本堂、嘉荫堂、耕乐堂；"三桥"指太平桥、长庆桥、吉利桥。20世纪80年代初，江苏省太湖风景区建委成立后，第一批抢修项目之一就是修复退思园。

退思园的建造者是清朝任职安徽凤颍六泗兵备道的任兰生，在仕途遭挫归隐故里时，他想"退思补过"，终老林下，取园名为"退思"；他耗时三载，于1887年建成这座私家园林。任兰生"退思补过"后又成功复出，后在抗击洪涝灾害途中因病逝世，但他给后人留下一座人文瑰宝之园。

1981年退思园修复办公室成立，蒋鉴清担任办公室主任。当时，退思园历经沧桑，年久失修，厅堂拆除、亭台坍塌、楼阁倾危、湖石破碎、匾额楹联不存，园内池塘填满了垃圾。退思园文字记载很少，又没有旧图纸可参照，如何做到"修旧如旧"？蒋鉴清多次邀请当地老人、知情人召开座谈会，一起回忆园内建筑的原样，从当地群众中搜集退思园的旧照。

著名古建筑园林专家陈从周亲自到退思园观看和指导修复。蒋鉴清对修复工作坚持一个原则：严格按照专家的规划施工，经常请专家来看是否符合要求，不符合就返工，确保质量。"迈小步，不停步"地干。蒋鉴清发现，古代园林营造是个大学问，有着太多的讲究，真是"越做越有兴趣，越做越有味道"。退思园从1981年开始修园，耗时八年后才整体对外开放。

蒋鉴清"花小钱，办大事"务实认真，精打细算，把每一分钱都用到了极致，最终以总价320余万元的费用完成了整座园林的修复，其中还包括园林里所添置的各种字画和红木家具的费用。修复后，退思园恢复了生机，满园春色，修旧如旧。

退思园修复工作结束后，同里紧接着修复崇本堂、嘉荫堂、"三桥"这些有着人文历史标记的遗存。蒋鉴清责无旁贷地继续主持这些建筑的修复。耕乐堂，据史料记载系明代处士朱祥所建，朱祥曾辅佐建造苏州的宝带桥，因其号耕乐，故名为"耕乐堂"，后数度易主迭经兴废，现存建筑三进41间，有园、有斋、有阁、有榭，虽然部分建筑为清代乾隆、咸丰年间重修，但整体建筑仍保留着明代朴实无华的风格，如檐高较矮、举折平缓、装饰简朴，木结构刷以桐油。耕乐堂作为明代保留完好的苏式厅堂建筑，具有重要的史料价值。

二、"修旧如旧"，一辈子也学不完的学问

蒋鉴清对"修旧如旧"有着深刻的理解，比如明代特有的"满天星"窗棂，看着不过就是横竖排列的小方格，但工艺上要求很高，现在一般木匠做不出。然而做不到这个水平，就谈不上明代建筑的"修旧如旧"，所以每道工序蒋鉴清都要"前看后看左看右看"，直到看不出一处败笔，才放匠人师傅过关。耕乐堂是明代建筑，木料上涂的不是像"一园二堂"那样的麻布生漆，用的是桐油，需要架大锅烧热后，将热的桐油直接抹在木料的表面，待冷却后就有"入木三分"的感觉。同济大学陈从周先生的学生阮仪三教授将耕乐堂的修复现场作为研究生课堂，每个月都会组织学生来观摩一次，这是别处看不到的最经典的老工艺。

修复耕乐堂和退思园一样，同样遇到了经费拮据的问题。好在蒋鉴清节俭惯了，依旧是对修缮经费严格把关，从不乱花一分钱。耕乐堂占地面积 4 266 平方米，建筑面积占一半。整个修复过程耗时 4 年，共耗资 302 万元，其中用于动迁住户的费用 110 万元，修缮费用 192 万元。

蒋鉴清秉持严谨认真的科学精神，每天坚持写修复日记，为后人留下了宝贵资料。如今，无论哪里出了点小问题，比如消防栓烂了，只需查看当初日记里记下的消防栓地下线路图，不需要大断面开挖就能高效地解决问题。耕乐堂修复日记也展现了耕乐堂表里如一的精彩。2003 年，国家文物局局长单霁翔考察同里古镇，看到蒋鉴清的修复日记记载，对耕乐堂的修复极为赞赏。2013 年 5 月，耕乐堂被核定为第七批全国重点文保单位。

三、东方威尼斯

同里以"小桥流水人家"的神韵被誉为"东方威尼斯"。镇外五湖环绕，镇内 15 条河流纵横交错，把古镇分割为 7 个岛屿，而建于各个年代的 49 座桥又将各个岛屿连成一体，形成了依水成街、环水设市、傍水成园的水乡风格。"五湖环抱于外，一镇包含于中""家家临水，户户通舟，醇正水乡，旧时江南"，这是 2005 年 CCTV 中国魅力名镇评选颁奖词中对同里作出的评价。在江南众多水乡中，同里展现的是景区和社区的完美结合，同里景区旅游事业的发展促进了古镇的保护，至今古镇里还生活着近万名原住民，每天为国内外游客展现原汁原味的活的江南生活情景剧。

如今,"千年古镇,世界同里"又基本实现由传统的古镇观光游向生态游、水上游、乡村游的华丽转身,同里湿地公园、同里科技农业示范园的建设发展,周边五星级、四星级酒店集群及古镇内近 2 000 间民宿等配套设施的完善,将一个水乡旅游综合体展现在了世人的面前。

第三节 江苏省苏州市吴中区甪直镇[①]

甪直镇守望者

甪直镇守望者严焕文说自己是一名"草根",出于对家乡的热爱,40 多年来致力于以下事项:第一,收藏、研究和介绍首批全国非遗"苏州甪直水乡妇女服饰",收藏服饰 100 余件(套),撰写发表专题文章 10 余篇,2.2 万字论文一篇,协助中央电视台拍摄电视系列片《[走遍中国]中国古镇(70)甪直镇:出水芙蓉》,介绍甪直水乡妇女服饰。第二,研究甪直古代桥梁和缆船石,为此撰写文字和拍摄图片。第三,拾遗补阙甪直的历史、文化和人文遗漏。这些内容皆为史书、档案和文史资料中从未涉及的,系严焕文亲自发掘、采访、记录和拍摄的原创文字图片;撰写文章近百篇,散见于全国、省市等有关报纸、杂志和书籍,被人们誉为"甪直活字典"。

早在 1961 年,甪直保圣寺罗汉塑像就被列入首批国家级重点文物保护单位;2001 年,甪直景区被批准为国家 AAAA 级旅游景区,并入选中国邮政发行的《水乡古镇》特种邮票,列入江南六大古镇;2003 年,甪直古镇被住建部与国家文物局公布为第一批"中国历史文化名镇";2006 年 5 月,甪直水乡妇女服饰被列为第一批国家级非物质文化遗产代表作;2010 年 8 月,甪直古镇荣获"2010 品牌中国(县域旅游)十大品牌景区"称号。

甪直古镇地处苏州市东南部,西距苏州城区 18 千米,东距上海 58 千米,全镇总面积 72 平方千米,古镇区域面积 1.04 平方千米。镇外湖、荡、潭、池星罗棋布,素有"淞江甫里村""五湖之汀""六泽之冲"之称,是太湖流域保存完好的典型的江南水乡古镇。

甪直古称"甫里",历史源远流长。早在 5 500 年前,这里便有先民聚居繁衍,张陵山遗址和澄湖遗址出土的大量文物,足以证明甪直属于中华五千年文明的发祥地之一。

跨入甪直古镇,映入眼帘的是古镇牌楼上的楹联:"古镇远扬名为存罗汉杨

[①] 本节由严焕文、李建荣撰写.

家塑,唐诗晚开照来拜江湖甫里祠"。甪直保圣寺的罗汉像出自"塑圣"杨惠之手,甫里先生祠是甪直人为了纪念晚唐诗人陆龟蒙而建。甪直是国家重点风景名胜区太湖的景区之一,旅游资源丰富,遗迹留存众多,主要景点有保圣寺、陆龟蒙遗址、叶圣陶纪念馆、甪直历史文物馆、沈宅、水乡妇女服饰博物馆、萧芳芳演艺馆、王韬纪念馆、万盛米行、水乡农具博物馆、张陵公园,还有江南文化园、澄湖生态农业园、水道驳岸及古桥等。陆龟蒙遗址、保圣寺、叶圣陶纪念馆、万盛米行,是公认的甪直古镇标志性符号,也是甪直从古至今一脉相承的文化印记,具有广泛深远的影响。

甪直古镇有稻作文化、佛教文化、桥梁文化、书院文化、非遗文化,还有保圣寺的"三宝"和"三绝"。

一、甪直古镇特色文化

(一) 稻作文化

2003 年对甪直澄湖地区进行考古发掘,发现了崧泽文化时期(距今 5 500 年)的水稻田和炭化的米粒(现存放在甪直历史文物馆内)。虽然说苏州地区已发现许多崧泽文化时期稻作文化的遗迹,但是出土这一时期炭化的米粒,仅有唯亭的草鞋山和甪直的澄湖地区。这些米粒虽小,却是实实在在的稻作文化的实证。

(二) 佛教文化

甪直古镇的历史与姑苏同龄,已有 2 500 余年了。不过甪直古镇的发育期是从梁天监二年(503 年)保圣寺的兴建开始的,宋、元、明为鼎盛时期,故有"以寺兴镇"的历史内涵。现保圣寺内的"保圣寺罗汉塑像"是首批全国重点文物保护单位之一。甪直的碛砂延圣寺创建于梁代,宋乾道八年(1172 年)重建。该寺僧侣自宋末至明初,耗时 115 年,组织雕刻我国第五部木版佛经《碛砂藏》。此经汇集了前四版木刻《大藏经》所有的资料,加添了后来发现的新资料,是我国佛教经典中的浩瀚之作,共 1 532 部,6 362 卷。

(三) 桥梁文化

甪直镇区面积 1 平方千米。相传有桥 72 座半,现存 41 座。其中宋代桥梁 1 座,明代桥梁 10 座,清代桥梁 15 座,其余为民国时期所建。这些桥梁造型各异,拱形、圆洞形、全圆形,纵横交织在古镇市河上,构成"三步两桥、双桥、桥挑庙、庙挑桥、桥挑桥"的景观。正阳桥(青龙桥)是古镇最大的古桥,建于明成化年间(1465—1487 年),花岗石单孔拱桥,桥挑庙,位于古镇最东边,为甫里八景之"长虹漾月"。进利桥为花岗石单孔拱桥,位于西汇上塘街东端与中市街相接处,建于清乾隆年间,道光九年(1829 年)里人季庆重建,古桥与南侧茶楼交相辉映，堪称甪直古镇标志性建筑。古镇双桥（两河交汇处，两桥构成直角为双桥）多达5处，以位于市中的三元桥和万安桥为代表。现属甪直镇管辖的郊区还有2座宋桥（大觉寺桥、大姚香花桥）。1955年，桥梁专家茅以升考察甪直古桥后感慨地说："甪直是天然的桥梁博物馆。"

甪直桥梁多，是因为河道多。居民依水而居，街坊临河而筑。甪直有5条主要河道（东市河、西市河、中市河、南市河、西汇河），9条长街，街道多以石板铺成，河道多、街道多，与街道垂直的巷弄也多，巷弄多达75条。全镇保留了5 000多米长的石砌驳岸，镶嵌着雕刻精美的缆船石165方；有13万平方米的明清风格的传统建筑和150米的沿河廊棚，自建镇以来，形成集商业、集贸、娱乐等功能于一体的一河两街格局。

古镇生于水也兴于水，其街道、巷弄都颇具水乡特色。河街并行，巷弄与河垂直。南市、中市和东市为街市核心区域。各具特色的暗弄（如肖家弄）、半暗弄（如戴家弄）和明弄（如王家弄）构成宅院左右的通道。一层或二层的明清传统民居，以合院性质形成线形肌理。河道两旁，一边是店铺，鳞次栉比，商业兴旺；另一边是宅院，粉墙黛瓦，木门轻掩，凸显"闹静分离、闹中取静"的功能。

（四）书院文化

甪直历来崇文重教，唐宋便有义学义塾。元代陆德原（1282—1340年）创办甫里书院，规模宏大、师资优良，吸引了附近地区达官贵人之子前来学习，享誉苏州八方。甫里书院一直延续到清末民初，积淀了深厚的人文修养。自宋至清，甪直共走出63名进士。甪直还是文人墨客的向往之地，自唐代陆龟蒙、皮日休之后，宋代范成大、魏了翁，元代陆德原、赵孟頫，明代高启、沈周、董其昌、文震孟，清代李实、吴伟业、沈德潜、徐达源等著名文人贤士，均与甪直结下不解之缘。

民国初年，里人沈柏寒（1883—1953年）到日本早稻田大学攻读教育学，1906年回到甪直，将甫里书院改为吴县县立第五高等小学，并创办了苏州乡镇的第一所幼儿园"培本幼稚园"。吴宾若、叶圣陶、王伯祥等相继任教，大胆创新，薪火相传。1942年，甪直镇曹伯荫和沈定钧等人创办"私立甪直初级中学"，后改名为"甪直中学"，1958年增设高中部。纵观甪直历史上的教育事业，从早期的书院文化直至现代的甪直高中，体现了甪直崇尚教育的历史传统与追求，表现出甪直古镇独有的风格和精神面貌。

（五）非遗文化

（1）服饰文化。2006年5月20日，我国公布了"首批全国非物质文化遗产保护名录"，甪直水乡妇女服饰被列入其中。

（2）美食文化。清道光年间开始种植的"甪直萝卜"，至今已有150余年历史。最普通不过的萝卜，经甪直人精心酱制，风味独特，登上了大雅之堂。澄湖农业生态园的"水八仙"，清新淡雅，有利于食疗养生。澄东村的有机大米晶莹如玉，又糯又香，屡屡勾起人们对田园生活的向往。

（3）甪直人心灵手巧，唐朝就出现了制作农具的手工作坊。明清时期，出现了石材加工、草席编织等手工业，金行浜、丝行浜、石家湾这些地名，见证了当时这些行业的兴旺。民国时期，甪直镇领风气之先，开办了发电厂、碾米厂、面粉厂等，标新立异，一派兴盛气象。

（4）扶危济困的美德传承。明清时代，许自昌家族的赈饥粥厂，严兆麒家族的义庄，金三才家族的同仁堂，蒋德峻家族的育婴堂，安徽人创建的徽州会馆，沈宽夫家族的乐善堂，长年开展慈善事业，深受吴昆两地各界的赞扬。1994年起，甪直镇长期开展"三百活动"，即为群众办百件好事、扶持百名贫困户和百名贫困学生，从而使诸多困难家庭得到了帮助，贫困学生得以顺利入学，残障人士得到生活上的照顾。2010年，甪直古镇推出居家养老服务，以适应老龄社会的公民需求，让老年人真正地老有所依、老有所养。

二、保圣寺的"三宝"和"三绝"

（一）保圣寺"三宝"

保圣寺"三宝"为大铁钟、青石经幢、唐幡杆夹石。

大铁钟钟身上铸有"风调雨顺、五谷丰登"吉祥语。此钟为明末清初重铸，已有三百多年历史。

保圣寺内保有唐、宋经幢各一座，分别由盖、柱、座组成，柱上刻佛像、佛名与经咒。唐经幢是唐幢宋础，全称尊胜陀罗尼经咒石幢，幢体基本完整。

幡杆夹石，也称旗杆石，武康石质，宋代遗物。夹石高 2.81 米，厚 0.37 米，宽 0.64 米。顶部刻复莲纹，上下设穿孔，作固定旗杆用。旧时夹石间竖三丈多高幡杆，悬挂旌旗，迎风招展。

（二）保圣寺"三绝"

保圣寺三绝为千年银杏、百年枸杞和古紫藤。

保圣寺西院内矗立着四株银杏树，其中三棵约 1 500 岁，一棵约 1 200 岁，两雄一雌。其中一棵高逾 15 米，树身寄生枸杞树，另一棵树腹寄生榆树，恰似"怀中抱子"，奇景妙趣，实属罕见。

保圣寺内还有四株枸杞树，一株古紫藤，都已经百岁有余。枸杞老本，裂石穿云，枝繁叶茂，四季成趣。紫藤粗拙遒劲，弯曲回绕，似灵蛇相戏，而今古藤屡发新枝，引游人驻足并啧啧称奇。

第四节　江苏省昆山市周庄镇[①]

周庄镇守望者

周庄守望者庄春地。1977年春，周庄太师淀发现新石器晚期的良渚文物，庄春地被抽调陪同专家勘察。这次考古工作，使庄春地对周庄历史有了深刻了解，激发了他对周庄历史文化的兴趣。1983年庄春地取得专项维修经费，修复沈厅；将古镇区和新区功能分开，制订规划，既保护古镇传统风貌，又兼顾社会、经济的发展；1988年，庄春地成功申办旅游公司。1992年起，庄春地担任副镇长、镇长，由他引领，率先扛起江南古镇旅游的大旗。他不但是古镇周庄保护的操作者，更是将周庄推向全国和世界的见证者。

江苏省昆山市周庄镇是江南沃土上一颗璀璨的明珠，拥有诸多耀眼的头衔：首批中国历史文化名镇、首批国家AAAAA级旅游景区、全国特色旅游景观名镇、全球优秀生态景区、全球绿色城镇、中国最值得外国人去的50个地方。周庄被联合国人居中心授予迪拜国际改善居住环境最佳范例奖，被授予亚太地区世界文化遗产保护杰出贡献奖，被列为2010年上海世博会最佳城市实践区，三次名列江南水乡古镇申报世界文化遗产预备清单榜首。

一、地理位置与历史沿革

周庄隶属于江苏省昆山市，介于两省市（江苏、上海），三个区县（昆山、吴江、青浦）之间。境域面积38.96平方千米，其中水域面积18.16平方千米。周庄地处长江三角洲太湖平原，境内地势低洼，河港密布。镇北的急水港是联系苏、浙、皖、赣等省的要道，是来往船只避风和补充给养的良港。周庄镇的兴盛与这条水道有着密切的关系。清嘉庆年间编著的地方志《贞丰拟乘》记载，流经周庄的白蚬江（急水港）"原名东江，为太湖主要泄水道之一，太湖东流水经此入淀山湖"[②]。

周庄古镇，春秋时为吴王少子"摇"的封地，故称"摇城"。秦始皇统一六国后设置吴县，周庄即隶属于吴县。唐贞观年间属江南道苏州府。万岁通天元年（696年），苏州府因人口兴盛，析吴县东地置长洲县，周庄隶属长洲县东台都，称"贞丰里"。北宋元祐元年（1086年），周迪功郎在此设农庄，舍宅庵捐田地，

---

① 本节由费幸林撰写.
② 章腾龙，陈勰. 贞丰拟乘：二卷[M]. 南京：江苏古籍出版社，1992.

建泉福寺（后改为"全福寺"），百姓感其恩德，把贞丰里更名为周庄，一直沿用至今。

明成化年间（1465—1487年），周庄改隶松江府华亭县。嘉靖二十一年（1542年），析华亭、上海两县部分地区设青浦县。此间，周庄集镇设立乡约所，为周庄有文字记载以来最早的官方机构。清顺治年间（1644—1661年），复归长洲县。雍正二年（1724年），析长洲县设元和县，镇以寺前港、油车漾为界，左岸五分之四属元和县苏台乡，右岸五分之一属吴江县久泳乡。1912年，撤销长洲、元和两县，复归属吴县。1917年，成立周庄镇公所。1949年5月8日，周庄解放。1952年9月，周庄划入昆山县。

西晋永宁元年（301年）秋天，在洛阳任职的江南名士张翰触景生情，想念起千里之外江南故乡吴郡的菰菜、莼羹、鲈鱼脍，写下了《思吴江歌》："秋风起兮木叶飞，吴江水兮鲈正肥。三千里兮家未归，恨难禁兮仰天悲。"史书记载了他那一刻说的话："人生贵得适志，何能羁宦数千里以要名爵乎？"① 这个向往精神自由的人递交了辞呈，返回故里，游钓于南湖之滨。他的这一率性成就了中国历史上的"莼鲈之思"佳话。继张翰之后，唐代文豪刘禹锡也来到了周庄，寓居在南湖边的清远庵。令张翰没有想到的是，他归隐的莼鲈之乡和刘禹锡悠游览胜的地方会成为世人向往的地方。

1974年，复旦大学历史地理研究所谭其骧教授经过实地考察，认定大禹治理太湖时开凿的"三江"（吴淞江、娄江、东江），其中东江的故道就在白蚬江的江底，湖中有东西向深槽，宽20～30米，深10米以上。这条古老的东江出太湖，越大运河，东北走浏河入海，自古就是重要的泄洪通道和水运航线。元代，浏河港是重要的国际贸易港口，而东江正是太湖流域腹地与浏河港连接的重要通道。元至顺元年（1330年），沈万三及其父沈祐由湖州南浔迁居周庄，躬耕起家，正是依靠着这条东江通道开展贸易，由此成为江南首富，被后世誉为"财神"。周庄因沈万三而人丁渐盛，遂成市镇，成为苏州葑门外一商业重镇。

二、东方威尼斯

周庄是典型的江南水乡，镇域近一半是水面，湖荡相连，河港纵横，一派江南水乡风光。镇区更是四面环水的"水中泽国"。0.47平方千米的古镇区至今仍完整保存着60%以上的明清建筑，古镇依水成街、傍水而居，四条河道呈"井"字形纵横交错，十四座形态各异的古桥连接成八条古街，自然形成了"家家尽枕

---

① 房玄龄. 晋书 [M]. 北京：中华书局，2011.

河"和"小桥流水人家"的江南水乡风貌。最具代表性的有"七进五门楼"的沈厅、"轿从门前进、船自家中过"的张厅、"风雅"迷楼、叶楚伧故居及双桥沿河建筑群，有许多牌坊、门楼、照壁、骑楼、水墙门、道观等历史遗存，还有"南湖秋月、蚬江渔唱、急水扬帆"等"贞丰八景"胜迹。建筑大师贝聿铭称"周庄是国宝"，美术大师吴冠中曾说"黄山集中国山川之美，周庄集中国水乡之美"。

周庄临水成街，因水成路，以水成市，以水兴镇，以水得利，带动了周边农村经济的发展，成为这个地区手工业和商品集散中心，以粮食、棉布、竹木器、水产为基本行业。周庄的中市街、北市街、城隍埭、后港街等布满了店铺。因此鳞次栉比的民居以前店后宅或下店上宅的商住方式临街枕河而建。建筑风貌以苏式为主，融入了绍帮和徽派特色，粉墙黛瓦、相得益彰。

三、崇文重教，人文荟萃

周庄民风淳朴，人文荟萃，自古有崇文重教的良好传统，因而名人辈出、文化昌盛。最负盛名的有西晋文学家、书法家张翰，明末清初妇科名医郑任，清代学者章腾龙、陶煦，名士诸福坤，清军将领费毓卿，民主教育家沈体兰，画家陶冷月等。清代末年，反清革命运动风起云涌，周庄成为近代文学革命团体南社的重要活动地，柳亚子、陈去病、叶楚伧、王大觉、费公直等一批南社重要人士在此诗文唱和、鼓吹革命，"迷楼雅集"成为近代佳话，并且曾创办《蚬江声》《新周庄》等报刊，宣传新文化运动。

周庄悠久的历史、深厚的文化积淀和独特的水乡风貌孕育了独具一格的民风民俗，阿婆茶、水乡婚礼、摇快船、划灯等仍广为流传，成为不可多得的非物质文化遗产。至今，周庄有国家级文保单位2处、省级文保单位2处、县市级文保单位和文物点65处，各级非遗项目13项。

新中国成立之初，因战后百业凋敝、交通不便，周庄封闭沉寂，不为外界所知。20世纪70年代末，苏州画家杨明义因一张民国老照片偶然发现周庄，那时的周庄古老、质朴、宁静而含蓄，清末民初时的江南遗风古朴宜人，完整的水乡格局令他激动万分。杨明义在书画圈极力宣传自己发现周庄的信息，并先后写信介绍给自己景仰的画家吴冠中、华君武以及好友陈逸飞。1983年，留学美国的陈逸飞以周庄的水乡风景创作成《故乡的回忆》等一批画作。1984年，美国西方石油公司董事长阿曼德·哈默访华，将《故乡的回忆》赠送给中国改革开放的总设计师邓小平。其后，这幅作品被选为联合国国际邮票节的首日封图案，经新闻媒体的宣传，周庄古镇在海内外声名鹊起。

1986年，周庄人在维修沈厅时，同济大学教授阮仪三也来到周庄，用一个暑假的时间，带领同济大学建筑系四五十位学生仔细勘察了周庄全镇。几个月后，阮仪三带来了另外一张图纸——周庄发展规划图，上面有3个圆圈，划定了周庄老区、新区和工业区的位置，其中0.47平方千米的老镇区是规划中的古镇保护区。这一总体性保护规划，确定了周庄"保护古镇、建设新区、发展经济、开辟旅游"的发展原则。新区、古镇区功能分开。在用地布局上，在新老区之间留有过渡空间，既保护了古镇古色古香的传统风貌、民俗风情，又考虑了社会、经济发展所需的空间。1989年4月1日，修复后的沈厅正式对外开放，卖出了第一张6角钱的门票，标志着周庄旅游迈出了第一步。其后，周庄又陆续开放了张厅、迷楼、叶楚伧故居三个景点，慕名到周庄的人越来越多。

四、保护、发展和提升之路

1995年至2005年，周庄经历了以旅游为主体的十年发展。民俗周庄、生活周庄、文化周庄成功开创了江南水乡古镇游的先河，周庄成为国内外著名旅游景区。

1995年，周庄把整个古镇作为一个景区统一对外发售联票，将古镇景区的众多景点"集体打包"，以"中国第一水乡"的品牌推向海内外，从此迈上了一条全新的发展轨道。1996年，周庄在全国乡镇中率先举办由国家旅游局主办的中国周庄国际旅游节，从此周庄塑造了大旅游的格局，积极对接和融入旅游市场，成为华东旅游线上的一个重要节点。其后周庄每年都举办旅游节，每年都有不同的主题，以文化搭台旅游唱戏。

在完善旅游功能和拓展旅游市场的同时，周庄不断加大古镇保护的力度。修编《古镇保护规划》，成立古镇保护基金会，投入巨资先后实施"三线入地"（供电、有线电视、电信）和"污水治理"工程。同时开辟文化街，推出"贞丰十二坊"，实行"抽丝砍蹄"，优化商业氛围，增加文化元素，打好古镇保护与文化传承"两张牌"，使周庄永续发展、永葆魅力。

经过十年保护、十年发展，周庄旅游业的繁荣超乎想象。1999年，周庄接待中外游客125万人次，2001年突破200万人次，2006年突破300万人次。过多的游客使规划每天最大游客容量6 000人的古镇不堪重负。旅游带来了全镇繁荣，也在一定程度上掏空了小桥流水的文化意境。2005年2月，发生了一桩对周庄来说极不寻常的风波，当年旅游联盟合作峰会在周庄举行，由于周庄门票从60元涨到100元的提价问题，与会的上百家旅行社批评周庄商业味太浓、古镇保护不力，决定不再向游客推荐周庄游，集体"封杀"周庄。

这场巨大的风波，成为周庄旅游发展的一个重要转折点。周庄提出了从2005年起的十年提升战略，提出向旅游、高新技术制造、文化创意三大产业转型升级，建设国际知名的文化古镇、旅游名镇、创意新镇。在旅游产品上，围绕

"古""夜""水",周庄新开发了古镇水巷游、环古镇水上游、万三财运之旅、水乡玫瑰婚礼、江南采珠游等。旅游形态以古镇旅游为核心,围绕吃、住、行、游、购、娱的旅游六要素延伸转型,形成一批以《四季周庄》实景演出、昆曲展演为代表的演艺娱乐项目。

旅游从古镇延伸到农村,农家乐、民宿客栈等旅游产品亦在周庄发展起来,与之相配套的商务、经济型酒店和围绕农业休闲设计的商旅项目也逐步推出,周庄旅游已经开始从单一的观光型向休闲度假的综合型转变。与旅游业相融合,周庄开始把文化创意产业作为新的发展方向,初步形成以中国八大美术学院写生创作基地——周庄画家村和画工厂、国际艺术品博览中心为载体的艺术品交易产业链,使周庄成为华东地区最大的生产、展示和销售艺术品的中心场所。以设计孵化中心、富贵园、江南人家、爱渡风情小镇为集聚区,周庄形成创意设计产业链,吸引工业设计、动漫设计、建筑设计、平面设计等国内外知名设计机构入驻周庄。

经过"十年保护、十年发展和十年提升"三个不同发展阶段,今天的周庄旅游又一次进入了新的重要转折点,如何继续引领古镇旅游发展,如何使周庄旅游永续发展,是周庄需要破解的难题。

近年来,周庄以打造"世界最美水乡"为愿景,以乡村振兴战略为契机,在旅游形态创新、古镇业态更新、水乡生态焕新上发力,以"夜周庄"为引,进一步提升江南文化内涵和古镇旅游品质,优化全域旅游布局。同时,周庄积极融入长三角一体化发展,以周庄数字梦工厂等重大项目为牵引,着力打造数字影视产业园,大力发展元宇宙产业,持续擦亮"第一水乡"金字招牌。

周庄,是历史留给当代中国的宝贵财富,是江南水乡的典范,是江南文化的缩影,同时也是向世界展示中国历史与文化的一扇窗口。在江南以外的远方客人眼里,它是画里烟水;对繁华都市的居民来说,它是梦中天地;在生活日趋现代化的乡镇人看来,它则是旧日家园。周庄为每一个现代人提供了"精神故乡",让他们回味说不尽的"故乡的回忆",周庄就是每个游子的"他乡故乡"。

第五节 浙江省嘉善县西塘镇[①]

西塘镇守望者

西塘镇守望者韩金梅,嘉善人,20世纪80年代担任嘉善县文化馆馆长。中国音乐家协会会员、浙江省作家协会会员、电影家协会会员、浙江省剧本创作中

---

① 本节由韩金梅撰写。

心签约编剧,创作、编辑文学、文史、音乐、书画等各类专著 20 多种。音乐剧《五姑娘》获文化部文华奖·编剧奖,应邀赴韩国首尔国立大学音乐学院讲学,在日本大阪举办个人书画展。曾任嘉善县文化局副局长、文联副主席。1995 年以嘉善县政协文史委主任身份提出保护和开发古镇西塘旅游的建议,1996 年进入嘉善县政府旅游发展领导小组,参与策划古镇西塘的旅游开发。2004 年退休后受聘于县政府西塘旅管委任顾问,负责古镇保护、文化内涵挖掘、非遗传承,编辑文史内刊《平川》等。

一、西塘——生活着的千年古镇

西塘古镇地处江、浙、沪金三角腹地,位于嘉善县北 11 千米,镇区面积 1.01 平方千米。镇域面积 31.85 平方千米,其中耕地面积 31 877 亩,水域面积 6 399 亩。① 2003 年,西塘古镇被住建部与国家文物局公布为第一批"中国历史文化名镇"。

西塘素有"吴根越角"之称,处吴国与越国交界地带,一半属吴,一半属越,取谐音为"汾湖",以其半入吴江得名。古称"汾湖""胥塘""斜塘",又名"平川"。伍子胥挖胥塘河,沿河北上可达吴都苏州,南下可至越都绍兴,"迁善乡有斜塘里,永安乡有胡受里。"当时市河之东属胡受里,市河之西属斜塘里,元末胡受里和斜塘里均归属"斜塘"。西塘在宋元时已形成"朝集午散"的市集,明宣德五年(1430 年)西塘划归嘉善管辖,史称嘉善县"市镇四王镇、斜塘、陶庄、风泾"。明正德年间(1506—1521 年)改斜塘为西塘。徐霞客路经于此,"二十六日过二荡,十五里为西塘,亦大镇也"。万历年间(1573—1620 年)西塘又复称"斜塘镇"。1935 年设镇。

西塘是平民文化与儒商文化交融之地。平民文化,是指西塘人日出而作日落而息的朴素文化人格;他们与世无争、天人合一,造房子不看重风水,随遇而安。儒商文化是指经商理念,以"仁"为本,店前千米廊棚即为古代人性化工程,是儒商文化的物化。

地处江南水乡,江、浙、沪毗邻地区的嘉善,在明宣德五年(1430 年)置县以前就有众多的集镇,镇上多有世居的民居。这些民居受到地方环境和风俗习惯的影响,形成了一定的风格。

二、传统民间集镇建筑

集镇来源于农耕文化,是农业社会发展的结果。集镇原始居民往往从农民中

---

① 西塘县志编写组. 西塘县志[M]. 北京:新华出版社,1994.

分离出来，他们依靠手工制作手艺，如编箩筐、做衣服，到集镇上定居，人多了，也成就了集镇。这些集镇上保留了居民们从农村带来的生活理念和风俗。

在宋代，尤其是南宋时期，江南的农耕得到相当发展，社会富裕，集镇的规模和民间建筑也有了相应的发展。

当时，嘉善的魏塘、西塘、陶庄等地出现了大体量的建筑，首先是公共的庙宇建筑，其次是官宦人家和大户人家。魏塘东门有大胜寺和泗州塔，其建筑由民间集资化缘而建，供奉神像之殿气度宏伟，结构专业而考究。从南宋到明代中后期，魏塘纱逐渐闻名全国，在东门形成相当规模的交易市场，而沿武水的大街逐渐修起了关帝庙、施王庙、法轮庵、地藏庵等寺庙。由于上述两个因素，造就了东门大街几百年来商业、手工业、餐饮相对集中的历史街区。

明代置县前，魏塘的兴盛招致倭寇侵犯，后来建宾旸门作御，也就有了"先有宾旸门，后有嘉善城"的坊间传言。

民居建筑不能与庙宇建筑相比，庙宇建筑有一定的规程，民居的建造相对自由一些。因嘉善及附近的地理环境都很优越，还有嘉善人的文化人格中有"天人合一"的思想，所以在建民居时很少请风水先生。

由于砖木结构的民居寿命不长，每隔二十来年就要修缮一次，超过百年的要重建，因此现在东门大街仅存的传统民居大部分建于清代或民国初，但这些建筑在一定程度上传承了明代民居的风格。

三、传统居住理念与民居特色

俗话说"一方水土养一方人"。水乡嘉善养育了一代又一代的嘉善人。由于嘉善地广土质好，种棉种稻都好，将泥烧成的砖瓦也好。盛产砖瓦的优越条件为砖木结构的民居建筑带来了方便。

嘉善人讲实惠，居住房屋首先是实用，不求奢侈，不讲排场，简单而含蓄。在嘉善东门及西塘的大户人家，其沿街的门面建筑与附近的一般民居并无差别。一直进了三埭，才会豁然开朗，看到这户人家的富裕。

其次是随遇而安，顺其自然。房屋是用来居住的，它与主人和家族的命运没有多大关联。它是"日出而作，日落而歇"中最后的一个"歇"字。只要坚固耐用即可。因此，全县几乎没有高大建筑，平民文化的居住理念，一直深植于嘉善人心中，加上嘉善人"银不露白、暗可藏财"的浅简意识，更使民居建筑显得低矮而不起眼。

再次，嘉善人从骨子里有很强的亲水性。拿西塘来说，至今还保存着前临街后傍河的建筑格局。在不长的河岸线上，每家都截得一段，以便取水及停船。在不临河的街对面，特为他们留有水弄，可过街进水弄汲水。由于这个原因，集镇的结构因水系而成，街弄的肌理也往往跟着水脉组成。有人说西塘是一个水镇，也是这个缘由。

独立门户是集镇民居的最大特点。一个大家庭兄弟分家要独立门户，儿子大了有了自己的事业要独立门户。北方有四合院，大院里住着几户人家，这在嘉善是行不通的。小家庭的私密至上，哪怕条件再差，租人家的房子居住，也要独门独户。

到了民国初期，该地接受外来文化较快，许多民国建筑一方面继续承袭传统民居格局，一方面迎合时代潮流做了一些改革。这一时期的建筑反映了当时的文化思潮，反映了当地民众接受新事物的主动精神。东门的叶园根据地形设计，一反传统的一线到底的结构，前店后宅加旁园。日晖桥东堍的周宅在堂楼长窗上用了进口的彩色玻璃；西塘的薛宅保留了仪门，但格局也有变化；魏塘的丁宅还建有玻璃明屋；许宅设有露台。

四、民间建筑中的文化艺术

西塘特色民居建筑文化，包括与生活密切相关的吊脚楼等多种形式。在集镇上有吊脚楼、水阁、跨街楼，在乡村有饳屋。吊脚楼一定建在地基与屋立面有落差的地方。凤凰的吊脚楼便是如此，以木柱做脚，撑起楼屋，使其与相对的路面一样齐高。魏塘日晖桥东堍和西塘鲁家桥北坡都有木吊脚撑楼，使其与桥面相并。这种吊脚楼往往都在桥面上，这是水乡的特色。还有傍河人家把房子架在河面上，用石柱立在河里撑起建筑称为"水阁"。"水阁枕河眠，每听涨潮声"就是描写它的。西塘的狮子桥有跨街楼，这也是嘉善集镇民居特色建筑之一。这种楼横跨小街或弄堂的，两面往往是一家。至于它的形成各有说法，有说专为建空中楼阁，看过街行人的，也有说是为了减少占地面积。

嘉善农村最常见的农舍是饳屋和草棚。草棚是最简陋的农舍，用泥墙、稻草、竹子建成，一般穷苦农民都住草棚。家境稍富有的人家造的砖瓦房称作"四落、饳屋"。相传在明末，农村盖瓦房要上税，征税时以一间房、一根正梁为单位，为了一间的面积大也不可能无限增长正梁，聪明的民间建筑工匠就在正梁的四角加四根饳脊，在主屋面四周增加四个屋面，俗称"四落"。这种建筑结构，屋下可分客堂、厨房、卧室、储藏室四个单间。

人们的居住理念支配着居所文化和风格。人们对居所建筑的美化与装饰，显示了主人的思想，显示了工匠的艺术水平。建筑艺术的体现有单体建筑造型、纵轴线节奏、脊饰、雕梁、仪门、窗雕、花墙、瓦当纹饰等。民居讲求纵轴线有起伏和节奏，有砖木结构檐廊之美，又有庭院天井花台壁亭相互掩映。单体造型简洁，脊饰瓦鸥不豪华，屋角平缓不张扬。大户人家的厅堂是整个建筑群的主体建筑，高大而气派，代表了主人家的地位和财富。

仪门是大户民居中的重要节点。仪门又称石库门，它对内的门上有砖雕、有家族遗训。对外一面用毛石砌成门框，门厚十公分，作防盗用。在厅堂的落地长窗上往往有浮雕，图案以吉祥为主，如"瓶深三戟"（平升三级）、"荷梅"（和美）、"蝠鹿"（福禄）等。瓦当花纹也以"芙蓉""梅菊"为多。天井围墙多有"花窗"，用砖瓦组搭镂空图形，起到通风作用，考究人家还用瓷框来砌成。在梁柱饰件上，明时流行厅堂正梁用包袱巾状图案，在月梁、过梁、檐梁上有花样木雕，其图案多有花卉及其形变。西塘清代建筑沈厅还保存着"官帽梁"和西厢记人物浮雕。尊闻堂还完好地保存着"百寿梁"。柱子是支撑建筑体的重要部件。柱头，尤其是有楼的柱头常有雕饰，柱的基石称柱础，一般人家用毛石做成鼓状，大户人家用青石，并带雕饰。其他还有靠河的美人靠，是水乡小镇的特色，它筑于傍岸河桥（埠）之上，上有檐廊，行人可安坐其上，静观河景。另外的细节还有雀替、垂花等，无不体现当地人文风情。

嘉善的传统民居建筑是嘉善历史文化的反映，是嘉善人文化个性的见证。虽然如今大规模的现代建筑与民居代替了往日的荣华，但仅存的传统民居依然给我们带来了丰富的文化艺术信息。

第六节　上海市青浦区朱家角镇[①]

朱家角守望者

朱家角守望者吴玉泉，青浦作家协会首批会员，上海市作家协会会员。几十年来，他一直生活、工作在上海郊区，对家乡青浦、朱家角的文化有较深研究，他编过《春晖》《珠溪》《湖畔》等多个杂志，平时喜爱写作，先后在《人民日报》《文汇报》《解放日报》《新民晚报》等报刊发表习作数百篇，绝大部分与家乡的人文历史、社会发展有关，已出版《走进朱家角》《品读朱家角》《印象朱家角》《春晖回眸》《珠溪素描》《吾悦夜话》《玉行天下》《珠里旧事新说》《朱家角拾遗》等。

朱家角镇于2007年被国家住建部和文物局评为第三批中国历史文化名镇。朱家角有1 700年的历史，至今保留着上海开埠前的江南风光。它以得天独厚的自然环境及便捷的水陆交通，引得商贾云集，往来不绝，曾以标布业著称江南，号称"衣被天下"，成为江南巨镇。有诗曰："鱼米庄行闹六时，南桥人避小巡

---

① 本节由吴玉泉撰写。

司。两泾不及珠街阁，看尽图经总未知。"这里的"两泾"，指的是朱泾和枫泾。

一、地理位置与历史沿革

朱家角镇地处江、浙、沪二省一市交通枢纽，地理位置优越，东靠虹桥国际机场，北连昆山，南接嘉兴，西通平望，淀山湖下游、黄金水道漕港河穿镇而过。镇内河港纵横，九条长街沿河而伸，千栋明清建筑依水而立，20多座石桥古风犹存。小桥，流水，人家，流溢在水墨朱家角。谁曾想，上海市郊竟还有这样一块保存得如此完好的原汁原味、真山真水的天然景观，可以让人获得一种回归自然、崇尚野趣的享受。

（一）独特的"水"文化

朱家角水域面积占40%，在148平方千米辖区内，真山真水显现出江南水乡之特色。山名叫淀山，虽不高，名气极大，为浙西天目余脉，此山为始，如登山望湖，有"淀峰晚照"一景可赏。湖即天然淡水湖淀山湖，面积达62平方千米，湖东区大部分在朱家角，有11个杭州西湖那么大，乘艇游湖，茫茫水天一色，湖区芦苇轻摇，惊起野鸭水鸟，顿觉远离尘嚣，心旷神怡。

宽阔的漕港河又将朱家角分成两半，北岸井亭港，南岸北大街，两岸遍布蜿蜒曲折的小巷，花岗岩石的街面，青砖黛瓦的明清建筑及众多的历史遗迹。因此，"水"文化和"古"文化的交点，是朱家角古镇的魂——"留存历史风貌、激活现代功能"和"生态居住"。

由于贯穿全镇的漕港河水运方便，遂商业日盛，烟火千家。至明万历年间正式建镇，名珠街阁，又称珠溪。清嘉庆年间编纂的《珠里小志》，把珠里定为镇名，俗称角里。宋如林在《珠里小志》序中曾有这样的描述："今珠里为青溪一隅，烟火千家，北接昆山，南连谷水，其街衢绵亘，商贩交通，水木清华，文儒辈出……过是里者，群羡让耕让畔之风犹古，而比户弦歌不辍也，虽与高阳里，冠盖里媲美可也。"[①] 从中可领略到200年前朱家角之繁荣及人情风貌。

朱家角古镇区内的800亩大淀湖被人们称为上海的西湖、朱家角古镇的"绿宝石"。大淀湖呈椭圆形，湖底平坦、湖水清澈，风光旖旎。原来沿湖周围除了南面古镇区、课植园以外，都是一些村庄和停靠着的渔船。大淀湖鱼类资源丰富，同时辟有九个港口，这些港口也是朱家角通往昆山、苏州等外省市的水上运输通道。

经过治理改造，大淀湖旧貌换新颜。如今的大淀湖，一幢幢漂亮、精致并具有不同风格的别墅鳞次栉比，依湖而建的特色小区星罗棋布，为朱家角古镇的经

---

① 周郁滨. 珠里小志：点校本[M]. 上海：上海古籍出版社，2000.

济社会发展增添了活力，同时也使朱家角古镇成为"绿色青浦、上善之城"的一朵奇葩。

（二）历史沿革

朱家角的文脉可追溯到明清时代。清末兴办学堂前，镇上的老街上就有了书院、义塾和私塾，均以儒家经典及启蒙读物为主要教学内容。清乾隆四十五年（1780年），刑部右侍郎、都察院左副都御史王昶在雪葭浜创设王氏义塾，并设有严格的塾规。清咸丰元年（1851年）知县林德泉、邑人张钟杰等在雪葭浜创设珠溪书院，至光绪年间，书院还在东市蓝坊场设立义学，招收贫寒子弟免费入学。光绪三十一年（1905年）书院改为公立珠溪两等小学堂。清代朱家角的新式教育伊始，小学堂改名小学校，课程与书院、义塾、私塾相比，亦有明显不同。正是基于这些根植于乡土的传统教育，从朱家角走出了一个个文人和一批批学者。1991年，朱家角镇和朱家角乡合并成一个县属建制镇。2000年青浦区在行政区划调整中与沈巷镇合并为新建制镇——朱家角中心镇，是上海目前最大的集镇。

二、建筑文化异彩纷呈

（一）"桥"文化：古桥形态多样，异彩纷呈

朱家角镇形成于明代万历年间，古镇区只有0.68平方千米，却有大小古桥24座，大多为年代久远的踏步式石拱桥。面对小桥流水、石驳河埠、咿呀小舟、黛瓦白墙的傍水民居，人们莫不惊讶于这里的绝秀风光，称其为上海的"威尼斯"。

建于明庆隆五年（1571年）的放生桥，造型精巧，气势宏伟，坚固省料，雕有盘龙八条，环绕明珠，形态逼真，素有"井带长虹"之称，是上海最大最古老的石拱桥。

最小的桥，是位于镇北马氏花园护园河上的课植桥，全长只有五米，石阶、石栏、拱形桥孔一应俱全，小巧玲珑，雕凿精美，犹如微缩景观，着实惹人喜爱。

最有趣的桥，是架在瑚瑎巷西市梢河上的一对"双桥"福星桥（西栅桥）与中和桥，两桥均建于清代雍正年间，两桥桥洞一方一圆，桥面一高一低，相映成趣。

相距最近的两桥，是薛葭浜口的两座古桥，只两三步之遥，一左一右，两桥面呈一高一低，故曰"高低桥"。

最陡的桥，是位于镇中古刹圆津禅院门前的泰安桥（又名何家桥），桥堍设有两块旗杆石，系悬挂路灯之用，是往来船只的航标。泰安桥为单孔拱形石桥，

桥两旁青石扶手上的"飞云石"浮雕古朴浑厚，桥墩石缝内伴生出石榴，再加上青苔斑驳，愈显古意盎然。

最有意义的桥为平安桥，系砖、石、木混合结构。桥身及桥基为花岗石条，两旁扶手用青砖砌成，中间搁两根原木，不事雕琢，自然朴素。相传此桥系明代抗倭名将戚继光行军路过时就地取材所筑的便桥，所以该桥为砖木石混合结构。虽然桥石不平，但该桥坚固耐用。人们为怀念戚家军纪律严明，也称之为"戚家桥"。

小小古镇，保留着如此众多完好的古石桥，实属难得。至今，大部分石桥仍然矗立在河上，发挥着便利行人的作用。随着现代生活的发展，小镇上又相继建了好几座现代化水泥公路桥，给悠悠小镇增添了新的光彩。

(二)"宅"文化：古镇内古宅与西洋宅并存

在朱家角镇1.25平方千米的老镇区内，九条老街沿河而建，明清建筑依水而立，古民居数量之多，老镇格局保存之完整，在上海乃至整个江南地区均属罕见。目前，朱家角镇尚保存21万平方米的各类老式房屋，最古老的建于明代，清代和民国时期的建筑大量留存，其中不乏大宅名宅。老镇有6处区文物保护单位和25处不可移动的文物，是这些古民居中的精华所在。6处区文物保护单位是：建于明末，论房龄为朱家角镇古民居中"老大"的东湖街席氏住宅；上海市郊至今保存最完整的清朝邮政机构——大清邮局旧址（朱家角邮局）；建于1763年，以古戏台、大算盘和古银杏"三宝"而著称的城隍庙；至今老店格局保存最完整的百年老店——童天和药号；江南最大的私家花园之一的课植园；以古老朴素的陈设、雕刻精美的长窗、完整无缺的方砖和风味独特的酱菜而使游客流连忘返的涵大隆酱园。

镇上的民居老屋中有许多带有海派元素的建筑。涵大隆酱园和大清邮局的老石库门，证大朱家角的徽派民居，南园茶社的红砖大厝，都是海派元素鲜活的载体。

"江南第一茶楼"的南国茶庄是典型的红砖大厝。茶楼创建于清朝末年，除楼身采用砖石结构外，其余全部采用木结构，木质廊檐上的斑驳印迹吟唱着百年历史的沧桑。尽管整体楼身俨然一副江南民居的姿态，但拱形砖石门依然透露出老上海石库门建筑的风韵。

大清邮局是一座中西合璧的老上海石库门，建于清光绪年间。如今，略显破旧的"大清邮局"门帘依然透着古韵。红砖门拱足有两层楼高，豪华气派，门楣上的旋花砖雕，散发着浓郁的海派气息。两旁"大眼粗眉"的落地窗，亦与对面的中式方窗交相辉映。邮局外的清代铜制铸龙邮筒，至今仍在承接着当地居民和游客的各种信件。这个活的大清邮局，依然是朱家角镇与外界精神交流的重要阵地。

中西合璧式园林课植园的一砖一瓦、一草一木背后，都有上海豫园的荷花池、九曲桥，苏州狮子林中的倒挂狮子亭等的影子，颇具海派风采。这个时期产生的西洋建筑：一是沿袭了传统建筑布局形式，即仍为院落式布局；二是受上海近代建筑影响的里弄式布局，建筑呈"一"字形排列。因此，这些建筑一方面保留了一些传统的建筑构件，如挂落、仪门等；另一方面，西式山花、卷草雕饰、水刷石线脚等细部处理开始出现，并对建筑立面及装饰风格产生影响。

朱家角镇的老房屋主要有以下三个特点：一是所有老房屋几乎幢幢相连，成群成片，极少有间隔空间。二是小门面、大宅院。这种房屋尤以东西湖街和井亭港为最多。三是凹字形的石库门房屋居多。这些房屋大多是三开间加两厢房的二层楼房，门面有高高的封火墙，既防火又防盗，关起门来就是独立小天地，私密性强。

（三）"塔"文化：上海仅存的世界级文物

在上海，虽无世界级遗产，却早已有了世界级的文物，那就是位于朱家角沈巷社区张马村西南泖口江中岛上的泖塔。泖塔为五级四面方形的砖木结构塔，高30米，是唐代僧人如海于唐乾符年间（874—879年）所建，结构简洁，造法工整，呈现典型的唐代风格，后来又在塔四周增建殿阁，名"澄照禅院"。宋景定年间改名长水塔院。由此算来，泖塔已有约1 200年的历史。早在1959年，泖塔就被列为青浦县文物保护单位，1962年被确定为上海"市级文物保护单位"。

泖塔既是佛塔，又是灯塔，更是泖湖揽胜之处。泖塔一塔二用，在当年属于标志性建筑。其时泖河广阔，来往船只都以泖塔为标志，夜间塔顶点燃悬灯，为夜航船只指引航道，故泖塔早已成为著名的观望胜景。1998年，国际航标协会向全球发行了《世界历史文物灯塔图册》，泖塔位列其中，成为上海唯一留存记载的世界级文物。

宋朝末年，由于上海的岸线向外推移，泖湖逐渐淤塞，虽经历代疏浚，古湖还是成为条形的泖河。泖塔的功能逐渐弱化，航标灯也随之熄灭。尽管当地人对泖塔爱护备至，历代对该塔均有修葺，但明代以后，泖塔和周围的寺院屡遭兵燹，到清末民初时，建筑物已大部分被毁坏。至新中国成立时，仅存泖塔残身，塔檐破落殆尽，塔顶杂草丛生。但是泖河一带平畴绿野，水光塔影交相掩映，仍为河上游览一景。如今，泖塔周边已开发成太阳岛国际俱乐部，那里有27洞的国际高尔夫球场和沙滩冲浪浴场、沙滩排球等30余项休闲娱乐项目，为4A级度假胜地。

（四）"湾弄"文化：朱家角的命脉

角里的"湾"有好几处，有"疑似到头无路走，转弯又是一条街"的"永丰桥堍湾"；也有"远看直通一条街，近看却隔一条河的"阿婆茶楼湾"等，但有名有姓、较有名气的要数三阳湾、轿子湾、弥陀湾等"三湾"，它是朱家角独具古镇特色的原始人文景观之一。人行"三湾"街上，前后左右都是房，令人产生别有洞天的奇妙感觉，非朱家角不能见到。最奇特的是每街每路都有弄，路通街，街通弄，弄通弄，形成网络式棋盘格局，这是其他一般江南古镇不能相比的。

朱家角古镇的弄堂，对生活在弄堂里的人来说，就是他们最普通的生存空间，但对整个朱家角文化来讲，却是很重要的组成部分。可以说，弄堂就是朱家角的命脉。

朱家角的古弄深巷，以多、奇、深、古著称于世。全镇大大小小、长长短短的古弄有几十条，走在街头巷尾，每隔几十步，就有古弄撞入眼帘，有时一不留神就会错过，回头再寻，却在两幢老房高墙中间露出深不可测的狭弄一条，其势显得十分神秘。司弄、杀牛弄、一人弄、财神弄、磨坊弄、美周弄、陆家弄、席家弄、陈家弄……光这一连串名字就够吸引人。古镇的弄堂，一般分为宅弄、水弄和连街弄三类。宅弄是依附在宅院或民居内的次建筑，又被称为内宅弄或陪弄；水弄与水有关，是前通街后通河的；连街弄一般是指两条平行的街道连通的弄。

朱家角古弄之奇，奇在构筑独特，大多呈棋盘布局，四通八达。以"弄"通街，街接"弄"，街弄相通，弄连弄，如入迷宫，十分有趣；穿弄可以抄近路，七曲接八弯，出"弄"又见另一街，真是"山重水复疑无路，柳暗花明又一村"。朱家角古弄之深，深得妙不可言。东湖街的财神弄，两边风火墙高耸，头顶仅留青天一线，弄内青砖斑驳，脚下青苔条石，叮咚作响，回声阵阵，深不可测，行到尽头是一堵墙，拐弯又见一重天。西湖街的"一人弄"，真是一人入弄，万夫莫开，两人入弄，侧身而过，三人入弄，挤出弄外。朱家角弄堂年代久远，大多有上百年历史。西井街漕港滩的陈家弄是全镇最古老的弄堂。这条上有楼面的内弄堂，前段约四十米，昏暗而幽静，弄内墙壁凿有两个凸形壁孔，为放置油盏蜡烛照明之用。游人走在深深的古弄之中，仿佛又回到那久远的年代。

三、"名人"文化，人才辈出

（一）人才辈出——角里文明的宝贵财富

朱家角历史上的诸多文化名人，是朱家角的宝贵财富，也是重要的文化遗产资源，具有传承文化、教育民众等多重价值。形象诠释、广泛传播这些历史文化名人的事迹，对继承和发扬朱家角传统文化精髓，增强文化自信具有深远意义。

"一方水土养一方人。"朱家角虽小，却因为历史上名人辈出而名扬天下。从朱家角镇南雪葭浜的三泖渔庄里走出的京官王昶，系清代著名学者、刑部右侍郎。他善属文、嗜金石、工书法，与同时代的钱大昕、刘墉（刘罗锅）等同属"乾嘉学派"。王昶一生著作极多，最著名的有《金石萃编》《春融堂集》等，还主修了《太仓志》《青浦县志》等。王昶为官清廉，深受皇帝重用。

古镇朱家角兼具自然的灵秀和人文的繁盛，曾养育了众多名士与精英，仅明清两代，朱家角就有不少：陆氏一门先后有五人高中进士；名医陈莲芳曾五次奉诏入京为皇帝和太后诊病，疗效颇佳，被封为御医；名医陆士谔一生创作了百余部小说，尤其在1910年出版的《新中国》一书中，成功地预见百年后的上海将举办"万国博览会"，被誉为神奇的预言家；在近现代，朱家角又涌现了一批知名的实业家，如油菜大王蔡一隅，烟草大王张心良，办报大王席裕福，出版业的缔造者夏瑞芳，著名数学家、首届国家最高科学技术奖和首届邵逸夫数学奖得主吴文俊。这些历史名人不仅为古镇营造了良好的文化氛围，也为古镇文化、商业、旅游资源的开发提供了广阔的空间。他们从角里走出去，胸怀水乡的博大、聪慧，在中国和世界历史上书写了浓墨重彩的一笔；也曾有无数文人墨客倾慕于朱家角之绝代风华，游学或寓居于此，为后人留下了珍贵的文化遗产。正是他们，给这个历史文化名镇做了最具文化底蕴的诠释。

（二）"报业"文化：研究朱家角历史的珍贵史料

2009年9月12日，朱家角举办了"朱家角老报纸文献展"。据不完全统计，解放前朱家角自办出版的报纸有35种，目前尚存的有18种，计270余期，其余均已散佚。

20世纪20年代中期至抗日战争全面爆发之前的十余年，以及1945年抗战胜利到新中国成立前的四五年间，是朱家角办报的两个高峰期。保存最齐全的是《明报》，86期全部完好；《薛浪》存60期；《珠风》存34期；《里风》《骊珠》《娱圃》各保存有10～30期；《漕声》《珠报》《商报》《翡翠美术（旬刊）》等仅剩几期；《朱家角》《商光》等只剩1期，已成孤本。发行的周期一般有半月刊、旬刊、周刊、五日刊、三日刊等几种。

这些横跨一个多世纪的老报纸，真实地记录了那个年代的政治、经济、文化等方面的信息，是研究朱家角历史的珍贵史料。

朱家角文艺刊物的鼎盛期是1926年至1936年。十年间，朱家角镇上不断有新的报刊问世，而且大部分报刊以文艺、诗赋为主，它们分别是：《珠溪》（1926年）、《薛浪》（1926年）、《千里镜》（1926年）、《骊珠》（1927年）、《秋棠》（1927年）、《竟进》（1927年）、《民声》（1928年）、《珠声》（1928年）、《秋棠花片》（1928年）、《商光》（1929年）、《明报》（1929年）、《晨光》（1929年）、《孤灯报》（1929年）、《漕声》（1930年）、《娱圃报》（1930年）、《乐园》（1930年）、《没落》（1931年）、《翡翠报》（1931年）、《心声》（1931年）、《战事快报》（1932年）、《朱家角》（1932年）、《飞轮》（1932年）、《苦酒》（1932年）、《警钟报》（1933年）以及《民知周刊》、《微风》、《珠溪稚报》（1936年）等27种报纸，可谓百花齐放、百家争鸣。一个江南小市镇上同时出现这么多文艺刊物，在全国范围内也很少见，朱家角的商业繁荣及文化底蕴由此可见一斑。

1937—1945年，朱家角只出版过一种刊物《流沙》。

抗战胜利后至1949年，朱家角先后有《里风》《珠报》《商报》《珠风》《明报》等五种报纸问世，这些报纸以评论、杂谈为主，略带新闻。

四、宗教文化：古镇多教并存

据史料记载，朱家角在宋、元时已形成集市，名朱家村。镇上的圆津禅院、慈门寺等古寺名刹均建于元代至正年间，可想而知，古镇当时已人丁集聚，初具规模。

据朱家角史志记载：朱家角历史上曾建有8座庙、7座庵、4座殿，还有寺、院、堂各一座，累计有22个宗教活动场所。

位于小淀山顶东侧，建于南宗建炎初年（1127年）的普光王寺，是朱家角最早有记载的寺院。寺院依山建有山门、前殿、大殿、偏殿、钟楼及回廊，规模较大，寺院北侧还建有烈女亭、烈女坟、三姑祠等。20世纪70年代初，由于小淀山被上海警备区征用，寺院建筑已废。元代至正年间（1341—1368年）修建的圆津禅院和慈门寺，是最早建于镇上的宗教寺院。圆津禅院因供奉观音，里人称为娘娘庙，禅院建有清华阁等建筑。

朱家角城隍庙原建在镇南雪葭浜，清乾隆二十八年（1763年）徽州人程履吉谋迁今址。咸丰年间原址被毁。清光绪七年（1881年）重建。城隍庙坐西朝东，正门临河有一垛照墙，两边为南北辕门，正门前有石狮子一对，进门左右为侧殿，再往前为戏台，台前顶部有斗拱160只，组成圆形，结构别致，颇为罕见；正殿门楣挂有大算盘，打着数字"666""123456789""888"，寓意城隍善为百姓精打细算，保佑八方平安。

五、商贸文化：上海最早的资本主义萌芽

朱家角，这个文化底蕴深厚的小镇，曾在历史的洪流中，创建过许多江南第一，也留下了许多唯一，以至于至今都流传着一句话"南周庄、北周庄，不如朱家一只角"。这些由"第一"与"唯一"构成的商贸文化，至今仍牢牢地保留在原住民的心里。

朱家角曾以标布业著称江南，号称"衣被天下"。明末清初，朱家角米业突起，带动了百业兴旺，时"长街三里，店铺千家"，老店名店林立，南北百货，各业齐全，乡脚遍及江浙两省百里之外，遂又有"三泾（朱泾、枫泾、泗泾）不如一角（朱家角）"之说。

民国时期，朱家角米业兴盛，所产青角薄稻在上海米市独占鳌头，远销京城海外，每逢稻谷登场，最高峰达二三万石（1 500～2 250吨），日收油菜籽600吨，所产"朱家角菜油"远近闻名，行销百里以外。

上海最早的资本主义萌芽在这里起步，且发展很快。在当时，北大街、大新街等沿街两侧，大小商号鳞次栉比，全镇坐商有千户之多，夜市闹如白昼。逢年过节，更有外地商贩前来赶集，大商小贩走街串巷，酒肆茶楼几乎日夜营业，其时粜稻谷的农船成百上千地涌来，漕港河为之阻塞。

恒源米行是朱家角镇有记载的最早的米行之一，后由席子佩、赖嵩兰、吴启文三家接办合营，改名为恒益丰。到清末民初，创建的米行大大小小共40余家，其中恒益丰、合丰、正余、全号规模较大，合称朱家角"四大米行"。

朱家角绸布业名号最响的是创办于清光绪二十一年（1895年）的永泰源绸缎局。1925年，永泰源绸缎局吸收元号油车股本，扩资改组后易名为永泰元。主要经营绸缎、呢绒、棉布，兼营顾绣、礼服、兜纱等，鼎盛时期库存绸布价值3万元，年营业额12万～13万元，是镇上棉布业中唯一一家持续经营到公私合营的大型商店。

朱家角曾有三个酱园：涵大隆、义成泰、恒隆如，是角里酒酱业的"三驾马车"。义成泰酱园历史最为悠久，创建于清代光绪年间，由杭州人丁松牲开设，是朱家角酒酱业中的翘楚，有酱坊、乳腐坊、磨坊、修理杂作部等，名产有特色乳腐、各类酱油、玫瑰露酒等。1915年，义成泰生产的玫瑰露酒和双套晒油，在巴拿马万国博览会上获奖。1956年，义成泰酱园与涵大隆、恒隆如合并。现在在北大街，我们还能看到百年前的涵大隆，还能尝到特色乳腐的鲜美滋味。

清光绪二十一年（1895年），上海立兴公司"华寿"号轮自上海新闸桥起溯吴淞江，入大盈浦抵达珠街阁镇，成为青浦境内出现的第一艘机动船。1908年，有邑商购置汽轮，开辟了安亭航线，每日往返于朱家角与安亭之间，与安亭火车相衔接。此后，朱家角汽轮航线一发而不可收，先后开辟了到上海、昆山、嘉兴、芦墟、周庄等地的航线，为朱家角与外界的交通、交流起了很大的作用。

朱家角里首个"脚班"业起源于明万历年间，属青浦全县范围内最早。后外地游民大量涌入，操起"脚班"行业，并形成有"帖"和无"帖"两帮脚班。"脚班"的形成和发展，对当时朱家角工商业的发展和货物集散起到了极大的作用，是最原始的"物流"集团。

第七节　江苏省昆山市锦溪镇[①]

锦溪镇守望者

陆宜泰，锦溪镇杰出人物馆、陈三才烈士纪念馆馆长。长期致力于传统文化

---

① 本节由陆宜泰、金明林撰写。

和人文历史的挖掘、考证、研究。为《苏州通史》《当代苏州人才录》《昆山县志》《当代昆山人才录》等撰稿和提供珍贵的照片资料。先后主编《陈墓镇人名录》《清华英烈——陈三才》（中英文）、《当代锦溪人才录》《历代文人咏锦溪》《名人与锦溪》《锦溪镇杰出人物纪念专辑》系列丛书15辑。

金明林，曾任锦溪镇党委研究室副主任、锦溪镇党史地方志办公室负责人，中共党员，中学语文高级教师。长期从事锦溪党史地方志工作，著有《中国名镇志文化工程·锦溪镇志》《精彩江苏系列丛书·锦溪镇》《中国共产党锦溪地方史》等。参与编纂《昆山市志》《昆山党委工作纪事》《昆山年鉴》《院士与将军》等地情书籍20余部。发表各类文章20余篇。作为锦溪中国历史文化名镇、中国最美小镇、中国人居环境范例奖、中国世界文化遗产预备名单等申报文本撰稿人，为锦溪古镇千年历史文化的传承、保护及开发利用作出了突出贡献。

一、自然环境得天独厚

锦溪，亦名陈溪，曾名陈墓，位于江苏省昆山市西南隅，东与上海近邻，西与苏州接壤，距上海虹桥综合交通枢纽仅45千米。东隔淀山湖与淀山湖镇相望，西临澄湖与吴县车坊镇交界，西南以明镜荡为界与周庄镇相连，北与大市镇和吴县甪直镇接壤。地处太湖下游淀泖地区，湖荡密布，河流纵横。全镇面积82.14平方千米，其中水域面积占33.1平方千米，有大小湖荡16个，河道228条。锦溪古镇东西长10.5千米，南北宽8.5千米。

锦溪自然环境得天独厚。群湖环抱，土地肥沃，气候宜人，水质清澄，物产丰饶，五湖三荡环绕。锦溪镇以溪得名，河道密布，纵横交叉，千百年来，街道依水而建，房屋临水而筑，桥梁星罗棋布，春花秋月，流水悠悠，伫立桥头，顾盼两岸枕河人家，成为锦溪一大景观，"古宫闲地少，水巷古桥多；君到姑苏见，人家尽枕河。"这是锦溪的真实写照。锦溪桥多而密，当地民谣有"三十六座桥，七十二只窑"之说。仅在老镇区一平方千米范围内就有古桥26座，其密度举世罕见。2009年被评为第四批中国历史文化名镇。

二、名胜古迹别具一格

锦溪有两千多年的历史，诸多的人文胜迹，独具明清特色的古建筑群，"三十六座桥，七十二只窑"的逶迤奇特以及以中国古砖瓦博物馆为代表的民间博物馆群，被誉为江南民间说唱艺术活化石的"锦溪宣卷"，伴随着如诗如画的水乡意蕴，在诸多江南水乡古镇中独领风骚。沈从文言它是"景色人事极好"，冯英子称赞它"淡妆浓抹总相宜"，刘海粟则评价其为"江南之最"。

锦溪历史悠久，自然环境独特。一溪穿镇而过，夹岸桃李纷披，朝霞夕辉，尽洒江面，满溪跃金，灿若锦带，故名"锦溪"。据镇北原国营昆山大东砖瓦厂（以下简称大东砖瓦厂）出土的穿孔石刀、带把石刀、回纹硬陶片和朱浜村、宅前村围垦荡发现的石钺、石镰等文物考证，早在 5 000 多年前的良渚文化时期，已有人类在此繁衍生息。春秋时聚为集镇，地属会稽郡。三国至唐代，地属吴郡。五代属苏州府。北宋时，定名锦溪。史载，南宋绍兴三十二年（1162 年），孝宗赵昚驻跸锦溪时，其宠妃陈氏病殁，水葬锦溪五保湖口，锦溪因此奉孝宗御旨改名"陈墓"。1992 年 10 月，经江苏省人民政府批准，同意陈墓镇恢复旧名锦溪镇。"陈墓"一名使用了 860 余年。至今，"陈妃水冢"和"莲池禅院"依然是古镇的特色。

锦溪八景、莲池八景等世外桃源般的田园风光，吸引了历代文人墨客，并留下佳句和墨宝。南宋婉约派词人吴文英在《满江红·淀山湖》一词的上阕中，描绘的便是此情此景："云气楼台，分一派、沧浪翠蓬。开小景，玉盆寒浸，巧石盘松。风送流花时过岸，浪摇晴练欲飞空。算鲛宫，只隔一红尘，无路通。"锦溪古镇有千年悠久历史，孕育着灿烂的文化和丰富的旅游资源，虽经沧海桑田，仍有不少古迹保留至今。五保湖中若隐若现的陈妃水冢，湖畔风铃悦耳的文昌古阁，蛟龙卧波的十眼长桥，全国独有的古砖瓦陈列馆，以及"三十六座桥，七十二只窑"的奇特传说，伴随着如诗似画的水乡风貌，吸引着一代又一代游客，令人流连忘返。

三、人才荟萃文化传承

古时，澄湖、明卿荡、长白荡、汪洋荡、淀山湖一线，上接大运河达苏州、太湖，下连淀浦河过松江直通出海口，是往来吴越间及吴地出海的重要水道。境内地势平坦，土地膏沃，物阜民丰，同时又远离城郭，如同世外桃源一般。唐"江湖散人"陆龟蒙晚年曾长期往返于此，其陆氏水东一族至今仍为锦溪大族之一。北宋景祐年间（1034—1038 年），范仲淹出任苏州郡守，曾挥师上万开挖三十余浦，将太湖之水分泄于东海，其开江指挥所就设于镇西南明卿荡与长白荡相接的隘口之上，该地也被后人称为扎营坝。

宋室南渡，尤其是更名陈墓以后，锦溪的"陈墓"一名广为人知，一些北方大族相继流入。他们经历了颠沛流离的生活，深感陈墓平和安宁，有的置地购宅，有的就以一艘小船栖身，把陈墓作为他们的安身之地。陈墓也由此逐渐繁盛，市镇的中心也由原来的锦溪河、道院港区域向东扩展至今菱荡湾、南大街、上下塘街一带。元朝时，陈墓市肆林立，客商云集，人烟稠密，已成为苏州葑门外一大镇。乡人顾华甫从事海外贸易活动，"富贵为江南望"。

明洪武二年（1369年），陈墓设立巡检司，掌管蔚门外独墅、大姚、甪直浦等地治安。镇西（今道院港口）设有水关，名石音关，控制着进出陈墓的各路船只。由于管理严密，市镇繁华而不失宁静。一些富裕起来的大户纷纷建造庭院。部分乡贤或独资或募资，修缮并扩建了文昌阁、通神道院、鲁望先生祠、海忠介公祠、莲池禅院等祠庙建筑，重建了里河桥、普庆桥、具庆桥、天水桥、青龙桥等众多桥梁。明朝中叶，高启十分仰慕陆龟蒙"笔床茶灶"的闲淡生活，常到陈墓拜谒鲁望先生祠，写下了著名的《陈墓八景》。之后，文徵明、沈周、祝允明、唐寅等吴中才子，不断相约陈墓，或吟诗附和，或题画相赠，他们的高蹈之风，在陈墓乡贤中引起了强烈的反响。一时间，不为官、不为财，崇文尚墨的良好风尚在陈墓骤然兴起，成就了陈墓人才辈出、文运鼎盛的历史。

明崇祯十七年（1644年），明朝覆亡。此时的陈墓人已将家国情怀与个人命运紧紧地联系在了一起。崇祯末年，陈墓乡绅陆兆渔变卖了家中所有的田产作为粮饷，广征义勇保护乡里。他们立寨于镇西南长白荡中，日夜操练。清顺治二年（1645年）十二月，趁夜黑攻打苏城（苏州），志谋恢复。但终因寡不敌众而失败，其弟亦死于战斗之中。乡人陆世鎏，崇祯年间（1628—1644年）拔贡国子监，应天举人，曾任莆田知县。明亡后，便布袍棕履，隐迹于太湖之滨，一生著述等身。

清朝中期，陈墓走出过陈景琦、盛符生等5名进士、11名举人、5名贡生。辛亥革命以后，新学进一步兴起。一大批陈墓学子赴苏州、上海、北京等地深造或出国留学，其中包括著名天文学家朱文鑫、刺汪未果英勇就义的清华英烈陈三才、图书馆学家陈渭士、文字学家朱文熊等一大批负笈海外、学成后归国的优秀人才。他们在政治、经济、文化、科技等各个领域取得了卓越成绩，古镇也因此被誉为"留学生之乡""教授之乡"。

上千年的繁荣史，给水乡古镇留下了诸多名胜古迹。当人们划着小船在市河里穿行，五保湖中若隐若现的陈妃水冢，河道两岸古色古香的文昌阁、通神御院和莲池禅院，不时从头顶闪过的石桥圆拱，散发出湿润气息的驳岸，一处处风景令人应接不暇。

明人高启曾经写过一首《锦溪渔唱》，诗曰："春风拂拂柳依依，无数莺声燕语时。红杏碧桃花烂漫，长堤曲港水流漓。浮梁滩下维鱼艇，野店门前飐酒旗。此景欲描描未尽，一溪烟雨当迷离。"这首诗的意境，至今仍可以在水乡古镇感受到。得天独厚的自然环境，世外桃源般的田园风光，源远流长的清幽气质，琳琅满目的丰盛物产，无不让国内外人士推崇备至。

西汉名将马援在此练兵，东吴辅吴将军张昭葬于斯，东晋画家顾恺之在此隐居，唐代文学家陆龟蒙晚年的大部分时间在此居住；宋代诗人吴文英、状元卫径，元代诗人马致远，明代"江南才子"高启、沈周、文徵明、祝允明、唐寅等相继在此游览赋诗,留下著名的诗文。比如高启的"遥闻帝子葬陈妃,未许青山觅翠微。江底有龙成穴地,水中无辇到泉扉",沈周的"君恩付流水,无复吊仙妃,有客捞明月,香魂应借辞",特别是明代画家、书法家、文学家文徵明(在画史上与沈周、唐伯虎、仇英合称"明四家",也称"吴门四家";在诗文上,与祝允明、唐寅、徐祯卿并称"吴中四才子")写有著名诗句:"谁见金凫水底坟,空怀香玉闭佳人。君王情爱随流水,赢得寒溪尚姓陈。"

画家陈逸飞不止一次到陈墓写生。他以陈墓里河桥的水乡景致为内容创作的油画《晨》,印在了1985年联合国邮局发行的首日封上,传遍了世界的每一个角落。陈逸飞带着一挎包胶卷,乘坐小船,在陈墓的市河里流连忘返。他说,这样迷人的景色,一定要设法把它留下来。

从溪水中走来的锦溪,守护着历史又书写着历史,传承着文化又创造着文明。近年来,锦溪视古镇为珍宝。20世纪80年代,当地建立古镇保护机制,编制《锦溪历史文化名镇保护规划》,制定出台《锦溪古镇保护与管理条例》,通过开辟新区,将原古镇中与古镇风貌不协调的工厂、农贸市场、银行及政府机关撤出古镇区,并对原有的古建筑进行修缮,开设各类民间收藏博物馆十余家,创造性地走出了一条古镇保护、开发与利用的新路径,为全国的古镇保护工作提供了新的样板。锦溪先后获得国家AAAA级旅游景区、全国环境优美乡镇、中国历史文化名镇、中国民间文化艺术之乡、国家特色景观旅游名镇、中国最美小镇、国家卫生镇、国家水利风景区等荣誉称号和中国人居环境范例奖、中华宝钢环境奖,入选中国世界文化遗产预备名单。

今天,锦溪宁静与繁华并存,自然与心灵相融,传统与现代互动,人文锦溪与生态锦溪已成为推动经济社会发展的两大品牌,也为锦溪这片古老的土地插上了腾飞的翅膀。

第八节 江苏省苏州市吴中区东山镇[①]

东山古镇守望者各有特色

东山古镇守望者人才济济,近阶段的东山保护开发以杨维忠、潘新新和金惠华为中坚力量。杨维忠、潘新新挖掘东山文化历史,编撰成书,留存后世,价值非凡。杨维忠挖掘的是整个东山的历史文化,潘新新则致力于一个点,挖深雕花大楼。

随着时间的推移,整理编辑工作日显重要。金惠华与杨、潘两人的着力点有

---

① 本节由潘新新撰写,三位守望者的简介由李海珉撰写。

所不同，主要从事领导工作，从两个方面入手：一是整修恢复古建筑；二是编写镇志村志。金惠华相对年轻，返聘留任，接续负责保护开发东山古镇古村，完成东山名镇志的编撰之后，后续将完成所有村志的编写工作。

东山三位守望者，互补研究，抱团守望。

守望者杨维忠

杨维忠，东山镇人，1976年从部队复员回东山，从事宣传、文化和地方志工作。1985年参与撰写《洞庭东山志》，1993年加入江苏省作家协会。几十年来，他守望东山古镇，挖掘人文历史。从1990年第一本散文集《东山风情》付梓，到2021年出版文史集《东山史海珍闻》为止，杨维忠共出版30多部文学和史学专著，计1 200余万字。其中文史集《东山古建筑》获2012吴中区首届社会科学奖，纪实文学《王鏊传》获2015年苏州市"五个一工程"奖，主编的《陆巷村志》获2015年江苏省方志特等奖。"都云作者痴，谁解其中味？"他认为，今天的守望，就是明天的历史。要是我们每个人都能为故乡、为后人留下点东西，古镇的文化"密码"必将永恒。

守望者潘新新

潘新新出生于浙江嘉兴，幼年随父母移居东山。1969年下乡插队，1972年参军，1977年复员，1982年调入东山雕花大楼，守望雕花大楼30多年，参与接待国内外政要名人百余位；协助拍摄《画魂》《纸醉金迷》《宰相刘罗锅》等影视剧近百部；深入挖掘雕花大楼的建筑技艺、历史文化，先后出版《雕花楼香山帮古建筑艺术》、《雕花楼古典故事》（上）（下）、《雕花楼传奇》等200余万字的著作，为百年雕花大楼的文化传承打下了深厚基础。

守望者金惠华

金惠华生于东山镇。2001年起，他主持开发东山森林公园雨花胜境，参与陆巷古村五堂、三牌楼、古街的保护开发利用，成功创建太湖陆巷古村、三山岛为5A级景区。参与建成王鏊纪念馆、东山方志名人馆、洞庭商帮博物馆和状元馆。2016年退休后，他受政府聘请，开发西街，挖掘文化资源，为保护名宅老宅、老街献计献策。他主编中国名镇志《东山镇志》、全媒体志书江苏名镇志《东山镇志》、传统村志《吴巷村志》、学生课外读物《美丽东山我的家》。领导并参与编纂陆巷、三山、杨湾三个村的中国名村志，参与《东山在抗战中的烽火岁月》和《讲好东山故事，传承东山家风》等书籍的编写。主持编纂《渡口村志》《碧螺村志》等志书。

太湖东山古镇为苏州的千年古镇，国家5A级景区，2010年被国家住建部和国家文物局评为第五批中国历史文化名镇。

一、地理位置与历史沿革

东山是位于太湖东首的一座长条形半岛，三面环湖，一面环山，因在太湖洞庭山与庭山以东而得名东洞庭山，简称东山，古代又称胥母山、莫厘山。岛上二十三个山峰绵延起伏，三十一个大小山坞蜿蜒伸展，主峰莫厘峰是太湖七十二山峰中第二大峰，海拔293.5米，与西洞庭山（即西山）缥缈峰东西巍峙，气象万千，远望太湖万顷，湖光连天，渔鸥点点，泛舟湖中，令人乐而忘返，明宰相东山人王鏊有诗赞："凌三万顷之琼瑶，览七十二之嵯峨"。东山东接临湖，西连西山，南临湖州，总面积达96.55平方千米。

东山古镇历史悠久，据三山岛旧石器遗址发掘，距今一万多年前就有先民在东山一带生活繁衍，史学界称之为"三山文化"。春秋时期，东山已成为吴王养虎游观采食之地；东山至唐成为建制镇，唐宋时中原氏族南移，文物渐兴；明清时期，人文日盛，仕宦商贾纷沓至来，涌现了翁、席、刘、严四大家族，"洞庭商帮"跻身"明清全国十大商帮"之一。雍正十三年（1735年），东山设置太湖厅署，历170多年；20世纪50年代初，设苏南行政公署太湖行政办事处，后改震泽县，县政府驻东山有6年之久。

二、建筑文化独具特色

东山古迹文物在长三角地区的数量与质量均首屈一指。东山镇陆巷村、杨湾村和三山村被评为中国历史文化名村，陆巷村、杨湾村、三山村、翁巷村被评为中国传统村落。拥有全国重点文物保护单位雕花楼（即春在楼）、紫金庵、轩辕宫、明善堂、怀荫堂、凝德堂等6处。江苏省文物保护单位有诸公井、绍德堂、念勤堂（即楠木厅）、瑞霭堂、务本堂（即秋官第）、三山岛（旧石器时代哺乳动物化石出土处）等6处。苏州市文物保护单位有启园、裕德堂、敦裕堂、龙头山、陆巷古村、遂高堂、王鏊墓、松风馆、法海寺、具区风月桥等10处。国家级太湖风景名胜寒谷山、北箭壶岛、龙女庙（即白马庙）、莫厘峰、翠峰坞、灵源寺、长圻嘴、石婆嘴、二十四湾和余山岛等10处。苏州百座园林列入名录的有启园、道勤小筑、醉石山庄、嘉树堂、惠和堂、怀古堂、宝俭堂、东山雕花楼等8处。

东山古镇人才辈出。东山虽乡镇之地，其道途之修整，宅第之恢宏，衣冠礼乐具大邑之风，人文荟萃，素以"进士之乡，教授之镇"著称江南，仅明清两代，东山就出了2名状元——明代施槃、清代王世琛，1名探花——明代王鏊，52名进士，149名知县以上官员，以及唐代武卫将军席温、宋代户部尚书叶梦得等。20世纪50年代后，有何泽慧、王守武、王守觉、程庆国等4名中国科学院院士，420余名教授、博士生导师和获国务院政府特殊津贴的专家等。

三、花果山鱼米乡非遗传承

东山具有绚丽的太湖自然风光和"花果山鱼米乡"的江南农村风貌。"四周腾黛浪，万顷泛金沤"，地处太湖的东山半岛，沿湖果木茂盛，盛产碧螺春茶叶、白玉枇杷、乌紫杨梅、佛手白果、白毛板栗、洞庭红橘等十八种茶果名品，被誉为"洞庭十八熟"。太湖水面辽阔，湖底平坦，天然饵料丰富，是著名的淡水水产基地，银鱼、梅鲚鱼、白虾被誉为"太湖三宝"。以枯桑叶喂养的湖羊，其羔羊皮轻柔细软，被誉为"东方软宝石"。东山碧螺春茶获清康熙赐名，和浙江杭州"龙井"列全国十大名茶之前列，"碧螺春制作技艺"亦于2022年11月29日被列入人类非遗代表性项目名录。

四、影视拍摄之地

早在20世纪30年代，在东山后山太湖拍摄电影《渔光曲》；20世纪40年代在东山后山太湖拍摄电影《一江春水向东流》；20世纪80年代在东山曹坞拍摄电影《月亮湾的笑声》；20世纪90年代在东山启园拍摄电影《风月》；20世纪90年代在东山北箭壶岛拍摄电影《摇啊摇，摇到外婆桥》；2001年在东山陆巷惠和堂拍摄影视剧《小城之春》；2002年在东山启园拍摄影视剧《理发师》；2004年在东山陆巷古村花翎巷、杨湾轩辕宫、北箭壶岛拍摄影视剧《橘子红了》等。

第九节　江苏省张家港市凤凰镇[①]

凤凰镇的守望者老中青三结合

姚明公，本地居民，2023年已85岁高龄，四十多年来收集保存恬庄一百多方古碑，挖到了凤凰的"根"，对于保护凤凰镇深厚的历史文化功不可没。

何才荣，曾任张家港博物馆馆长，退休后受聘担任古镇顾问。

龚晓东，本地居民，国家级非物质文化遗产河阳山歌项目代表性传承人，擅长摄影。

凤凰镇的三位守望者，分属不同的年龄段，属于最佳组合。

---

① 本节由龚晓东撰写，守望者简介由李海珉撰写.

守望者姚明公

姚明公，1938年5月生，江苏张家港人。中专毕业后被分配到凤凰镇粮管所工作，喜爱收集与恬庄古镇有关的石碑、陶器、铜器等文物资料。1996年，他在单位食堂井台旁发现一块石碑，经研究考证，此碑正是标注当时恬庄田地归属情况的"地图碑"。从此，姚明公一发不可收，在镇上的墙基、柴垛、水栈、猪圈等地四处寻找，陆续发现了一百多块古碑，后来凤凰镇在恬庄北街利用这些古碑建成了"碑苑"。2008年，张家港市委宣传部、张家港市博物馆联合编纂《张家港碑刻选集》，姚明公为此书提供了大量碑拓档案。2006年6月，姚明公荣获苏州市人民政府颁发的"2003—2005年度苏州市古建筑抢修保护先进个人"荣誉称号，2009年1月，姚明公荣登"真心英雄"张家港2008年度十大新闻人物榜。

守望者何才荣

何才荣1952年7月出生于张家港杨舍镇，中共党员，张家港博物馆原馆长，市文物办负责人，现为张家港市凤凰镇文化顾问。为古镇保护及博物馆建设做了大量工作，为凤凰镇著名历史建筑杨氏宅第等申报国保单位、凤凰镇成功获批中国历史文化名镇作出重要贡献。主编出版《张家港市历史文化资源报告》及其他相关文献资料。

守望者龚晓东

龚晓东1968年4月出生，江苏张家港人，中共党员。张家港市凤凰镇党政办公室宣传统战条线干事，中国摄影家协会会员，张家港市摄影家协会副主席，国家级非物质文化遗产——河阳山歌项目代表性传承人。曾任凤凰镇河阳山歌艺术团第一任团长。先后八次参与中央电视台《激情广场》《乡约》《我们的新农村》《欢乐中国行》等栏目的录制和演出。2014年10月，参加上海国际艺术节声乐邀请赛，荣获第一名。在传承的同时他注重创新，在参与打造的河阳山歌剧《嫂娘》《永远的拐杖》《情系河阳》《我的肖家巷》等剧目中担任主角。在保留传统河阳山歌唱腔的基础上，运用新山歌元素勾勒人物个性特征，塑造的人物形象获得普遍肯定和好评。参与编撰《中国·文化凤凰》《河阳山歌集》《凤凰年鉴》等书。

张家港市凤凰镇因境内凤凰山（又名河阳山）而得名，是江南地区著名的"进士之乡"，还享有"吴歌之乡""中国民间文化艺术之乡"的美誉，2010年被住建部和国家文物局评为第五批中国历史文化名镇，现为国家AAAA级旅游景区。

一、地理位置与历史沿革

（一）地理位置

凤凰镇位于张家港市南大门，与常熟、江阴两市交界。古河阳城地处水陆交通要道，黄泗浦、三丈浦（三让浦）、奚浦贯通南北，接长江，通东海，物产丰饶，贸易发达。

凤凰镇有六千年的农耕历史，三千年的吴文化根基，两千多年的春秋秦汉文明，一千多年的唐宋乡郊大市格局和风貌，五百多年的明清古镇文化，在当地特有的水乡自然地理环境中，形成"一塘四街、河街平行"的古镇历史空间格局和江南水乡风貌，留下了以"河阳山歌"为代表的民间传统说唱艺术，以凤凰水蜜桃为代表的传统特色产业，以河阳庙会为代表的民风习俗，以高庄豆腐为代表的传统制作工艺及传统饮食文化，是江南吴文化传承的集中代表。凤凰湖地处凤凰镇中心地带，占地面积 40 万平方米，其中湖面 20 万平方米。据记载，区域内曾有南宋坊基酒池、施耐庵饮茶茶坊以及明代进士贤臣萧奎、萧应宫故居，是历史文化丰厚之地。湖区建设以文化为引领，以生态为理念，集历史文化、自然资源、优美生态于一体，形成了陶然山水、凤堤漫步、野境湿地等人文胜景。与凤凰湖相望的是凤凰山，山上有"内外八景"：内八景为三潭、四井、古桧、空杨、秀峰、醴泉、丞相墓、状元台；外八景为湖下书声、坊基酒肆、港口渔歌、柴场牧唱、桑岸啼鸠、莲塘游鱼、松林落照、精舍飘幡。经过重新整修的凤凰湖、凤凰山呈现出湖光山色、山清水秀的秀丽景色，也成为凤凰镇陶冶情操、休闲健身的绝佳场所。

（二）历史悠久，资源丰富

凤凰镇文化底蕴深厚，遗迹众多。境内有恬庄古街、千年红豆树、永庆古寺等历史遗存。凤凰镇域古称"河阳"，有"先有河阳城，后有常熟城"之说。据史料记载，吴王寿梦于山之南、海之口筑城，称"河阳"。寿梦即公元前 585 年至公元前 561 年在位之吴国第 15 代君王，而"山"，即指河阳山，也即今之凤凰山。

至公元五六世纪，河阳城内的市镇已形成可观规模：东起河阳桥，西至河阳山南麓，构成一条主街，从主街中段向南延伸至让塘岸又开辟一条新街，与主街一起构成"丁"字形格局。自梁代以来，河阳城内外居住过不少达官巨贾、乡绅名士。城内外精舍秀园鳞次栉比，有"十园八景"之称，如武烈王府、桑氏花园、新桥花园、萧家花园、严家花园、顾守备花园和钱御史花园等。

河阳城里城外庙宇众多。永庆寺建成后，更吸引了众多的参禅拜佛者、投资兴业者。除永庆寺外，还有关帝庙、祖师殿、观音堂、太王庙、城隍庙、刘神庙等诸多庙宇，有伍相庵、明王庵、朗城庵、余庆庵等庵堂。

宋代是河阳城鼎盛时期。官府在城内设立管理商务税务的机构——司库。外地商船多在城内交易销售，而河阳城输出物产，则在远近享有盛誉。今河阳山周围仍留有过去的旧名，如司库港、库子浜、货到桥、船抵桥、界泾桥等。

南宋建炎三年（1129 年），河阳城遭受第一次破坏。是年冬春，金兵入侵江南，河阳城被困。时河阳城守将为韩世忠部下刘将军，率将士拒敌于河阳山麓，五百壮士与五千金兵血战,全部壮烈牺牲,城亦损毁严重。后援军驰至,金兵方退。百姓感其壮烈,呼此地为烈血池。宋高宗赵构特追封刘将军为永定公,敕建刘神庙于河阳城东,树碑立坊,以示纪念。据传碑额"威武东南"为赵构亲书。

明朝中后期,倭寇屡犯江南,河阳城又遭到一番蹂躏。清咸丰十年(1860年)前后,河阳山地区多次因战争遭受破坏,从此走向衰落。

凤凰古镇至今仍保持着河街平行的明清江南小镇风貌,奚浦塘贯穿古镇南北,沿河有石驳岸、石级河埠。古镇核心区内,完好保存了大量明清时代及民国时期的古建筑。古建筑群以大宅、民居为主,包括大巷小弄,面积占到古镇区民宅的61%,具有较好的原真性。这些传统建筑群做工考究、风格多变,砖雕门楼精美细腻,原有环境和原貌保存良好,空间分布合理,是江南水乡传统建筑文化的积淀,也是古镇十分宝贵的文化遗产。

进入21世纪后,特别是近年来,河阳古镇的保护及恢复逐渐被重视并得到落实。

恬庄古街是张家港市重要的历史文化遗产之一,位于凤凰镇的中心地带,距凤凰山约两千米。恬庄为明代钱洪为收取田租而建,所以恬庄原名田庄。清乾隆、嘉庆年间达到鼎盛,曾有"金顾山、银恬庄"之说。恬庄当时主要由四条街道组成,分别是东街、南街、西街、北街。历史上凤凰镇共有各类名人65位,其中进士36人,状元4人。这些历史文化名人为凤凰镇留下了丰厚的文化遗产。现存恬庄古街的榜眼府第、杨氏孝坊、杨氏南宅于2013年被列为全国重点文物保护单位。榜眼府第是清代初期孝子杨岱所建,到了咸丰时期,杨岱曾孙杨泗孙考中榜眼,后退居乡里,门前立有四根旗杆,因此当地人又称"旗杆里"。该建筑绵延百年,数次修建改建,有清代前期仿明建筑的风格,也有清代中后期的建筑风格,建筑形制规格很高,是清代典型的官邸建筑。榜眼府第于2017年被列入《108处苏州园林名录》。

二、国家级非物质文化遗产"河阳山歌"

2006年5月20日,河阳山歌经国务院批准列入第一批国家级非物质文化遗产名录。河阳山歌是吴歌的代表,被誉为"中国古代诗歌活化石"。其代表作《斫竹歌》有6 000多年的历史。

河阳山歌是张家港南部地区千百年来劳动人民自己创造的原生态歌谣,以张家港市凤凰镇为传承中心,主要分布在凤凰山(河阳山)周边地区。河阳山歌以古老的方言演唱,保存了《诗经》和唐诗的遗风,历史悠久、内容丰富、唱腔清亮优美、曲调变化多样。由于河阳山歌存在于江南水乡的纯农耕圈内,很少受外来文化的影响而独立存在,特色鲜明,传承性较强。目前河阳山歌收集到近四万行，其中《赵圣关还魂》全长 6 476 行，而其代表作《斫竹歌》被认为是传世的古歌谣《弹歌》的原型，是中国最古老的山歌、最长的山歌、最完整的山歌。河阳山歌保留了许多古代吴方言，是研究中国语言的宝贵资料，又是研究中国古代农村、农民、农业的重要素材。凤凰山地区江海交汇、山水相融、河塘池泾纵横交错，一方面孕育了富庶的江南水乡文化，另一方面，历史上相对隔绝的交通使得此地最大限度地保留了迥异于江南大都市文化的田园文化。从古至今口口相传，直抒民众心声的河阳山歌蕴含着中国传统文化的深层基因。凤凰镇也被命名为"中国吴歌之乡""中国民间文化（山歌）艺术之乡"。

凤凰镇人文荟萃，人才辈出，被誉为"进士之乡"。历史上曾经有多个名门望族出现。在学而优则仕的科举时代，前后获得钦赐进士功名者多达 36 名，其中状元 4 名，榜眼和传胪各 1 名，包括唐代陆器，明代钱泮、徐恪、缪希雍，清代孙承恩、蒋廷锡、蒋溥、杨泗孙、杨沂孙、杨岱、杨无恙等，这些人当中既有朝廷重臣、戍关名将，也有杏坛名医、国画大师，他们给古老的凤凰增添了浓郁的人文气息。

以河阳庙会、河阳生俗等为代表的民俗精华，以高庄豆腐、灶画、脊画等传统制作工艺和河阳西施糕、饮食习俗为代表的传统饮食文化，以"河阳"命名的历史景点、人文典故、传统街坊路名以及与古镇相关的民风习俗等，是凤凰非物质文化遗存的重要组成部分。

三、基于文化与环境的产业发展模式

（一）产业均衡，量质并举

第一产业特色鲜明。全镇绿色优质农产品种植面积占 87%，形成了凤凰水蜜桃、豆腐干、桃园鸡、飞翔蜜梨、清水大米等一系列著名的无公害农产品品牌。凤凰水蜜桃产业园获评"国家级农业标准化示范区"。第二产业转型加速。以新材料、新装备、新能源三大规模经济板块为主导，拥有销售超亿元企业 56 家、人才企业 44 家、高层次人才 50 名。第三产业迅猛发展。以古镇、温泉、寺庙、山水以及田园农家乐等旅游元素为主导的现代服务业迅速崛起。

凤凰桃花节闻名遐迩。凤凰连续举办了 14 届凤凰桃花节。在现代农业发展过程中，凤凰镇立足本地资源优势和产业特色，加大农业结构调整力度，加快农业转型升级，高效农业、设施农业、品牌农业迅猛发展。其中，凤凰水蜜桃被誉为"苏州第一桃"，是凤凰镇最具代表性的农产品，荣获国家地理标志证明商标、全国桃果品金奖。

凤凰镇是"贝贝足球"的发源地，是国内举办时间最早、举办届数最多、持续时间最长、影响力最大的少儿足球赛事。

（二）城乡统筹，环境宜居

凤凰山、凤凰湖交相辉映，城区、农村融为一体，新城区、老镇区、古街区清水走廊全线贯通，全镇拥有苏州市三星康居乡村点位46个，城镇绿化综合覆盖率达43%。全镇深入践行绿色发展理念，打造"山水林湖田"生命共同体。凤凰湖生态湿地公园与凤凰山国家AAAA级旅游景区有机融合，兼具清新的自然气息和浓厚的人文内涵，现已成为张家港南部片区文化旅游、休闲健身的新名片。

周边新城崛起。2011年启动凤凰新城，规划总面积6平方千米，核心区2.17平方千米。凤凰新城全面建成后，将成为东有恬庄千年古街、西有万亩桃园、中有湖光山色的生态休闲配套齐全、宜居舒适的现代化小城镇。

第十节　历史文化村镇平衡发展与提升

一、创造性破坏理论的起源及发展

在旅游产业发展及旅游研究领域，关于遗产地商业化进程及其平衡状态的探索，成为创造性破坏理论的核心主题。

（一）熊彼特的创造性破坏理论

1942年，美籍奥地利经济学家约瑟夫·熊彼特（Schumpeter）在其创新理论的基础上提出了"创造性破坏（creative destruction）"的概念，用于解释资本主义经济的运行。熊彼特认为，创新是一个社会过程，而不仅仅是一种技术的或者经济的现象，这些创新"不断地从内部使这个经济结构革命化、不断地破坏旧结构、不断地创造新结构"。经济增长过程是以"创造性破坏"为特征的动态竞争过程，新的创新称为"创造"，但新的创新也必然会改变或破坏原有的事物，即存在"破坏效应"。"创造性破坏"即创新不断地从内部破坏旧的经济结构而代之以一种新的经济结构。

熊彼特"创造性破坏"理论对20世纪80年代以来的经济与社会研究领域产生了重大影响。创新是企业发展的不竭动力，但企业要对创造性破坏速度进行管理，利用市场以及规模效益在竞争中取胜。考恩（Cowen，2007）认为，全球化就是对传统文化的创造性破坏过程——包括破坏和创新两方面内容，财富和科学技术不仅带来了新的文化，也有利于传统文化的保护和传播。

此前，不同领域研究学者从不同角度进行相关研究。巴特勒（Butler，1980）关于旅游目的地生命周期的发展阶段理论具有较强影响力。该理论认为，旅游一般经历探索阶段、参与阶段、发展阶段、巩固阶段、停滞阶段、衰落或复苏阶段的发展道路。其后,不少学者对旅游目的地生命周期理论进行验证和修正。国际学术界关于生命周期理论的研究区域主要针对一般旅游目的地,很少有关于遗产地生命周期理论的研究。史密斯(Smith,2007)从主客关系角度研究旅游影响力的演化理论。哈维(Harvey,1990)将这一理论拓展到经济发展、空间维度及景观的变化,认为"理性景观"是资本积累以及生产的中心,在这个过程中"创造"和"破坏"这两股力量相互伴随且不断演进。

(二)米歇尔的创造性破坏理论

1998年,加拿大地理学家米歇尔(Mitchell,1998)将哈维的理论进一步运用到旅游研究领域,提出五阶段旅游创造性破坏模型,具体如表6-1所示。

表6-1 五阶段旅游创造性破坏模型

阶段	投资	旅游者数量	居民态度
早期商业化阶段	商品化投资开始	少量的真实遗产体验寻求者	基本上都是积极的(乡村景观仍完好)
高级商业化阶段	商业化投资增加,社区营销活动发生	数量不断增加	一些居民意识到负面影响
初级破坏阶段	投资水平持续增加;出现一些偏离遗产的主题	数量不断增加	越来越多的居民意识到负面影响
高级破坏阶段	投资范围扩大(如酒店);出现更多的偏离遗产的主题	数量不断增加	负面影响非常多,可能导致居民迁出
后破坏阶段	非遗产投资主导;没有进一步投资	很少的真实遗产寻求者;由于社区不再独特,旅游者数量增加	较少的负面态度,因为留下来的居民接受了旅游活动(但乡村景观遭到破坏);较少的负面态度,因为旅游者数量开始下降(部分乡村景观得以恢复)

资料来源:MICHELL C J A. Entrepreneurialism, commodification and creative destruction: a model of post-modern community development [J]. Journal of rural studies, 1998, 14 (3): 273-286.

创造性破坏是20世纪进步的必然状况,因资本是通过商品生产而再生产社会生活的一个过程,它成为社会组织的一种能动的、革命性的方式。同时,正如科恩(Cohen,2004)研究泰国旅游吸引物的创造性破坏过程,表明后现代社会几乎所有地方都出现商业化特征,因而世界各国的旅游地(包括城市旅游地与乡村旅游地、文化旅游地与自然旅游地)不同程度上都经历了创造性破坏过程。比如澳大利亚塔姆沃思(Tamworth)乡村音乐所面临的创造性破坏(Gibson and Davidson,2004)、中国历史文化乡村的创造性破坏,等等。

自 1998 年加拿大人文地理学家米歇尔（Mitchell，1998）最早在针对乡村遗产地旅游发展研究中应用创造性破坏理论后，国内外学者根据该模型对一些目的地进行分析和验证（见表 6-2），进一步检验北美、中国、澳大利亚和日本乡村遗产地商业化进程。之后，米歇尔通过十多年对加拿大遗产社区圣雅各布（St. Jocabs）案例地的跟踪研究，对创造性破坏模型进行了修正。该旅游创造性破坏模型基于企业家精神、商业化与创造性破坏相结合的新视角探索旅游影响与旅游演化，从旅游主体、旅游客体、目的地居民、其他利益相关者及不同类型的景观因素等多层面分析了创造性破坏的六个阶段，创造性破坏的应用探索取得较大的成果（见表 6-3）。Huang 和 Mitchell（2007）以中国朱家角为案例地，Fan 和 Wall（2017）以中国的甪直为案例地进行该模型的验证，研究结果表明该模型同样适用于中国的江南古镇。

表 6-2　六阶段旅游创造性破坏模型

阶段	驱动活动：投资商、保护主义者和推动者	消费者：主人和客人	居民对旅游的态度	主导景观
前商业化阶段	未启动	很少	基本是积极的	
初级商业化阶段	开始有私人的商业化投资；保护主义活动启动；发展政策得以贯彻	一些遗产寻求者	一些居民意识到负面影响	生产式乡村景观
高级商业化阶段	私人积极的商业化投资；保护主义活动活跃，反对非遗产的投资；公共发展政策或行动开始贯彻或延续	越来越多的遗产寻求者	越来越多的居民意识到负面影响	后生产式的遗产景观
初级破坏阶段	非常积极的私人投资；部分投资已经偏离了遗产主题；保护主义者积极反对非遗产的投资（通常不成功）；公共发展政策或行动开始贯彻或延续	伴随遗产追求者的还有后现代旅游者	很多居民意识到负面影响	
高级破坏阶段	私人投资的范围扩大了（如酒店），更多地偏离遗产主题；保护主义者积极反对非遗产的投资（通常不成功）；专门的发展政策或行动开始贯彻或延续	主要是后现代旅游者	大多数居民认为是负面的，许多居民迁出	
后破坏阶段	非遗产的私人投资主导；保护主义者活动减少；适宜的专门发展政策	遗产寻求者已经很少了	少数居民留下；留下的居民要么保持负面态度，要么屈服	非生产式的休闲景观

资料来源：MITCHELL C J A, DE WAAL S B. Revisiting the model of creative destruction: St. Jacobs, Ontario, a decade. later [J]. Journal of rural studies, 2009, 25 (1).

表 6-3 创造性破坏模型的实践应用

作者	案例地	考察时所处阶段/景观	案例地类型	研究目的
Mitchell (1998)	加拿大安大略省圣雅各布 (St. Jacobs, Ontario, Canada)	初级破坏阶段	特色民族文化类	检验模型的适用性
Mitchell 和 Coghill (2000)	加拿大安大略省埃洛拉 (Elora, Ontario, Canada)	高级商业化阶段	艺术文化类、风景类	检验模型的适用性
Mitchell 等 (2001)	加拿大安大略省尼亚加拉 (Niagara, Ontario, Canada)	高级破坏阶段	历史遗产文化类	检验模型的适用性
Tonts 和 Greive (2002)	澳大利亚布里奇敦 (Bridgetown, Australia)	高级商业化阶段	农业景观类	描述乡村发展过程
Huang 等 (2007)	中国朱家角镇 (Zhujiajiao, China)	高级商业化阶段	中国历史文化古镇	旅游投资与朱家角水镇居民生活质量之间的关系
Fan 等. (2008)	中国甪直古镇 (Luzhi, China)	高级商业化阶段	中国历史文化古镇	描述旅游的发展过程，检验模型在发展中国家的适用性
Mitchell 和 de Waal (2009)	加拿大安大略省圣雅各布 (St. Jacobs, Ontario, Canada)	后破坏阶段	特色民族文化类	跟踪调查
Mitchell 和 Vanderwerf (2010)	加拿大安大略省克里默 (Creemore, Ontario, Canada)	高级商业化阶段	自然风光类（小村庄）	结合空间试验来理解乡村的演化过程
Halpern 和 Mitchell (2011)	加拿大不列颠哥伦比亚省市盐泉岛 (Salt Spring Island, British Columbia, Canada)	高级商业化阶段	文化景观型岛屿	保护意识形态占主导地位是否能阻止破坏
Chang et al. (2011)	日本北海道阿伊 (Hokkaido, Japan)	高级商业化阶段	土著文化岛屿	土著社区应用检验
Sullivan 和 Mitchell (2012)	加拿大费瑞兰德 (Ferryland, Newfoundland and Labrador, Canada)	遗产景观初现	历史文化类（前发达乡村地区）	研究欠发达地区转变为消费景观的过程、动机，预测未来的发展
Shannon 和 Mitchell (2012)	加拿大安大略省埃洛拉 (Elora, Ontario, Canada)	遗产景观	历史文化类	不相容建筑的引入是否会导致遗产景观身份转化

续表

作者	案例地	考察时所处阶段/景观	案例地类型	研究目的
Qin 等.(2012)	中国大圩和阳朔古镇（Daxu, Yangsuo, China）	遗产景观和休闲景观	中国历史文化古镇	创造性破坏在中国历史城镇不同程度进行，揭示其转变的动机
Mitchell(2013)	加拿大安大略省埃洛拉、圣雅各布和费里兰德（Elora, St. Jacobs and Ferryland, Canada）	多元景观并存	文化景观类	提出创造性提升概念，判断乡村的发展进程
Mitchell(2015)	加拿大安大略省圣雅各布（St. Jacobs, Ontario, Canada）	混合的享乐景观	文化景观类	遗产保护政策与景观转变的关系
姜辽，苏勤(2013)	中国周庄	非生产式的休闲景观	中国历史文化古镇	解构古镇地方身份的转化过程
林敏慧，保继刚(2015)	中国西递	高级商业化	中国历史文化古镇	对创造性破坏模型在中国历史村镇旅游商业化进程的应用进行检验

保继刚和苏晓波（2004）探寻没有外来预见性干预的丽江商业化进程及其转换趋势。徐红罡（2005）认为走向市场的遗产同样面临"过度商业化"的困境。李倩、吴小根、汤澍（2006）认为中国政府的干预与引导成为避免过度商业化的重要条件。肖佑兴（2010）认为旅游创造性破坏模型与以往强调旅游商品化带来负面影响的结论不同的是，该模型认为旅游商业化在带来负面影响的同时，更为重要的是推动旅游地的发展与演化。旅游创造性破坏模型把旅游影响与旅游演化看作一个创造—破坏—再创造—再破坏的社会进程。这个进程包括六个阶段，每一个阶段都是在前一阶段基础上累积的结果。旅游创造性破坏模型揭示了旅游影响与旅游演化的本质，它也是描述旅游影响与旅游演化过程最恰当、最适宜的模型。姜辽、苏勤（2013）以周庄古镇为案例地进行分析研究，研究表明中国古镇旅游发展中，政府具有重要的作用，同时该模型适用于中国古镇。保继刚和林敏慧（2014）经过对西递的多年研究，指出"政府预见性的干预可以较好地控制历史村镇的旅游商业化"。林敏慧、保继刚（2015）以西递为案例地，通过历时性研究，运用质性研究方法，对创造性破坏模型在中国历史村镇旅游商业化进程中的应用进行检验。研究表明，该模型只有在前三个阶段是较为符合案例地情境的，同样是源于中国政府对过度商业化的强有力干预，"均衡"状态出现在第二阶段、第三阶段和第六阶段。

二、中国历史文化村镇平衡状态探索

(一) 原生态保护与创新性传承

历史文化村镇的发展战略不同于一般意义上的发展战略。历史文化村镇更多地保留有民族的、文化的元素,在普遍注重经济效益、社会效益、生态效益之外,还有更加重要的文化基因和传承因素,故而日益成为越来越重要的旅游目的地,特别是有深度旅游需求的游客的加入,成为历史文化村镇的重要风景线。

以甪直为例,甪直古镇文化底蕴深厚,生态环境极佳,古迹文物众多,保留着独特的地域文化现象和传统生活特征。特别是其独树一帜的古镇规划格局与建筑艺术,仍有持久的影响力。"水"与"街"相依,"动"与"静"交融,正如梁思成先生所言"凝动的音乐"。

如何能基于记载再复原貌?历代著名的"甫里八景"鸭沼清风、分署清泉、吴淞雪浪、海藏钟声、浮图夕照、长虹漾月、渔莲灯阜、西汇晓市,如今只有"鸭沼清风"和"长虹漾月"依稀可见,但由于地理环境改变也不再如当初那般的明朗,其他六景不复存在。

"原真"才有"永恒"。保圣寺内藏唐代塑圣杨惠之作罗汉壁塑,虽是1929年著名雕塑家江小鹣、华田友重新整修,但基本按照唐宋以来历史原貌安置和补填,体现了古代艺术家的技艺和造诣。

1922年,夏顾颉刚先生陪同陈万里去吴县甪直,游览保圣寺,发现相传为唐代杨惠之所塑的罗汉像,已处于危境中,于是请陈万里摄影,自己撰文指出其在美术史上的重要价值。[①] 文章引起广泛关注,保圣寺罗汉得以合理保护并名扬中外。

(二) 从"创造性破坏"向"平衡状态"回归

周庄作为引领中国古镇旅游的名镇之一,经历了商业化的几个过程。特别是有游客认为"商业化浓厚并不代表一个景区的不成功"。古镇的发展需要一定商业化的引领和宣传。

杨柳青镇是北方古镇,具有独特的老天津风情。商业化气息比较重,主要体现在游客众多、店铺比较现代化,游览形式主要是逛街,但当地特色小吃很多,地标性的地点书画城非常吸引人(建筑、小吃、景点)。

历史文化村镇的内核是古镇完整生活风貌的保持、传统技艺的留存,乃至于古镇的某一道美食和小吃。宏村、周庄商业化的回归都能够说明这种情况。人们

[①] 王煦华. 苏州史志笔记. 南京:江苏古籍出版社,1987.

想起一个地方，头脑中首先是关于这个地方的文化地图（Cabeça，2019），也就是通过大多数人的视角去定义一个地方的视觉叙事。在大量的网评中能够看到宏村真实的模样。

宏村，亦是尊儒崇商的礼邦之地。祠堂学院，重礼兴教，积淀了丰厚的文化底蕴。名士儒商，数百年繁荣，传承了儒雅诚信的徽商情怀。厚重与繁盛，恰是宏村源远流长的荣华记忆。村子中的原住民照常过自己的生活，不会被来客打扰，生活气息浓厚，增强了地方文化底蕴。从 2010 年开始，宏村就开始出现"过度商业化"的网评。经过多年的发展，宏村回归到游客期待的模样。虽然大多数人反对"过度商业化"，但是，如果周庄、宏村等回到最初原生态的样子，只有寥寥几个商铺，只能满足当地人日常日用品的供给，这肯定不是游客和目的地居民所希望的。

中国历史文化村镇在经历了十几年乃至几十年的发展后，才在实践中找到科学的可持续的发展道路。在这个过程中，历史文化村镇、原住民及游客都在成长。同时，需要具备历史文化村镇基本的核心的特征，这在文化底蕴深厚的历史文化村镇是可以实现的。正如游客在网评中所言，即使商业化过重，即使游客过多，但是依然可以容忍，还是要"再来"。比如宏村延承了中华民族的传统美德，特别是"孝"文化成为民众必须遵守的道德规范。宏村开民宿和做文创产品的年轻人表现出了优秀的素养，特别体现在经营理念、管理水平和国际视野等方面，在一定程度上引领了中国商业发展模式和企业竞争方向。

如何"防止创造性破坏"或者"向平衡状态回归"，是中国历史文化村镇面临的重要问题。目的地发展的动力决定于政府、投资商、保护主义者、地方居民、旅游者等利益主体的互动，而资本具有多元性特征，需要保护主义的动机。特别是"创造性破坏"模型并没有探索旅游利益主体的互动及如何互动，没有谈到旅游利益主体的行为选择机制，也没有探讨旅游环境等各种因素的影响，而细分市场多样性、目的地的复杂性决定了需要用复合理论研究旅游目的地的发展演化。因此，应采取多视角、跨学科的综合研究，进一步探究创造性破坏模型每一阶段的特征、演变条件在中国历史文化村镇所表现出的特殊性，揭示其内在规律，以指导中国实践。

（三）商业化与中国历史文化村镇平衡发展的探索

1. 平衡发展：中国历史文化村镇独具特色与优势

商业化必然伴随旅游发展的进程。如何有效避免遗产地的过度商业化，是学术界长期关注的重要议题。中国历史文化村镇的旅游发展也经历着类似的发展过程，同样面临着过度商业化的挑战。

米歇尔的"创造性破坏"理论在经历了十余年的实践后逐步发展为"创造性提升"，与中国历史文化村镇的发展路径有相似之处。"创造性破坏"模型重点强调资本与创新对遗产型社区发展的推动作用，一定程度上反映了历史遗产地的发展趋势，其"均衡状态"对中国历史文化村镇的旅游发展具有借鉴意义。然而，该理论并不能完全解释中国历史文化村镇旅游的发展过程及独特趋势。为此，亟须在理论和实践上拓展和完善中国不同类型历史文化村镇的"平衡状态"及发展方式。其关键问题主要表现在：第一，突破研究区域及案例地的局限。"创造性破坏"理论的研究区域及案例地多位于资本活跃的城市周边，限制了其研究内容的深度及应用范围的广度，因而需要拓展研究区域至多样化的地理空间，尤其是资源禀赋不同、文化传统深厚但资本相对薄弱的历史文化村镇。第二，完善不同发展阶段的衔接与互动机制。"创造性破坏"模型的六个发展阶段在资源引入、创新驱动、商业化扩展等方面具有不同的表现形式，特别需要探索避免第五阶段、第六阶段（即严重商业化阶段）的条件及途径。目前学界的探索主要基于同一个目的地在不同时期的演化，而忽略了两种重要的情况。一种情况是，同一目的地的不同区域具有不同的发展阶段的特征，比如乌镇的东栅、西栅、南栅和北栅分别体现了不同阶段的发展状态与特征；另一种情况是，不同目的地在同一发展阶段表现出差异化特征，反映出地方性资源、文化背景和利益群体需求的多样性与复杂性。第三，平衡多方利益群体的收益与权益。旅游景观是商业化程度的直观体现，但商业化的影响却远超其视觉层面，比如原住民、游客、投资商等多方利益群体的权利保护、社区参与等"活态内容"对商业化程度具有重要影响。因而亟须探索在保护原住民权益、激发游客参与热情、规范商业行为等多维要素之间实现平衡与共赢的可行方式。

我国历史文化村镇独具特色和优势，特别是我国历史文化村镇的发展进程表现出不同于世界其他遗产地的特殊性。第一，我国政府的管理，能够有效控制商业化的程度及发展方向；第二，我国传统文化的底蕴，不仅能够有力抵制过度商业化，而且能够使之朝着正确的方向回归。在我国的实践中，宏村、周庄等具有历史文化底蕴的村镇，通过非遗传承等活动，经历了向"平衡状态"回归的历程。

2. 创意旅游：实现可持续科学发展的重要路径

创意旅游成为历史文化村镇实现可持续发展的有效方式之一。这种旅游形式以历史文化村镇特有的资源基础和功能平台为依托，具有鲜明的区域性特征。通过创意旅游，目的地不仅能够实现原真性保护和文化创新，同时推动游客学习能力、创新能力和互动能力的全面提升，进而增强多方利益群体的参与感，创造共赢的积极成果。

特别是在非遗传承方面，创意旅游展现出显著优势。在创意旅游模式中，游客不再是被动的观光者，而是体验和创意的共同生产者与消费者。通过深入挖掘历史文化村镇的区域性创意元素，将创意理念融入遗产地的保护与发展中，不仅提升了创意产品的种类和内涵，还加强了历史文化村镇的凝聚力。创意产品研发、创意元素设计等多样化内容，成为支持遗产地发展的重要组成部分。

创意旅游在不同地区表现出多样化的形式。例如，游客在不同村镇向非遗传承人学习当地的传统技艺，学习杨柳青木版年画的制作、体验景德镇陶艺的内涵与创作、亲自参与宏村生态茶的种植及制作活动、学习和领悟道口烧鸡的烹饪技法，等等。同时，在参与当地丰富多彩的民俗活动中，游客实现了与目的地及原住民的全方位交融与互动，不仅深度领悟了地方文化的精髓，更融入目的地的生活。这种多方式的深层互动已成为历史文化村镇的重要风景线。

历史文化村镇因保留了更多民族和文化的核心元素，不仅需要注重经济效益、社会效益和生态效益，还应突出其文化基因的保护与传承。在这一过程中，创意旅游为中国历史文化村镇提供了更具特色和优势的发展路径。创意旅游不仅是避免文化连续复制的有效途径之一，而且在某种程度上改变了传统旅游的本质，引发关于旅游学定义与内涵的再思考。

未来，通过多方利益群体的动态参与和权利保护，探索更具包容性和适应性的创意旅游发展模式，不仅有助于深化文化遗产的活态传承，也能够为我国历史文化村镇的可持续科学发展提供理论支撑和实践指导。

江南古镇守望者

后　记

　　自2011年关注历史文化古镇以来，笔者试图将创意旅游研究与历史文化古镇的科学发展、非遗文化的传承相结合，探索一条适合中国古镇的科学发展之路。

一、多年如一日，文化与旅游的思考与实践

　　摄影有所谓"决定性瞬间"之说，其实就是平日积累才会有的厚积薄发的瞬间，是灵感积淀到位的一触即发的瞬间，也是情感火花碰撞迸发的瞬间。做学问也是如此，一篇论文或一部专著完成的这一瞬间，实际上蕴含着多年的持续的积累与思考，更是人生理想与追求的体现。

　　其间，让我难忘的是2011年8月12日晚，在沙溪镇"近水楼台"客栈与游客、客栈掌柜一起畅谈的情景。有来自台湾的1名大学生、云南大学的2名学生，来自昆明的母女俩，来自四川的客栈掌柜余先生和我。余掌柜真情满满地泡上好茶，游客拿出当日新挤的原生态牛奶，大家一同品尝，其乐融融，流连忘返。连同撒着娇的可爱小狗，也在表达着"有朋自远方来，不亦乐乎"的欢喜和热诚。

　　这是徐霞客当年来过的地方，古镇位置、形态及周边的美好环境，与《徐霞客游记》中的记载完全相同。大家一致认为，现在的沙溪很好。之后，我和杨泽雄镇长共同写了一篇文章《云南剑川沙溪镇》在《文物》上发表（2012年第9期）。沙溪古镇，家家都像亲人家，这里蕴含了生生不息、隐忍温良的伟大民族、伟大人民的精神和力量。

二、古镇文化坚守者的智慧、奉献和坚守

　　在江南古镇，活跃着这么一群人，他们对古镇的前生今世了如指掌，尤其是

对古镇的历史文化，信手拈来就可给你讲一段精彩的故事。他们写文、出书、摄影、收集、收藏，甚至上下奔走呼喊，只为了自己脚下这一方深爱着的土地。他们有一个共同的名字叫"古镇守望者"。[①]

　　黎里古镇守望者李海珉先生，是黎里旅游公司的顾问。李海珉的视角不仅是黎里，更是整个江南古镇群体。他致力于古镇保护与传承，1995年就开始热诚奔走于一个又一个江南古镇，联络热爱江南古镇的本土文化人士，与其他古镇守望者建立联系，2018年正式成立江南古镇守望者联盟，"抱团守望江南文化中不可或缺的那一座座千年古镇"[②]。进而，发起成立雅集，2020年10月28日，李海珉以黎里古镇守望者名义邀请多名江南古镇守望者雅集黎里，并发布了《江南古镇守望者（黎里）宣言》，旨在交流探讨如何进一步发掘保护与传承古镇文化，让古镇文脉在新时代发展中生生不息。

　　正如李海珉先生所说，"在当今城市化的进程中，江南古镇更显珍贵，需要有人去呵护。""我们古镇守望者有足够的文化自信，不懈地努力，团结一切有志于保护古镇传统文化之士。发展更多的江南古镇守望者，搭建保护古镇的平台，希望汇聚更多守望者，助推江南古镇文化保护迈入崭新阶段。传承江南文脉，复兴文化，砥砺前行。"

　　庄春地先生，周庄前镇长，江苏水乡周庄旅游股份有限公司名誉董事长、国家住建部名城委副秘书长。庄春地不仅是古镇周庄保护的见证者，更是将周庄推往全国和世界的见证者。不管年龄、身份如何变，他的内心只有一个愿望：愿用一生的心血，去保护、守望故乡。

　　从庄春地、李海珉和每一位古镇守望者的非凡气质中，我看到了古镇守望者所代表着的风格各异的古镇，体会到了我们民族的精神和人民的力量。在向古镇守望者请教和学习的过程中，我领略着这份感动，要用自己所学，跟随守望者的步伐，为祖国文化的传承与传播做点事，遂成此书。

[①] 袁福荣. 这群"古镇守望者"，让江南古镇文脉生生不息. 江南时报，2021－10－20.
[②] 袁福荣. 李海珉：黎里古镇有你真好. 江南时报，2021－11－08.

参考文献

1. 礼记 [M]. 胡平生，张萌，译注. 北京：中华书局，2017.
2. 王文锦. 礼记译解 [M]. 北京：中华书局，2016.
3. 杨伯峻. 论语译注 [M]. 3 版. 北京：中华书局，2009.
4. 房玄龄，等. 晋书 [M]. 北京：中华书局，2010.
5. 朱熹. 朱子全书：第 6 册 [M]. 修订本. 上海：上海古籍出版社，2010.
6. 徐霞客. 徐霞客游记 [M]. 北京：中华书局，2009.
7. 顾祖禹. 读史方舆纪要 [M]. 上海：上海书店出版社，1998.
8. 蔡丙圻. 黎里续志 [M]. 影印本. 南京：江苏古籍出版社，1992.
9. 徐达源. 黎里志 [M]. 影印本. 南京：江苏古籍出版社，1992.
10. 《甪直镇志》编纂委员会. 甪直镇志 [M]. 上海：文汇出版社，2013.
11. 白长虹，王红玉. 旅游式学习：理论回顾与研究议程 [J]. 南开管理评论，2018，21（2）.
12. 白长虹，王红玉. 以优势行动价值看待研学旅游 [J]. 南开学报（哲学社会科学版），2017（1）.
13. 保继刚，林敏慧. 历史村镇的旅游商业化控制研究 [J]. 地理学报，2014，69（2）.
14. 陈凯. 资源利用文化软实力运行机制路径易学范式分析 [M]. 北京：中国社会科学出版社，2016.
15. 陈来. 有无之境：王阳明哲学的精神 [M]. 北京：北京大学出版社，2006.
16. 戴斌. 书生意气的研学，家国天下的旅行 [N]. 中国文化报，2021-11-13.
17. 邓尔麟. 钱穆与七房桥世界 [M]. 蓝桦，译. 2 版. 北京：社会科学文献出版社，1998.

18. 冯乃康. 中国旅游文学论稿［M］. 北京：旅游教育出版社，1995.

19. 付有强. "大旅行"研究述评［J］. 西华师范大学学报（哲学社会科学版），2010（4）.

20. 付有强. 17—19世纪英国人"大旅行"的特征分析［J］. 贵州社会科学，2012（3）.

21. 高正乐. 王阳明"知行合一"命题的内涵与局限［J］. 中国哲学史，2020（6）.

22. 顾颉刚，王煦华. 苏州史志笔记［M］. 南京：江苏古籍出版社，1987.

23. 顾明远. 终身学习与人的全面发展［J］. 北京师范大学学报（社会科学版），2008（6）.

24. 郭少棠. 旅行：跨文化想像［M］. 北京：北京大学出版社，2005.

25. 姜辽，苏勤. 周庄古镇创造性破坏与地方身份转化［J］. 地理学报，2013，68（8）.

26. 李善靖. 场域演化与民俗体育文化再生产：以国家级非遗"跑马排"春节习俗为例［J］. 体育研究与教育，2022，37（3）.

27. 李天元. 旅游学概论［M］. 6版. 天津：南开大学出版社，2009.

28. 李泽厚. 美的历程［M］. 北京：生活·读书·新知三联书店，2022.

29. 李泽厚. 论语今读［M］. 北京：生活·读书·新知三联书店，2004.

30. 刘奕，田侃. 国外创意阶层的崛起：研究述评与启示［J］. 国外社会科学，2013（4）.

31. 牟宗三. 心体与性体［M］. 上海：上海古籍出版社，1999.

32. 佘贵棠. 游览名词诠释［J］. 旅行杂志，1941，15（6）.

33. 苏东海. 中国生态博物馆［M］. 北京：紫禁城出版社，2005.

34. 柯继承，等. 苏州老街志［M］. 扬州：广陵书社，2011.

35. 汤国荣，章锦河，周珺，等. 文化间性理论进展及其对旅游研究的启示［J］. 旅游学刊，2018，33（4）.

36. 滕大春，戴本博. 外国教育通史：第1卷［M］. 济南：山东教育出版社，1989.

37. 王宁. 旅游、现代性与"好恶交织"：旅游社会学的理论探索［J］. 社会学研究，1999（6）.

38. 王守仁. 王阳明全集［M］. 上海：上海古籍出版社，2011.

39. 王绪琴. 格物致知论的源流及其近代转型［J］. 自然辩证法通讯，2012，34（1）.

40. 乌丙安. 民俗文化空间：中国非物质文化遗产保护的重中之重［J］. 民间

文化论坛，2007（1）.

41. 吴必虎. 语言是最有价值的地域人文景观［J］. 语言战略研究，2017，2（2）.

42. 武廷海，戴吾三. "匠人营国"的基本精神与形成背景初探［J］. 城市规划，2005（2）.

43. 《西塘镇志》编写组. 西塘镇志［M］. 北京：新华出版社，1994.

44. 肖佑兴. 旅游创造性破坏模型述评［J］. 人文地理，2010，25（6）.

45. 谢彦君. 基础旅游学［M］. 4版. 北京：商务印书馆，2015.

46. 谢彦君. 旅游体验研究：一种现象学的视角［M］. 天津：南开大学出版社，2005.

47. 徐红罡. 文化遗产旅游商业化的路径依赖理论模型［J］. 旅游科学，2005（3）.

48. 喻学才. 旅游文化学［M］. 北京：化学工业出版社，2010.

49. 原勃，白凯. 创意旅游理论及实践［J］. 城市问题，2008（11）.

50. 屈原，陶渊明，李白，等. 中国古代十大文豪全集：屈原 陶渊明 李白 杜甫全集［M］. 北京：中国文史出版社，1999.

51. 张凌云. 国际上流行的旅游定义和概念综述：兼对旅游本质的再认识［J］. 旅游学刊，2008（1）.

52. 张胜男，韩志英. 江苏吴中甪直镇［J］. 文物，2015（11）.

53. 张胜男. 创意旅游发展模式与运行机制研究［J］. 财经问题研究，2016（2）.

54. 张胜男. 创意旅游与城市发展［N］. 光明日报（理论版），2011-02-20.

55. 张胜男. 旅游文化管理［M］. 北京：人民出版社，2012.

56. 张研，孙燕京. 民国史料丛刊［M］. 郑州：大象出版社，2009.

57. 赵玉宗，潘永涛，范英杰，等. 创意转向与创意旅游［J］. 旅游学刊，2010，25（3）.

58. 中国硅酸盐学会. 中国陶瓷史［M］. 北京：文物出版社，1982.

59. 钟敬文. 钟敬文全集［M］. 北京：高等教育出版社，2018.

60. 周钧，冯学钢. 创意旅游及其特征研究［J］. 桂林旅游高等专科学校学报，2008（3）.

61. 邹统钎，吴丽云. 旅游体验的本质、类型与塑造原则［J］. 旅游科学，2003（4）.

62. 联合国教科文组织国际教育发展委员会. 学会生存：教育世界的今天和明天［M］. 北京：教育科学出版社，2000.

63. 艾伦·法伊奥，布赖恩·加罗德，安娜·利斯克. 旅游吸引物管理：新的方向［M］. 郭英之，主译. 大连：东北财经大学出版社，2005.

64. 奥古斯特·勒施. 经济空间秩序［M］. 王守礼，译. 北京：商务印书馆，2010.

65. 布莱恩·劳森. 空间的语言［M］. 杨青娟，等译. 北京：中国建筑工业出版社，2003.

66. 布鲁诺·赛维. 建筑空间论：如何品评建筑［M］. 张似赞，译. 北京：中国建筑工业出版社，2006.

67. 恩斯特·卡西尔. 人论：人类文化哲学导引［M］. 甘阳，译. 上海：上海译文出版社，2013.

68. 理查德·福斯特，莎拉·卡普兰. 创造性破坏［M］. 唐锦超，译. 北京：中国人民大学出版社，2007.

69. 冈千仞. 观光纪游　观光续纪　观光游草［M］. 张明杰，整理. 北京：中华书局，2009.

70. 黑格尔. 美学［M］. 朱光潜，译. 北京：商务印书馆，1979.

71. 泰勒·考恩. 创造性破坏：全球化与文化多样性［M］. 王志毅，译. 杭州：浙江大学出版社，2017.

72. 科恩. 旅游社会学纵论［M］. 巫宁，马聪玲，陈立平，译. 天津：南开大学出版社，2007.

73. 雷蒙·威廉斯. 关键词：文化与社会的词汇［M］. 刘建基，译. 北京：生活·读书·新知三联书店，2005.

74. 雷蒙·威廉斯. 文化与社会［M］. 高晓玲，译. 长春：吉林出版集团有限责任公司，2011.

75. 麦金托什，格波特. 旅游学：要素、实践、基本原理［M］. 薄红，译. 上海：上海文化出版社，1985.

76. 尼格尔·霍尔顿. 跨文化管理［M］. 康青，郑彤，韩建军，译. 北京：中国人民大学出版社，2006.

77. 普拉特纳. 卢梭的自然状态［M］. 尚新建，余灵灵，译. 北京：华夏出版社，2008.

78. 苏莱曼. 苏莱曼东游记［M］. 刘半农，刘小蕙，译. 北京：中华书局，1937.

79. 提勃尔·西托夫斯基. 无快乐的经济［M］. 高永平，译. 北京：中国人民大学出版社，2008.

80. 瓦伦·史密斯. 东道主与游客：旅游人类学研究［M］. 张晓萍，何昌邑，等译. 2版. 昆明：云南大学出版社，2007.

81. 瓦西留克. 体验心理学［M］. 黄明，译. 北京：中国人民大学出版社，1989.

82. 约翰·霍金斯. 创意经济：如何点石成金 [M]. 洪庆福，孙薇薇，刘茂玲，译. 上海：上海三联书店，2006.

83. 约瑟夫·奈. 软实力与中美竞合 [M]. 全球化智库，译. 北京：中信出版集团股份有限公司，2023.

84. 约瑟夫·奈. 硬权力与软权力 [M]. 门洪华，译. 北京：北京大学出版社，2005.

85. 约瑟夫·派恩，詹姆斯·吉尔摩. 体验经济 [M]. 毕崇毅，译. 北京：机械工业出版社，2012.

86. 马东升. 论"新型旅游者"[J]. 桂林旅游高等专科学校学报，2006（6）.

87. ALONSO A D, NORTHCOTE J. Wine, history, landscape: origin branding in Western Australia [J]. British food journal, 2009, 111 (11).

88. BAIXINHO A, SANTOS C, COUTO G, et al. Creative tourism on islands: a review of the literature [J]. Sustainability, 2020, 12 (24).

89. BINKHORST E, DEN DEKKER T. Agenda for co-creation tourism experience research [J]. Journal of hospitality marketing & management, 2009, 18 (2).

90. DAVIS G A. A model of teaching for creative development [J]. Roeper review, 1982 (5).

91. DENG J, LI J. Self-identification of ecotourists [J]. Journal of sustainable tourism, 2015, 23 (2).

92. DUXBURY N, RICHARDS G. Towards a research agenda for creative tourism: developments, diversity, and dynamics [J]. A research agenda for creative tourism, 2019 (1).

93. FLORIDA R, TINAGLI I. Europe in the creative age [R]. Pittsburgh: Carnegie Mellon University, 2004.

94. FLORIDA R. The flight of the creative class: the new global competition for talent [M]. New York: Harper Business, 2005.

95. FLORIDA R. The rise of the creative class: and how it is transforming work, leisure, community, and everyday life [M]. New York: Basic Books, 2002.

96. GEERTZ C. The interpretation of cultures: selected essays [M]. New York: Basic Books, 1973.

97. GETZ D. Explore wine tourism: management, development, destinations [M]. New York: Cognizant, 2000.

98. GILMORE J H, PINE B J. Differentiating hospitality operations via experiences: why selling services is not enough [J]. Cornell hotel and restaurant

administration quarterly, 2002, 43 (3).

99. GRETZEL U. The rise of the creative tourist class: technology, experience and mobilities [J]. Tourism analysis, 2009, 14 (4).

100. HALLER C, HESS-MISSLIN I, MEREAUX J P. Aesthetics and conviviality as key factors in a successful wine tourism experience [J]. International journal of wine business research, 2021, 33 (2).

101. KOKKOS A. Transformative learning through aesthetic experience: towards a comprehensive method [J]. Journal of transformative education, 2010, 8 (3).

102. KONU H, LAUKKANEN T, KOMPPULA R. Using ski destination choice criteria to segment finnish ski resort customers [J]. Tourism management, 2011, 32 (5).

103. LEE T H, JAN F H, YANG C C. Conceptualizing and measuring environmentally responsible behaviors from the perspective of community-based tourists [J]. Tourism management, 2013, 36 (3).

104. LEFEBVRE H. The production of space [M]. Oxford: Blackwell Publishers Limited, 1991.

105. MACCANNELL D. The tourist: a new theory of the leisure class [M]. Berkeley: University of California Press, 2013.

106. MAITLAND R. Conviviality and everyday life: the appeal of new areas of London for visitors [J]. International journal of tourism research, 2008, 10 (1).

107. MEUTER M L, BITNER M J, OSTROM A L, et al. Choosing among alternative service delivery modes: an investigation of customer trial of self-service technologies [J]. Journal of marketing, 2015, 69 (2).

108. MINNAERT L, MAITLAND R, MILLER G. What is social tourism? [J]. Current issues in tourism, 2011, 14 (5).

109. MITCHELL C J A. Entrepreneurialism, commodification and creative destruction: a model of post-modern community development [J]. Journal of rural studies, 1998, 14 (3).

110. NASSER N. Planning for urban heritage places: reconciling conservation, tourism, and sustainable development [J]. Journal of planning literature, 2003, 17 (4).

111. NELSON V. Place reputation: representing Houston, Texas as a creative destination through culinary culture [J]. Tourism geographies, 2015, 17 (2).

112. PEARCE D. Tourism today: a geographical analysis [M]. Harlow: Longman Scientific & Technical Press, 1987.

113. PINE B J, GILMORE J H. The experience economy: past, present and future [J]. Handbook on the experience economy, 2013 (1).

114. PINE B J, GILMORE J H. The experience economy [M]. Boston: Harvard University Press, 1999.

115. PINE B J, GILMORE J H. Welcome to the experience economy [J]. Harvard business review, 1998, 76 (4).

116. RATTEN V, FERREIRA J J. Future research directions for cultural entrepreneurship and regional development [J]. International journal of entrepreneurship and innovation management, 2017, 21 (3).

117. RICHARDS G, WILSON J. Tourism, creativity and development [M]. London: Routledge, 2007.

118. RICHARDS G, MARQUES L. Exploring creative tourism: editors introduction [J]. Journal of tourism consumption and practice, 2012, 4 (2).

119. RICHARDS G, RAYMOND C. Creative tourism [J]. ATLAS news, 2000, 23 (8).

120. RICHARDS G. Creativity and tourism: the state of the art [J]. Annals of tourism research, 2011, 38 (4).

121. RICHARDS G. Textile tourists in the European periphery: new markets for disadvantaged areas? [J]. Tourism review international, 2005, 8 (4).

122. RUSSO A P. The "vicious circle" of tourism development in heritage cities [J]. Annals of tourism research, 2002, 29 (1).

123. SILVER D A, CLARK T N. Scenescapes: how qualities of place shape social life [M]. Chicago: University of Chicago Press, 2016.

124. SMITH M K. Issues in cultural tourism studies [M]. 3rd ed. London: Routledge, 2016.

125. SMITH S L J. Tourism analysis: a handbook [M]. Harlow: Longman, 1995.

126. TAN S K, KUNG S F, LUH D B. A model of "creative experience" in creative tourism [J]. Annals of tourism research, 2013, 41 (1).

127. TAN S K, TAN S H, LUH D B, et al. Understanding tourist perspectives in creative tourism [J]. Current issues in tourism, 2016, 19 (10).

128. THORING K, DESMET P, BADKE-SCHAUB P. Creative environments for design education and practice: a typology of creative spaces [J]. Design

studies, 2018, 56 (1).

129. TORRES-SOVERO C, GONZÁLEZ J A, MARTÍN-LÓPEZ B, et al. Social ecological factors influencing tourist satisfaction in three ecotourism lodges in the southeastern Peruvian Amazon [J]. Tourism management, 2012, 33 (3).

130. VASSILIADIS C A, PRIPORAS C V, ANDRONIKIDIS A. An analysis of visitor behaviour using time blocks: a study of ski destinations in Greece [J]. Tourism management, 2013, 34 (1).

131. WEARING S. Volunteer tourism: experiences that make a difference [M]. Walling Ford: CABI Publishing, 2001.

132. BOOYENS I, ROGERSON C M. Creative tourism in Cape Town: an innovation perspective [J]. Urban forum, 2015, 26 (4).

133. RICHARDS G. Cultural tourism: global and local perspectives [M]. New York: Haworth Hospitality Press, 2007.